21世纪经济管理新形态教材·物流学系列

物流系统规划与设计

李松庆　赵习频 ◎ 编　著

清华大学出版社
北京

内 容 简 介

本书以物流系统中的物流节点选址规划和运输方式路线规划为核心内容,辅之以物流系统分析、物流需求预测、物流网络结构、配送中心内部布置、物流系统评价,重点阐述物流系统规划设计的基本理论、模型和方法。

本书内容系统全面、针对性强,是一部面向物流管理、物流工程、供应链管理、采购管理、电子商务、工商管理、国际经济与贸易等普通高等院校大学本科专业学生的物流学教科书,也可作为物流工程与管理、管理科学与工程等专业的硕士研究生,以及 MBA、物流从业者或相关人员学习物流规划方法,掌握物流规划技能的基础教材,还可作为物流职业资格认证培训的配套教辅材料。

本书封面贴有清华大学出版社防伪标签,无标签者不得销售。
版权所有,侵权必究。举报: 010-62782989,beiqinquan@tup.tsinghua.edu.cn。

图书在版编目(CIP)数据

物流系统规划与设计 / 李松庆,赵习频编著. --北京:清华大学出版社,2025.1.
(21世纪经济管理新形态教材). -- ISBN 978-7-302-68124-3
Ⅰ.F252
中国国家版本馆 CIP 数据核字第 202587P0B5 号

责任编辑:贺　岩
封面设计:汉风唐韵
责任校对:宋玉莲
责任印制:丛怀宇

出版发行:清华大学出版社
　　　网　　　址:https://www.tup.com.cn, https://www.wqxuetang.com
　　　地　　　址:北京清华大学学研大厦 A 座　　邮　编:100084
　　　社 总 机:010-83470000　　　　　　　　　邮　购:010-62786544
　　　投稿与读者服务:010-62776969,c-service@tup.tsinghua.edu.cn
　　　质量反馈:010-62772015,zhiliang@tup.tsinghua.edu.cn
印 装 者:北京联兴盛业印刷股份有限公司
经　　销:全国新华书店
开　　本:185mm×260mm　　　印　张:16.5　　　字　数:388 千字
版　　次:2025 年 2 月第 1 版　　　　　　　　　　印　次:2025 年 2 月第 1 次印刷
定　　价:55.00 元

产品编号:109217-01

前言

时光荏苒,白驹过隙。不知不觉,从事高校教师工作已二十余年!从教的这些年,也正是我国物流大发展的时期。物流标准、物流政策、物流规划不断出台,物流企业不断涌现,物流效率不断提升。截至2024年6月,我国已有A级物流企业近万家,上半年社会物流总额167.4万亿元,社会物流总费用8.8万亿元,社会物流总费用占国内生产总值(GDP)的比率由2010年的17.8%下降到14.2%。伴随物流业的蓬勃发展,物流业在国民经济发展中的地位不断提高,被视为延伸产业链、提升价值链、打造供应链的重要支撑,在构建现代流通体系、促进形成强大国内市场、推动高质量发展、建设现代化经济体系中发挥着先导性、基础性、战略性作用。

物流作为"经济领域的黑大陆"和"第三利润源泉",推动物流提质降本增效对培育经济发展新动能、提升国民经济整体运行效率具有重要意义。长期来看,依靠单一物流企业、单一物流方式、单一物流环节的降本空间缩小。物流领域广泛存在的"效益背反"现象要求从系统的角度考虑物流降本,从单一环节、单一流程、单一体系的物流降本转向系统性结构性物流降本、供应链全链条物流降本,强调物流系统内外各环节以资源整合、流程优化、协同合作、一体化物流解决方案来降本。

物流系统规划与设计是运用系统思想和方法对物流系统进行规划和设计以求得整体最优。物流是一个涉及众多领域的复杂系统,其规划与设计也必然涉及很多方面。基于课程学时和物流网络框架考虑,本书以物流系统中的物流节点选址规划和运输方式路线规划为核心内容,辅之以物流系统分析、物流需求预测、物流网络结构、配送中心内部布置、物流系统评价,重点阐述物流系统规划设计的基本理论、模型和方法。物流系统中的包装、装卸搬运、流通加工、配送、物流信息以及相关的机械设备配置、物流组织结构与相应人员的规划与设计不涉及。

本书是作者基于社会物流人才需求和物流教学改革需要,在十多年物流教学及参阅相关专家物流论著和研究成果的基础上编撰而成。本书坚持"实用、够用"的编写原则,注重理论和实践有机地结合,由浅入深、循序渐进地展开,突出实用性和易用性,全面系统地阐释物流系统规划与设计的基本理论、模型和方法。各章开始列出本章的学习目标、核心概念和导入案例,便于快速了解本章重点和进入本章情景;最后附有本章小结、案例研讨和练习与思考,便于回顾把握各章节的主要内容与知识点,锻炼用理论分析实践的技能,培养创新思维和实践创新能力。同时,突出前瞻性和前沿性,把物流系统规划设计的最新理论和实践融入相关章节,进行详细介绍和应用分析。为了给授课教师和学生提供教学及学习支持,本教材还提供电子课件和相关习题库、案例库及参考答案等教学资料。

本书作者均为长期从事物流课程教学的专业教师。第一、二、三、四、五、六章和附录一由李松庆博士撰写,第七、八章和附录二由赵习频硕士撰写。

本书在写作过程中，翻阅、借鉴和引用了同行的物流系统规划方面的相关专著、教材、案例、报刊文章以及互联网上的资料，已尽可能在参考文献中列出，在此对这些文献资料的作者表示真诚的感谢；也有可能由于种种原因而有遗漏，若有这种情况发生，在此表示万分歉意并衷心地感谢这些作者。总之，在此一并向所有使我们受益的著作和文章的作者表示感谢。

由于水平有限，加之物流系统规划与设计的理论和方法仍在不断发展、充实和完善之中，本书难免有不足之处，真心希望广大专家、学者和读者不吝赐教。

编著者
2024 年 10 月

目 录

第一章　物流系统规划与设计概述 1

  第一节　系统概述 2
  第二节　物流系统概述 7
  第三节　物流系统规划与设计概述 17
  本章小结 25
  案例研讨 26
  练习与思考 26

第二章　物流系统分析 27

  第一节　物流系统分析的概念、原则、步骤及方法 28
  第二节　物流系统的环境分析与问题识别 30
  第三节　物流系统的战略分析 32
  本章小结 47
  案例研讨 48
  练习与思考 48

第三章　物流系统需求预测 49

  第一节　物流系统需求的概念和特征 50
  第二节　物流系统需求预测的原理和步骤 54
  第三节　物流系统需求预测的方法 58
  本章小结 79
  案例研讨 80
  练习与思考 80

第四章　物流系统网络规划与设计 81

  第一节　物流系统网络的含义和组成要素 82
  第二节　物流系统网络的形式 87
  第三节　物流系统网络规划设计的原则、影响因素和方法 96
  本章小结 99
  案例研讨 100
  练习与思考 100

第五章　物流系统节点选址规划与设计 ······ 101
- 第一节　物流系统节点选址的重要性与影响因素 ······ 102
- 第二节　物流系统节点选址的原则与步骤 ······ 106
- 第三节　物流系统节点选址的问题分类与距离计算 ······ 109
- 第四节　物流系统节点选址的方法 ······ 113
- 本章小结 ······ 143
- 案例研讨 ······ 144
- 练习与思考 ······ 144

第六章　物流系统运输规划与设计 ······ 145
- 第一节　物流系统运输概述 ······ 146
- 第二节　运输方式规划与设计 ······ 149
- 第三节　运输路线规划与设计 ······ 164
- 第四节　运输合理化 ······ 198
- 本章小结 ······ 204
- 案例研讨 ······ 206
- 练习与思考 ······ 206

第七章　配送中心内部布置规划与设计 ······ 207
- 第一节　配送中心的概念、功能与作业流程 ······ 208
- 第二节　配送中心内部布置规划设计的内容、目标、原则和方法 ······ 214
- 第三节　SLP 系统布置方法 ······ 219
- 本章小结 ······ 227
- 案例研讨 ······ 228
- 练习与思考 ······ 228

第八章　物流系统评价与选择 ······ 229
- 第一节　物流系统评价概述 ······ 230
- 第二节　物流系统评价的指标体系 ······ 233
- 第三节　物流系统评价的方法 ······ 243
- 本章小结 ······ 252
- 案例研讨 ······ 253
- 练习与思考 ······ 253

参考文献 ······ 254

附录一　WinQSB 软件使用指南 ······ 255

附录二　LINGO 使用教程 ······ 255

第一章

物流系统规划与设计概述

本章学习目标：
1. 了解系统概念的产生和一般系统论；
2. 掌握系统的概念和特性；
3. 了解系统的类型、内涵和系统思想；
4. 掌握物流系统的概念、组成和特征；
5. 了解物流系统的要素和模式；
6. 掌握物流系统的目标和目标冲突；
7. 了解物流系统规划与设计的原则和类型；
8. 掌握物流系统规划与设计的概念和步骤。

本章核心概念：
系统　物流系统　物流系统目标冲突　物流系统规划与设计

 导入案例

丁谓造宫

北宋年间（公元960—1127年），皇城（今河南开封）失火，鳞次栉比的皇宫一夜间成断壁残垣，皇帝责令大臣丁谓限期修复。面对京城内烧砖无土、大量建筑材料难以运进城内、完工后无处堆放大量建筑垃圾的难题，丁谓经反复思考，想出一个巧妙的施工方案。首先，在烧毁皇宫前大街挖沟渠，挖出的泥土烧砖，就地取材；然后，把京城附近汴河水引进沟渠形成水运通道，用船运进建筑材料，直达工地；工程完工后放掉沟渠水，建筑垃圾等堆进沟渠，恢复大街。丁谓的"一举三得"施工方案，很好地解决了取土烧砖、材料运输、垃圾清理三个相互联系的难题，有效地协调好各个环节，最终实现了整个系统的最优——提前完成皇宫修复工程，而且"省费以亿万计"。这是一次典型的系统管理实践，体现了我国古人高超智慧的系统管理思想。

资料来源：根据网络资料改编。"丁谓造宫"是一个历史典故，见《梦溪笔谈·权智》。

思考： "丁谓造宫"如何体现了系统思想？

系统思想由来已久，系统论是一种应用广泛的科学方法论。它为解决复杂的社会经济问题和提高系统的工作效率，提供了科学的分析方法。现代物流是一个系统。物流的运输、配送、仓储保管、装卸搬运、流通加工、包装等各项功能之间广泛存在的"效益背反"现

象,决定了物流科学的研究必须采用系统思想的理念。在分析、设计、运作一个物流系统时,要综合考虑各方面因素的影响,使整个物流系统达到最优。

第一节 系统概述

一、系统的概念

所谓"系统"是相对于环境而言的。它要求把所研究的对象或过程理解和作为一个由各部分组成的相互联系和相互作用的有机整体。

"系统"一词最早出现于古希腊语中,来源于拉丁文的"sytema",原意指事物中共性部分和每一事物应占据的位置,也就是部分组成整体的意思,强调从联系、整体的视角认识事物。从中文字面看,"系"是指关系、联系,"统"是指有机统一,"系统"就是指有机联系和统一。

系统的存在是客观事实,但人类对系统的认识却经历了漫长岁月。系统的概念来源于人们长期的社会系统实践,是人类在漫长的实践活动中,基于对事物的整体性认识或全局性认识而形成的一种概念。系统的整体具有其组成部分在孤立状态中所没有的性质,如新的特性、新的功能、新的行为等。通常说的"1+1≠2",就是这个道理。系统的规模越大,结构越复杂,它所具有的超过个体性能之和的性能就越多。因而,人们注意到在分析和解决问题时,仅仅重视个体或局部的作用和功能是不够的,还必须从整体功能出发,把重点放在整体效应上。

东西方的系统实践和思想源远流长,在各种哲学著作、科学技术发展中都有所体现。随着系统实践和思想的发展,人们的认识逐渐从分散、孤立、局部转向整体和相互联系,开始从系统的角度认识事物。

就我国来说,人们在哲学、医学、农业、水利等领域很早就开始了系统思考与实践。例如,3000多年前《周易》(公元前11世纪)的朴素系统观,把世界看作一个由基本要素组成的系统整体,是一个由基本矛盾关系所规定、动态循环演化的整体。2000多年前的都江堰水利工程中鱼嘴、飞沙堰、宝瓶口三大主体工程内含的系统工程学、流体力学等,在今天仍然处于当代科技的前沿,普遍受到推崇和运用。我国古代提出的"天人相应"的医疗原则、"天人合一"的整体宇宙观,都体现了系统思想。

就西方来说,系统的实践和思想同样很早就出现了。例如,古希腊著名学者亚里士多德提出"整体大于它的各部分之和";德国古典哲学开创者康德推测整个宇宙具有不同层次,在对知识的理解上,认为知识是相互关联的要素构成的整体;德国近代唯心辩证法大师黑格尔指出,必须将真理和科学作为一个有机的整体加以研究,还运用系统方法构造出了完整的哲学体系。

然而,早期的系统实践和思想只能称为系统"意识",还不是明确的系统理论。将"系统"作为一个重要的科学概念予以研究,明确提出系统理论的学者是美籍奥地利理论生物学家路德维希·冯·贝塔郎菲(Ludwig Von Bertalanffy)。他于1937年在美国芝加哥大学第一次提出一般系统论的概念,认为系统是"相互作用的诸要素的综合体",被广泛认为是系统论创立的标志。后来在1968年出版的《一般系统论的基础、发展和应用》一书中,贝塔郎菲总结了一般系统论的概念、方法和应用,更加全面地阐述了动态开放系统的理论,此书被公认为一般系统论的经典著作。贝塔郎菲在1954年发起成立一般系统论学会(后改名为一般系统论研究会),促进一般系统论的发展。

一般系统论有三个基本观点:

(1) 整体观点。一切有机体都是一个整体,有机体是"相互作用的诸多要素的复合体"。

(2) 动态观点。一切有机体本身都处于不断的运动状态,并在一定条件下保持其自身的动态稳定性。

(3) 层次观点。各种有机体都按严格的等级组织起来,具有一定的结构,使有机体保持有序性,从而使有机体具有特定的功能。系统就是由结构和功能组成的统一体。

长期以来,虽然人们对"系统"的理解基本相同,但由于所在领域或学科不同、所站角度和出发点及认识不同、使用方法和解决问题不同而对系统的定义有所差别,系统概念尚无统一规范的定论。按照系统论的观点,"系统"是由相互作用和相互依赖的若干组成部分(要素)结合而成的、具有特定功能的有机整体,而且这个有机整体又是它所从属的更大系统的组成部分。这也是我国系统科学界对系统通用的定义。

任何事物都具有系统性,每一个系统既有从属于自己的一些小系统,而这个系统又是从属于更大的系统之中。例如,在社会领域中,整个人类社会是由经济系统、政治系统、文化系统、军事系统等构成的大系统,而经济系统又是由农业、工业、商业、运输业等系统构成。

二、系统的类型

系统是以不同的形态存在的。根据生成的原因和反映的属性不同,系统可以进行各种各样的分类。具体来说,系统可以划分为:

(一) 自然系统和人造系统

自然系统是由自然物(如矿物、动物、植物、海洋等)形成的系统,其特点是自然形成的,一般表现为环境系统,如海洋系统、矿藏系统、大气系统等。

人造系统亦称人工系统、社会经济系统,是为了达到人类所需要的目的,由人类设计和建造的系统,如工程技术系统、经营管理系统、科学技术系统等。

(二) 实物系统和概念系统

实物系统亦称实体系统,是以矿物、生物、能源、机械等实体组成的系统,其组成要素是具有实体的物质,如人-机系统、机械系统、电力系统等。

概念系统是由概念、原理、原则、方法、制度、程序等观念性的非物质实体组成的系统,如科技体制、教育体系、法律系统等。

(三) 封闭系统和开放系统

封闭系统是指与外界环境不发生任何形式交换的系统,它不向环境输出也不从环境输入,如封存的设备、仪器以及其他尚未使用的技术系统等。

开放系统是指系统内部与外部环境有相互关系,能进行能量、物质和信息交换的系统。它从环境得到输入并向环境输出,系统状态直接受环境变化的影响,大部分人造系统如社会系统、经营管理系统等属于此类系统。

(四) 静态系统和动态系统

静态系统是指其固有状态参数不随时间改变的系统,即模型中的变量不随时间而变化,如车间平面布置系统、城市规划布局等。

动态系统是指系统状态变量随时间改变的系统,即系统的状态变量作为时间的函数而表现出来的系统,如生产系统、社会系统、开发系统等。

三、系统的内涵

(一) 系统的要素

任何系统都必须由两个或两个以上的不同要素所构成。要素是构成系统的最基本单位,是系统存在的基础和实际载体,系统离开了要素就不成其为系统。不同的要素或不同的组合构成了不同级别的系统。高级系统称为大系统或系统,低级系统称为分系统或子系统。子系统又是大系统的组成部分。它与要素的区别就在于子系统已具备了系统的基本特性,而一般的要素则不具备系统的基本特性。但系统和要素的区别是相对的,由要素组成的系统,又是较高一级系统的组成部分,它在这个更大系统中的地位是一个要素,而它本身同时又是较低一级组成要素的系统。例如,某企业是以几个分厂的要素组成的系统,而此企业又是更大系统企业集团的一个组成要素。

组成系统的各个要素(或子系统)的地位和作用不是平等的,但都可以分成三类要素:必要要素、一般要素和多余要素。必要要素是构成系统必不可少的部分,缺少了它(或它们),也就破坏了该系统的存在。一般要素对系统功能有一定的作用,但不起关键作用,有所缺少还不至于破坏系统的存在。多余要素存在于系统之中,但对系统的功能不起任何作用,甚至有危害作用。管理欲有成效,就必须把握住必要要素,兼顾到一般要素,摒弃掉多余要素。

(二) 系统的功能

系统的功能指系统在一定的内部条件和外部环境下具有的达到既定目标的能力。系统的功能必然超过要素(子系统)的功能之和。系统的功能取决于三种因素,即各要素的质量,若要素质量均很低劣,则系统功能无从发挥;系统各要素组成的合理性,尽管要素质量合格,但若组成盲目、混乱或数量比例不合理,则系统也不可能发挥特定功能;各要素之间的特定关系,即使前两种因素均已具备,但若要素之间的关系不适宜,也会削弱或丧失系统的功能。例如,同是碳元素,既可组成金刚石,也可组成石墨。

系统功能的具体表现就是,系统具有有效地把投入转换为产出的作用。以生产系统为例,在输入给系统一定的物质、能量和信息后,经过生产过程的转换,生产出质量高、品种全、数量多的产品。系统功能的有效发挥,并尽可能地放大与创新,有赖于各要素之间以及与外部环境之间物质、能量、信息的流通与交换,这就涉及系统的结构与系统的环境。

(三) 系统的结构

系统的结构指系统内部各个要素(或子系统)之间相互联系、相互作用而形成的结合方式、排列秩序和比例关系。结构是系统的普遍属性。没有无结构的系统,也没有离开系统的结构。系统的结构体现着系统的存在方式,它决定了系统的特征和功能。

结构的作用表现为三个方面:限制,即限制要素不得任意自由活动,而是按系统的统一规则来运行;筛选,即限制的范围并非所有的活动,而是有所选择、有所保留,选择和保留那些有助于系统功能发挥的活动;协调,即协调各要素及其活动,形成协调一致的合力。

(四) 系统的环境

系统时刻处于环境之中,环境是一种更复杂、更高级的系统。系统的环境就是指系统外部的能够影响系统功能的各种因素之总和。根据这些外部因素的特点的不同,可以分为物理、技术环境,经济、管理环境,社会、人际环境等。显然,系统的环境是不断变化的,这就必然对系统的输入,亦即系统与环境之间物质、能量、信息的流通与交换产生影响,从而影响系统的功能。反之,系统的运行状态和活动也会影响到系统环境中某些因素,从而产生属性与状态的变化。系统与环境之间总存在一个边界。边界之内的东西就是系统的要素,边界之外的东西就是系统的环境。

四、系统的特性

明确系统的特性,是认识系统、研究系统、掌握系统思路的关键。系统具有五个鲜明的特性:

(一) 目的性

"目的"是指人们在行动中所要达到的结果和意愿。系统的目的性是人们根据实践的需要而确定的。人造系统是具有目的性的,而且通常不是单一的目的。例如,企业的经营管理系统,在限定的资源和现有职能机构的配合下,它的目的就是完成或超额完成生产经营计划,实现规定的质量、品种、成本、利润等指标。系统的目的性原则要求人们正确地确定系统的目标,从而运用各种调节手段把系统导向预定的目标,达到系统整体最优的目的。现代化管理的目标管理(management by objectives,MBO),就是在系统目的性原则指导下,将企业适应市场变化、实现经营目标的各项管理工作协调起来,完善经济责任制,体现现代企业管理的系统化、科学化、标准化和制度化。需要说明的是,系统既要有明确的目的,但在一个时期内又只能有一个总目的。多目的只能分散系统的力量,最终一事无成。当然,在一个总目的之下,系统可以有若干层次的分目的,但分目的必须服从系统的总目的。分目的是实现总目的的手段,必须为实现总目的服务。

（二）整体性

系统是由若干从属于它的要素构成的整体，每个要素都具有独立的功能，它们只能是逻辑地统一和协调于系统的整体之中，才能发挥系统的整体功能。这就是说，系统的各要素均不能离开整体而孤立存在；反之，整体失去某些要素后也将难以完整的形态发挥作用。系统的整体性主要表现为系统的整体功能。系统的整体功能不是各组成要素功能的简单叠加，也不是由组成要素简单地拼凑，而是呈现出各组成要素所没有的新功能以及超过各要素功能的总和。"三个臭皮匠，凑成一个诸葛亮"就是系统整体性效果的体现，而"三个和尚没水吃"的状况则是破坏了系统整体性的恶果。系统的整体性原则要求必须有全局观点，追求整个系统的功能和效益。管理中必须防止本位主义、分散主义、自由主义，对管理中产生的问题也要从整体来"诊断"。要依据确定的管理目标，从管理的整体出发，把管理要素组成一个有机的系统，协调并统一管理中诸要素的功能，使系统功能产生放大效应，发挥出管理系统的整体优化功能。

（三）相关性

系统的相关性指系统内各要素之间是相互联系、相互作用、相互影响和相互制约的，任一要素的变化会引起其他要素的变化以至整个系统的变化。而且，不仅系统内部各要素相互关联，系统与环境之间也相互关联。例如，某些企业固然为社会提供了物质产品和劳务，但也造成了"三废"和噪声等环境污染。整体性确定系统的组成要素，相关性则说明这些组成要素之间的关系。系统的相关性提醒我们，要达到管理的目标，必须对管理的诸要素如人、财、物等有形资源和时间、信息等无形资源进行统筹协调。在实际管理工作中，在想改变某些不合要求的要素时，必须注意考察与之相关要素的影响，使这些相关要素得以相应地变化。通过各要素发展变化的同步性，可以使各要素之间相互协调与匹配，从而增强协同效应以提高管理系统的整体功能。

（四）层次性

任何系统都有一定的层次结构。一般来说，这种层次结构呈金字塔的形状。系统效率的高低很大程度上取决于层次的清晰。层次不清，就不能提高系统的效率。企业管理是有层次的，各个层次都应有明确的任务、职责、权力和利益，各层次之间的关系都应有明确的规定。管理必须发挥各层（各职能部门）的作用，各司其职、各负其责。这样，才能促进各个层次的人员协调而积极地发挥作用，从而形成有效的管理。上一层次的职责只有两条，即一是根据系统的目的向下一层次发出指令并检查其执行情况；二是解决下一层次彼此之间的不协调，而不可干涉下一层次的具体工作，越级指挥。"面对面的领导""一竿子插到底"的领导方式破坏了管理系统的层次性，丧失了领导的功能。下一层次只对上一层次负责，也不可放弃职责而"矛盾上交"。

（五）适应性

任何一个系统都存在于一定的环境之中。环境是一种更高级的、复杂的系统，其变化对系统有很大的影响。系统与环境是相互依存的，系统必然要与外部环境产生物质的、能量的和信息的交换。因此,系统必须适应外部环境的变化。能够经常与外部环境保持最佳适用状态的系统,才是理想的系统。不能适应环境变化的系统是难以存在的。一个企业必须经常了解国家的宏观经济政策、同行业企业的动向、用户和外贸的要求、市场需求等环境信息,及时、准确把握环境动态,根据实际需要及时调整经营策略和经营方向,以增强企业活力,否则它就不能生存。

五、系统的思想

所谓系统的思想是体现系统整体和相互联系性的思想,其核心问题是如何根据系统的本质属性使系统最优化。系统思想是一般系统论的认识基础,是对系统的本质属性的根本认识。它的特点是全面地而不是局部地看问题、连贯地而不是孤立地看问题、发展地而不是静止地看问题、灵活地而不是呆板地看问题。

(1) 在复杂多变的环境中搞好经济工作,提高各项工作的经济效益,必须善于运用系统思想和分析方法来充分认识、综合考虑、统筹安排。

(2) 系统的思想提醒人们在研究问题时,以至于对重大问题进行决策时,如果忽视了整体优化,那么,对这个系统就不能进行全面的处理和控制。

(3) 利用系统的思想、系统工程的理论与分析方法,可以不断提高工作的计划性和准确性,而减少盲目的行为,提高管理效果。

(4) 掌握和运用系统的思想、系统工程的理论与方法,可不断提高工作的经济效益,尤其是全社会的经济效益。

第二节 物流系统概述

一、物流系统的概念

所谓物流系统(logistics system),是指在一定的时间和空间里,由所需位移的物资与包装设备、装卸搬运机械、运输工具、仓储设施、人员和通信联系等若干相互制约、互相依赖的动态要素所构成的具有特定功能的有机整体。

物流系统的目的是实现物资的空间和时间效益,在保证社会再生产顺利进行的前提条件下,实现各种物流环节的合理衔接,并取得最佳的经济效益。

关于物流系统,也有学者给出了这样一些定义:

物流系统是指为了实现系统的高效化和降低物流总成本而使多种相关要素(运输、保管、装卸搬运、包装以及信息等)相结合的复合体。

物流系统是指经济活动中包装、运输、储存、装卸搬运、流通加工、配送等诸多要素相互联系、相互制约、相互结合共同组成的一个有机整体。

物流系统是指按准确的时间,将准确的物料,以准确的质量要求,运送到准确的地点所组成的统一整体。

物流系统就是"为了有效达到物流目的的一种机制",而物流的目的是"追求以最低的物流成本向客户提供优质的物流服务"。

二、物流系统的要素

物流系统的要素很多,根据不同的研究目的可以将其分成不同的要素。

(一)物流系统的一般要素

物流系统的一般要素由三方面构成:

1. 劳动者要素

劳动者是物流系统的主体,是物流系统的核心要素、第一要素。提高劳动者素质是建立一个合理化的现代物流系统并使它有效运行的根本。

2. 资金要素

交换是以货币为媒介的。实现交换的现代物流过程,实际也是资金的运动过程。同时,物流服务本身也需要以货币为媒介。现代物流系统建设是资本投入的一大领域,离开资金这一要素,现代物流不可能实现。

3. 物的要素

物的要素包括物流系统的劳动对象,即各种实物。此外,物的要素还包括劳动工具、劳动手段,如各种物流设施、运输工具、各种消耗材料等。

(二)物流系统的功能要素

物流系统的功能要素指物流系统所具有的基本功能。这些基本功能有效地组合、连接在一起,构成了现代物流的总功能,达到有效地实现物流系统的目的。

物流系统的功能要素一般包括包装、运输、配送、储存保管、装卸搬运、流通加工、信息处理。物流的功能要素反映了整个物流系统的能力。增强这些功能要素,使之更加协调、可靠,能够有效地实现物流系统运行水平的提高。因此,物流系统的功能要素是物流学重点研究的内容。

物流系统的功能要素中,运输和储存分别解决了供给者和需求者之间场所和时间的分离,分别是物流创造"空间效用"和"时间效用"的主要功能要素,因而在现代物流系统中处于主要功能要素的地位。

(三)物流系统的支撑要素

现代物流系统的建立需要许多支撑手段,尤其是处于复杂的社会经济系统中。要确定现代物流系统的地位,要协调与其他系统的关系,这些要素不可缺少。物流系统的支撑要素主要包括:

1. 体制、制度

有学者曾提出:"物流的灵魂在于系统,物流的水平在于科技,物流的关键在于管理,物流的成败在于体制。"物流业是一个综合性很强的行业,贯穿于生产、分配、消费乃至废弃的全过程。物流系统的体制、制度决定物流系统的结构、组织、领导、管理方式,国家对其控制、指挥和管理是现代物流系统的重要保障。有了这个支撑条件,现代物流系统才能确立在国民经济中的地位,才能得到快速、协调发展。

2. 法规、规章

现代物流系统的运行,不可避免地涉及企业或人的权益问题。法律、规章一方面限制和规范物流系统的活动,使之与更大系统协调;一方面是给予保障。合同的执行、权益的划分和责任的确定,都需要依靠法律、规章维系。物流领域法律法规的逐步建设与完善,将对物流业的高速、有序发展起到保驾护航的作用。

3. 行政、命令

现代物流系统和一般系统不同之处在于,现代物流系统关系到国家军事、经济命脉。所以,行政、命令等手段也常常是支持现代物流系统正常运转的重要支撑要素。

4. 标准化系统

标准化是对产品、工作、工程、服务等普遍的活动制定、发布和实施统一的标准的过程。它是使系统保持统一性和一致性,对系统进行管理,提高系统运行效益的有效手段。物流本身是一个涉及面广、内容复杂的大系统,所涉及的要素极其广泛。一项物流活动的完成,是众多物流要素共同作用的结果。为了能够使各种物流要素有效配合,需要对物流设施、设备、器具、作业方法等制定统一的标准,并且按照统一的标准组织物流活动。标准化系统不仅是保证物流系统各环节协调运行的条件,同时也是保证现代物流系统与其他系统在技术上实现连接的重要支撑条件。

(四) 物流系统的物质基础要素

现代物流系统的建立和运行,需要大量技术装备手段。这些手段的有机联系对现代物流系统的运行有决定意义,对实现物流和某一方面的功能是不可缺少的。物流系统的物质基础要素主要包括:

1. 物流设施

物流设施是组织现代物流系统运行的基础物质条件,包括物流站、场;物流中心、仓库;物流线路;建筑物;铁路、公路、水运、空运及车站、港口、码头、机场等相关附属设施等。

2. 物流装备

物流装备是保证现代物流系统运行的条件,包括仓库货架、进出库设备、加工设备、运输设备、装卸搬运机械等。

3. 物流工具

物流工具是现代物流系统运行的物质条件,包括包装工具、维护保养工具、办公工具等。

4. 信息技术及网络

信息技术及网络是掌握和传递物流信息的手段,包括通信设备及线路、传真设备、计算机及网络设备等。

5. 组织及管理

组织及管理是物流网络的"软件",起着连接、调运、运筹、协调、指挥其他各要素以保障物流系统目标实现的作用。

三、物流系统的组成

物流系统由物流作业系统和支持物流系统的信息流动系统即物流信息系统两个分系统组成。

物流作业系统包括包装系统、装卸搬运系统、运输系统、仓储系统、流通加工系统、配送系统等子系统。各个子系统又包括下一级的更小的子系统。例如,运输系统又可分成铁路运输系统、公路运输系统、空运系统、水路运输系统、管道运输系统。物流作业系统通过在运输、保管、搬运、包装、流通加工等作业中使用种种先进技能和技术,并使生产据点、物流据点、输配送路线、运输手段等资源实现网络化,可以大幅度提高物流活动的效率。

物流信息系统包括情报系统、管理系统等子系统。物流信息系统在保证订货、进货、库存、出货、配送等信息通畅的基础上,使通信据点、通信线路、通信手段实现网络化,也可以大大提高物流作业系统的效率。

四、物流系统的特征

物流系统是一个复杂而庞大的系统。它具有一般系统共有的性质,即目的性、整体性、层次性、相关性和适应性。同时,物流系统作为现代科技和现代观念的产物,还具有一些自身的特点。

(一) 物流系统是一个动态系统

物流系统与生产系统的一个重大区别在于,生产系统按固定的产品、固定的生产方式,连续或不连续地生产,很少发生变化,系统稳定时间较长。而物流系统是连接多个生产企业和用户的系统,是受到社会生产和社会需求的广泛制约的。需求、供应、价格、渠道的变动,都随时随地影响着物流。所以,物流系统是一个稳定性较差而动态性较强的系统。为使物流系统更好地运行以适应不断变化的社会环境,必须对其进行不断地修改和完善,有时甚至需要重新设计整个物流系统。

(二) 物流系统是一个可分系统

在整个社会再生产中,物流系统是流通系统的一个子系统。而物流系统本身又可以再细分为若干个相互联系的子系统,系统与子系统之间、各个子系统之间都存在着总的目标、总的费用、总的效果以及时间空间、资源利用等方面的相互联系。对特定物流系统所分子系统的多少和层次的阶数,是随着人们对物流系统的认识和研究的深入而不断扩充的。

(三) 物流系统是一个大跨度的系统

物流系统是一个大跨度系统反映在两个方面：一是地域跨度大，二是时间跨度大，即时空的跨度大。随着国际分工的不断发展，国际间企业的交往越来越频繁，提供大时空跨度的物流活动将会成为物流企业的主要任务。物流系统的大跨度使管理难度加大。

(四) 物流系统的复杂性

物流系统构成要素的复杂性带来了物流系统的复杂性。首先，物流系统的对象是物质产品，品种繁多，数量庞大，既包括生产资料、生活资料，也包括废旧废弃物品，涵盖了全社会的物质资源。其次，物流系统的主体是人，就从事物流活动的人来看，需要数以百万计的庞大队伍。最后，物流系统各个子系统之间存在着普遍的复杂联系，各要素关系也较为复杂，存在明显的"效益背反"现象。物流系统中许多要素在按新观念建立系统之前，早就是其他系统的组成部分，因此往往较多地受原系统的影响和制约，而不能完全按物流系统的要求运行，对要素的处理稍有不慎，就会出现系统总体恶化的结果。

(五) 物流系统是一个多目标函数系统

物流系统的总目标是通过物资空间位置的转移，为整个社会经济的发展和国民经济的运行创造顺畅的、有效的、低成本的物流条件。然而，围绕这个总目标会出现各种矛盾：对于物流资源，人们希望最多；对于物流时间，人们希望最短；对于物流成本，人们希望最低；对于物流质量，人们希望最高。显然，上述的所有要求无法同时满足。这些相互矛盾的问题，在物流系统中广泛存在。物流系统要在诸方面满足人们的要求，显然要建立物流多目标函数，并在这些多目标中选择一个最佳方案，求得物流系统的最佳效果。

(六) 物流系统内广泛存在"效益背反"现象

"效益背反"指的是物流的若干功能要素之间存在着损益的矛盾，即某一功能要素的优化和利益发生的同时，通常会存在另一个或几个功能要素的利益损失，反之也如此。这是一种此长彼消、此盈彼亏的现象，往往导致整个物流系统效率的低下，最终会损害物流系统的整体利益。"效益背反"又称"二律背反"，是物流领域中很经常、很普遍的现象，是物流领域中内部矛盾的反映和表现。

《中华人民共和国国家标准物流术语》(GB/T 18354—2006)采用的是"效益悖反"(trade off)，对其定义是：一种活动的高成本，会因另一种物流活动成本的降低或效益的提高而抵消的相互作用关系。

物流的各项活动（运输、保管、搬运、包装、流通加工等）处于这样一个相互矛盾的系统中，活动之间存在广泛的"效益背反"现象——想要较多地达到某个方面的目的，通常会使另一方面的目的受到一定的损失。例如，减少物流网络中仓库的数目并减少库存，必然会使库存补充变得频繁而增加运输的次数；简化包装，虽可降低包装成本，但却由于包装强度的降低，在运输和装卸中的破损率会增加，且在仓库中摆放时亦不可堆放过高，降低了保管效率；将铁路运输改为航空运输，虽然提高了运输速度，可以减少库存，降低库存费用，但增加了运输费用。所有这些都表明，在规划设计物流系统时，要综合考虑各方面因素的影响，使整个物流系统达到最优,片面强调某种物流功能将会蒙受不必要的损失。

由于各物流活动之间存在着"效益背反",因而就必须研究总体效益,使物流系统化。也就是说,物流系统就是要调整各个分系统之间的矛盾,把它们有机联系起来使之成为一个整体,使整个物流系统优化。

单纯认识物流可以具有与商流不同特性而独立运动这一点,是物流科学走出的第一步。在认识效益背反的规律之后,物流科学也就迈出了认识物流功能要素这一步,而寻求解决和克服各功能要素效益背反现象。当然,或许也曾有过追求各个功能要素全面优化的企图,但在系统科学已在其他领域形成和普及的时代,科学的思维必将导致人们寻求物流的总体最优化。不但将物流这一黑大陆细分成若干功能要素来认识,而且将包装、运输、保管等功能要素的有机联系寻找出来,成为一个整体来认识物流,进而有效解决"效益背反",追求总体的效果,这是物流科学的一大发展。这种思想在不同国家、不同学者中的表述方法是不同的。例如,美国学者用"物流森林"的结构概念来表述物流的整体观点,指出物流是一种"结构",对物流的认识不能只见功能要素而不见结构,即不能只见树木不见森林,物流的总体效果是森林的效果。即使是和森林一样多的树木,如果各个孤立存在,那也不是物流的总体效果,这可以归纳成一句话:"物流是一片森林而非一棵棵树木。"

五、物流系统的模式

一般地,物流系统具有输入、处理(转化)、输出、限制(制约)和反馈等功能,其具体内容因物流系统的性质不同而有所区别,如图1-1所示:

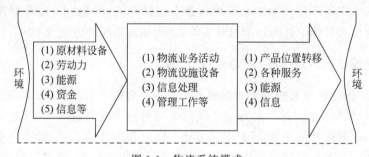

图1-1　物流系统模式

资料来源:丁立言.物流基础[M].北京:清华大学出版社,2000.

(一)输入

输入包括原材料、设备、劳动力、能源等。就是通过提供资源、能源、设备、劳动力等手段对某一系统发生作用,统称为外部环境对物流系统的输入。

(二)处理(转化)

处理(转化)是指物流本身的转化过程。从输入到输出之间所进行的生产、供应、销售、服务等活动中的物流业务活动称为物流系统的处理或转化。具体内容有:物流设施设备的建设;物流业务活动,如运输、储存、包装、装卸、搬运等;信息处理及管理工作。

（三）输出

物流系统的输出指物流系统与其本身所具有的各种手段和功能，对环境的输入进行各种处理后所提供的物流服务。具体内容有：产品位置与场所的转移；各种劳务，如合同的履行及其他服务等；信息收集、处理和传递。

（四）限制或制约

外部环境对物流系统施加一定的约束称为外部环境对物流系统的限制和干扰。具体有：资源条件，能源限制，资金与生产能力的限制；价格影响，需求变化；仓库容量；装卸与运输的能力；政策的变化；等等。

（五）反馈

物流系统在把输入转化为输出的过程中，由于受系统各种因素的限制，不能按原计划实现，需要把输出结果返回给输入，进行调整；即使按原计划实现，也要把信息返回，以对工作做出评价，这称为信息反馈。信息反馈的活动包括：各种物流活动分析报告、各种统计报告数据、典型调查、国内外市场信息与有关动态等。

六、物流系统的目标

不论是改造现有物流系统，还是建立一个新的物流系统，都要有明确的目标。系统目标关系着系统的发展方向、资源配置、投资策略、经营模式等，具有十分重要的意义。只有目标正确，才能使优化或新建的物流系统具有预期价值。否则，目标不明确、不合理甚至根本就是错误的，就会导致优化或新建的物流系统变得毫无意义，结果只能是浪费大量的人力、物力、财力和时间。

（一）物流系统目标的特点

1. 层次性

鉴于物流系统的可分性，物流系统本身可以细分为若干个相互联系的子系统，所以物流系统的目标具有层次性。物流系统整体有目标，而各个子系统也有相应的目标，甚至子系统内部更小的子系统还有相应的目标。下一层次的系统目标是由上一层次的系统目标决定的，而上一层次的系统目标是由下一层次的系统目标来实现的。同一个大系统内的低层次系统目标应服从高层次系统目标。一般情况下，高层次系统目标往往比较笼统、抽象，定性目标多，但适用时间长、范围广，能为更多的人所接受。相对而言，低层次系统目标往往比较明确、具体，定量性强，适用时间短、范围窄，是某个子系统、某个部门的目标。

2. 多样性

物流系统是一个多目标函数系统，其系统目标往往是多个，体现出多样性特点。例如，一个企业的物流系统，既期望库存数量少、库存成本低，也期望运输成本低、物流速度快；既期望物流服务水平高，也期望物流成本低。

3. 效益背反

目标的多样性,往往带来目标的矛盾和冲突,存在广泛的"效益背反"现象。在资源既定的情况下,决策者必须从物流系统的整体出发,综合协调和平衡这些目标,选择一个最佳方案,求得物流系统的整体效果最佳。

(二) 物流系统目标的设置

物流系统可以被认为是"有效达成物流目标的一种机制",而物流的目标是"追求以低物流成本向顾客提供优质物流服务",即 5R:在恰当的时间,将恰当数量、恰当质量的恰当商品送到恰当的地点(to deliver the right goods in right number and right quality to right place at right time)。密西根大学的斯麦基教授认为物流系统的目的是 7R:right quality(优良的质量)、right quantity(合适的数量)、right time(适当的时间)、right place(恰当的场所)、right impression(良好的印象)、right price(适宜的价格)、right commodity(适宜的商品)。

也有人认为,物流系统就是将运输、储存、包装、装卸搬运、流通加工、物流信息和配送等功能结合起来,以实现服务目标、节约目标、快速及时目标、规模适当化目标和库存调节目标的综合体。由于这些目标的英文单词首字母都为"S",所以人们也将其简称为"5S"目标。在这五个目标中,服务和节约是主要目标。

1. 服务目标(service)

物流业是后勤、供应、服务性的行业,起着桥梁和纽带作用,连接着生产与消费,有着很强的服务性。无论运输、储存还是包装、装卸搬运、流通加工等,都必须以顾客满意为第一目标。因此,物流企业必须不断开发新技术,开发新的服务项目,随着顾客需求的不断升级而不断创新服务方式。

2. 节约目标(save)

节约是经济领域的重要规律。物流系统的各个作业环节都要产生成本,其中主要是运输成本和仓储成本。在激烈的市场竞争环境下,所有的物流业务活动都必须注意节约费用。物流活动中采取的节支、省力、降耗等措施都是为了实现节约这一目标。

3. 快速及时目标(speed)

快速及时性不仅是服务性的延伸,也是商品流通对物流提出的要求。快速及时不仅是一个传统目标,更是一个现代目标。从社会再生产角度看,整个社会再生产循环的效率,取决于每一个环节。社会再生产循环的速度决定了社会经济发展的速度。因此,物流速度不仅是顾客的需要,更是社会发展进步的要求。而且随着社会生产的不断发展,这种要求会更加强烈。物流领域采取的直达物流、联合一贯运输、高速公路等,就是这一目标的体现。现代信息技术在物流领域的广泛应用,为实现物流系统的快速及时目标起到了重要作用。

4. 规模适当化目标(scale optimization)

生产领域的规模生产是早已为社会所承认的,在流通领域同样也要讲求规模效益。因此,在对物流系统进行设计时,首先要考虑其规模的大小,对市场的物流量、服务对象等因素进行分析,使系统的规模与市场的需求相适应。因为物流系统的规模过小,就不能满足市场需求;规模过大则会浪费资源,影响整个系统的经济效益。物流领域以分散或集中等方式建立物流系统,研究物流的集约化程度,就是追求规模优化这一目标的体现。

5. **库存调节目标**(stock control)

物流系统是通过本身的库存来实现对各企业和消费者的需求保证。但如果库存过多,则需要更多的保管场所,且还会因库存积压而浪费资金。因此,在物流过程中,必须合理确定库存的方式、数量、结构及地区分布等。当然,这也是物流系统本身效益的要求。

在实践中,如果依照以上五个目标来建立物流系统,且全部或部分地达到了这五个目标,就可以说物流系统实现了合理化。需注意的是,设置目标要遵守SMART原则,即具体的(specific)、可衡量的(measurable)、可达到的(attainable)、相关联的(relevant)、有时限的(time-based)。

七、物流系统中的目标冲突

(一) 物流服务水平与物流成本之间的目标冲突

一般来讲,物流服务水平与成本是一种此长彼消的关系,物流服务水平提高,物流成本就会上升。例如,企业要提高交货速度、缩短交货周期,可以通过设置距离较近的仓储配送点送货或使用速度快的运输方式与工具运货,而这必然伴随着库存费用的增加或运输费用的增加。物流服务水平与物流成本之间的关系适用于收益递减法则,如图1-2所示。

在服务水平较低阶段,如果追加 X 单位的服务成本,服务水平将提高 Y。而在服务水平较高阶段,同样追加 X 单位的成本,提高的服务水平只有 Y',$Y'<Y$。所以,无限度提高顾客服务水平,会因为成本上升的速度加快,反而使顾客服务效率没有多大变化,甚至下降。物流服务管理的目标是以适当的成本实现高水平的顾客服务。企业必须在加强成本管理的同时,明确相应的顾客服务水平,强化顾客服务管理,从而保持成本与顾客服务水平之间的一种均衡关系。

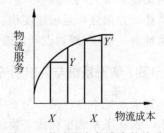

图1-2 物流服务与成本的关系

(二) 物流系统各功能要素之间的目标冲突

物流系统的功能要素包括运输、储存、包装、装卸搬运、流通加工、配送、信息处理。这些物流功能要素之间存在广泛的"效益背反"现象,处于一个相互矛盾的系统中,单独考虑时往往存在着目标冲突。也就是说,想要较多地达到某个功能要素的目的,通常会使其他功能要素的目的受到一定的损失。

例如,运输与储存两个功能要素之间存在着目标冲突。降低运输成本,一般会采用大规模的运输方式或集拼运输,而这往往带来下游客户库存量的增加和仓储成本的上升。降低仓储成本,往往要求小批量、多频次、短周期送货,而这往往由于运输次数增加、运输不能实现规模化而带来运输成本的上升。

包装与其他功能要素之间也存在着目标冲突。包装的首要功能是保护功能,保护物品在整个物流过程中的安全,同时降低包装成本。然而,如果"过度包装",不仅增加了包装成本,而且增加了包装后的物品重量,带来无效运输、无效装卸搬运等无效物流作业的比重增大。如果使用轻薄化的包装材料,虽然降低了包装成本,但也降低了包装强度。包装对物品的防护作用降低,带来运输、仓储、装卸等作业由于物品破损增加或摆放时不可堆放过高、降低效率而导致成本上升。

所有这些都表明,物流系统的各功能要素是一个整体,其目标要进行综合协调和权衡,最终实现物流系统的整体目标。在规划设计物流系统时,要综合考虑各功能要素的影响,使整个物流系统达到最优,任何片面强调某种物流功能都将会蒙受不必要的损失。物流系统的各功能要素之间相互匹配、相互协调,物流系统的整体效能才可得以充分发挥。

(三)物流系统功能要素内部的目标冲突

物流系统可以分为运输、储存、包装、装卸搬运、流通加工、配送、信息处理七大功能要素子系统。物流七大功能要素子系统还可以进一步分为更低一级的子系统。这些更低一级的物流功能要素子系统也存在着目标冲突。

例如,物流运输子系统按运输方式,还可以进一步分为铁路运输、公路运输、水路运输、航空运输、管道运输等子系统。公路运输灵活性强,可实现"门到门"运输,但远距离运输费用较高,且运输能力小、污染环境大。铁路运输能力大,环境污染小,远距离运输费用较低,但灵活性差,短距离运输费用较高。航空运输速度快,机动性好,但运量小,运输成本高。水路运输运量大,运输成本低,但运输速度慢,运输风险大。各种运输方式都有各自的优势和劣势。如果强调运输速度快、灵活性强,就要付出成本高的代价,各运输目标之间必然存在着冲突。所以,规划设计运输方案时,要根据运输对象和目标综合权衡。

(四)物流系统与外部系统之间的目标冲突

物流系统本身也是一个更大系统的子系统,也要与这个更大系统中的其他子系统发生联系。这些子系统也构成了物流系统的外部环境。与物流子系统有自己的目标一样,其他子系统也有自己特定的目标。这些不同子系统的目标之间通常也广泛存在着冲突。

就制造企业而言,企业经营系统包括生产系统、销售系统、物流系统、财务系统、人事系统等子系统。这些子系统的目标和任务不同,本位作风导致部门目标冲突也是必然的。例如,制造企业各部门从局部利益出发,从本位出发,销售部门为保证销售、避免缺货,希望增加库存量,而财务部门为降低成本希望减少库存量;销售部门希望以小批量产品迅速发货、快速满足顾客需求,而生产部门希望规模生产、批量发货以降低成本;销售部门为快速满足顾客希望在销售地建立仓库,而生产部门为方便生产希望在生产地建立仓库,财务部门为减少成本则希望减少仓库数量和库存量。物流部门为降低成本希望外包物流,而财务部门认为物流业务外部化带来的频繁的财务手续是令人讨厌的而偏向于企业自营物流,人事部门从员工稳定与和谐关系出发也更愿意企业不要把物流业务外部化。这些子系统之间或部门之间的目标冲突的解决,必须在整个企业的层次上对冲突的目标加以协调和权衡。

物流系统中的目标冲突广泛存在。冲突是物流系统功能要素之间、功能要素内部、物流系统与环境的重要联系。物流系统规划与设计必须有系统的整体观念,用系统观点来解决这些冲突,协调和权衡冲突的目标,最终实现物流系统的整体最优。

第三节　物流系统规划与设计概述

一、物流系统规划与设计的概念与重要性

(一) 物流系统规划与设计的概念

物流系统是一个复杂的社会经济系统。要使这个系统能够良好运行,必须进行科学的规划与设计。系统思想是物流系统规划与设计的重要思想体系。物流系统规划与设计的根本目的是让物流"系统化"。系统方法论对于物流系统规划与设计工作具有重要指导意义。

物流系统规划与设计是在一定系统范围内对整个物流系统的建设与运行进行总体的战略部署,是以国家、地区的经济和社会发展规划或企业的发展战略为指导,以物流系统内部的自然资源、社会资源和现有的技术经济构成为依据,考虑物流系统的发展潜力和优势,在掌握交通运输、仓储等基本物流要素的基础上,研究确定物流系统的发展方向、规模和结构,确立合理配置物流资源、科学组织物流活动的方案,使物流系统协调发展,取得最佳的经济效益、社会效益和生态效益。

严格讲,物流系统规划和物流系统设计是两个不同、容易混淆的概念,二者有密切的联系,也有重大的差别。

在建设项目管理中,项目设计分为高阶段设计和施工图设计两个阶段。高阶段设计又可分为项目决策设计和初步设计两个阶段。项目决策设计包括项目建议书和可行性研究报告。一些工程项目在决策阶段进行总体规划工作,作为可行性研究的一个内容和初步设计的依据。因此,物流系统规划属于物流系统项目的总体规划,是可行性研究的一部分。而物流系统设计则属于项目初步设计的一部分内容。

物流系统规划和物流系统设计的相同之处:一是二者都属于物流项目的高阶段设计过程,内容上不包括项目施工图设计;二是二者的理论依据相同,基本方法相似,都是以物流学原理为理论依据,运用系统分析的观点,采取定量与定性相结合的方法进行。

物流系统规划和物流系统设计的不同之处:一是目的不同。物流系统规划是关于物流系统建设的全面长远发展计划,是进行可行性论证的依据。物流系统设计是在一定技术经济条件下,对物流系统的建设预先制订详细方案,是项目运作或施工设计的依据。二是内容不同。物流系统规划强调宏观指导性,物流系统设计强调微观可操作性。

一般情况下,物流系统规划与物流系统设计二者联系密切,难以截然分割,往往将之合二为一,笼统地称为物流系统规划与设计。

(二) 物流系统规划与设计的重要性

物流系统规划与设计的重要性与物流本身的特殊性有关。

1. 物流的涉及面非常广泛，需要有各方共同遵循的规划

物流涉及生产、流通、消费领域，涵盖了几乎全部社会产品在社会上与企业中的运动过程，是一个非常庞大且复杂的领域。仅以社会物流的共同基础设施而言，我国就涉及交通、铁道、航空、仓储、外贸、内贸六大领域，更涉及这些领域内的诸多行业。这些领域和行业在各自的发展规划中，都包含有局部的物流规划。由于缺乏沟通和协调，这些规划更多是从局部利益考虑，再加上局部资源的有限性，往往不可避免地破坏了物流大系统的协调性和整体性。因此，必须有一个更高层次的、全面的、综合的物流规划，才能够把我国的现代物流发展纳入有序的轨道。

2. 物流过程本身存在"效益背反"现象，需要有规划的协调

物流运作往往要经历很长的过程，这个过程通常由运输、储存、装卸搬运、包装、配送等诸多环节组成。这些环节之间往往存在着"效益背反"现象。如果没有共同的规划制约，或各环节之间不进行优化，各个环节各自独立发展，就可能使"背反"现象强化。

3. 物流领域容易出现低水平重复建设现象，需要有规划的制约

物流领域进入的门槛比较低，而发展的门槛比较高。同时，物流领域的建设投资尤其是交通、仓储等基础设施建设投资巨大，需要有规划的引导。如果没有物流规划的引导和制约，任其发展，很可能带来物流领域的低水平重复建设，造成资源浪费，带来巨大损失。

4. 实现我国物流的跨越式发展，物流建设投资更需要有规划的指导

我国物流系统建设起步晚，与发达国家有几十年的差距。要迅速追赶，需要跨越发达国家几十年时间的低水平发展阶段。就我国的技术水平和管理水平而言，实现这一跨越是完全有可能的。但是，如果缺乏规划的引导和制约，一哄而上，就会出现重复建设、投资脱离实际需要、热衷于新项目建设等现象，从而浪费宝贵的资源与时间及良好的发展机遇。

5. 企业构建新型物流系统的需要

就企业而言，随着买方市场的到来，市场竞争越来越激烈，顾客消费需求的多样化、个性化、小批量越来越突出；订单式生产、柔性生产等新型生产模式不断出现，生产的自动化、智能化、网络化程度越来越高，生产效率、工人的劳动生产率比过去大幅度提高。这时，众多企业发现通过压缩生产成本、劳动成本来获取利润越来越困难，物流的"第三利润源泉"潜力受到企业的广泛重视，加上物流也慢慢成为企业竞争优势的一个重要方面，企业纷纷对自身的物流系统进行改造、重组或重建。而物流涉及企业的产、供、销等经营的方方面面，加上物流各环节之间的"效益背反"，需要企业从整体上进行物流系统的规划与设计。

二、物流系统规划与设计的原则与类型

（一）物流系统规划与设计的原则

物流系统涉及面广，由诸多功能要素组成。功能要素之间、物流系统与环境之间相互影响。物流系统规划与设计要将物流系统看作一个相互联系的有机整体，从全局观点出发，进行全面的综合分析，从整体上进行宏观控制。物流系统规划与设计要遵循"局部服务全局、个别服从整体、微观服从宏观、治标服从治本、眼前服从长远、子系统服从大系统"的

原则。只有重视了全局、整体和大系统的要求,使物流系统整体上合理、经济、最优,才能提高物流系统规划与设计的综合效益和整体效率。为了实现物流合理化目标,建立高效率物流系统,物流系统规划与设计要遵循以下基本原则。

1. **系统性原则**

系统性原则指在进行物流系统规划与设计时,必须对物流系统中的各种要素进行系统思考和系统设计。这是因为物流系统是一个由运输、仓储、配送、装卸搬运等多种物流要素构成的复杂系统,要素之间存在着广泛的"效益背反"现象。物流本身的系统性特点要求进行物流系统规划与设计时,必须对构成要素进行系统思考和系统设计。其次,宏观上看,物流系统是社会经济系统的一个子系统。物流系统与其他社会经济子系统之间是相互联系、相互制约的关系。进行物流系统规划与设计,必须将其置于社会经济发展整体规划中,把各种影响因素都考虑进来,达成整个社会经济系统的整体最优。

2. **战略性原则**

战略性原则指在进行物流系统规划与设计时,必须对物流规划中的各种要素进行长期的、战略性的思考与设计。物流系统规划与设计的战略性原则主要体现在三个方面:一是进行物流系统规划与设计时,对规划要素的评价与取舍要有战略视角,即从长期发展的角度进行评价并决定取舍;二是对规划要素要有全局意识,而且是中长期的全局意识;三是要充分考虑各种环境因素可能发生的变化,使物流规划具有一定的柔性,以适应环境的变化,减少调整成本。

3. **科学性原则**

物流系统规划与设计的科学性原则主要体现在三个方面:一是对规划要素的现状与问题要进行科学的调查;二是对规划要素的现状与问题要进行科学的分析,科学调查是科学分析的基础,只有对调查资料进行科学的处理与分析,才能得出科学的结论;三是要有科学的规划方法与程序。

4. **可行性原则**

可行性原则指在进行物流系统规划与设计时,必须使物流规划中各种要素的定位、目标与措施适合既定的资源约束条件,具有可操作性。为了保证物流系统规划与设计具有可行性,规划设计时要注意以下几个问题:一是规划要素的定位、目标与措施要与国内外可比区域的总体物流发展水平相适应;二是规划要素的定位、目标与措施要与本区域内经济与社会发展的总体水平相适应;三是规划要素的定位、目标与措施还要考虑到区域内一些弱势地区或部门的"落后性"和"跟随能力",不能超越弱势地区或部门实现的可能性。

5. **经济性原则**

经济性原则指在物流系统的功能和服务水平一定的前提下,追求成本最低,并以此实现物流系统自身利益的最大化。经济性原则主要体现在以下方面:

(1) 连续与计划。通过有计划地组织物流系统活动,保证物流要素在系统中流动顺畅,消除无谓的停滞,保证整个物流过程的连续性,避免无谓的浪费,达到物流合理化的目的。

(2) 大量化(规模化)。通过一次性处理大量货物,提高设备设施的使用效率和劳动生产率,以达到降低物流成本的目的。例如,配送中心集中进货、库存集中化、将小批量运输合并为大批量运输等。大量化有利于采用先进的作业技术，实现自动化和省力化。

（3）短距离化。通过减少物流中间环节，以最短的路线完成商品的空间转移。

（4）共同化。通过物流业务的合并，提高单个企业的物流效率，如自有仓库加公共仓库、共同配送中心内的共同作业等。通过加强企业之间的协作，实施共同物流，是中小企业实现物流合理化的重要途径。物流共同化可以货主企业为主体，也可以物流企业为主体。

（5）标准化。标准化包括作业标准化、信息标准化以及工具标准化等。实现标准化是有效开展物流活动、实现物流效率化不可缺少的环节。物流涉及多个部门、多个环节。标准化是实现物流各个环节相互衔接、相互配合的基础条件，如集装箱的标准化、包装容器的标准化、托盘的标准化以及保管装卸器具的标准化等。

（6）信息化。运用现代计算机技术、信息网络技术和数字通信技术，构筑起能够对物流活动相关信息进行高效率收集、处理和传输的物流信息系统。通过信息的顺畅流动，将物流采购、生产、销售系统联系起来，以便有效地控制物流作业活动。

6．社会效益原则

社会效益原则指进行物流系统规划与设计时，应考虑环境污染、可持续发展、社会资源节约等因素。一个好的物流系统，不仅在经济上是优秀的，在社会效益方面也应是杰出的。物流的社会效益原则也越来越受到政府和企业的重视。目前，我国正在倡导循环经济、绿色发展，绿色物流是其中的重要组成部分。考虑物流活动对环境的负面影响，政府在法律法规方面对物流系统的绿色化等社会效益也做出了引导和规定。例如，《中华人民共和国循环经济促进法》《中华人民共和国固体废物污染环境防治法》《机电产品再制造行业规范条件》等政策。

7．客户服务驱动原则

客户服务驱动原则指在进行物流系统规划与设计时，必须以市场为中心、以客户为中心，站在客户立场来设计，而不是以自我为中心、以产品为中心。要考虑给客户提供时间、地点和交易上的方便，尽可能增大产品或服务的额外附加价值，从而提高客户的满意度和忠诚度。理想的物流系统规划与设计应遵循以下规划设计过程：识别客户服务需求——定义客户服务目标——规划设计物流系统。

（二）物流系统规划与设计的类型

物流系统规划与设计是根据物流系统的功能要求，以提高物流系统服务水平、运作效率和经济效益为目的，制订各要素的配置方案。物流系统规划与设计的具体内容和要求随着其类型不同而不同。

1．按照物流系统规划与设计的层面划分

按照物流系统规划与设计的层面，可以划分为战略层、营运层和操作层三个层面的物流系统规划与设计。

（1）战略层。战略层的物流系统规划与设计，具体又可分为全局性战略、结构性战略、功能性战略、基础性战略四个层次。

全局性战略。物流系统的最终目标是满足客户需求，故客户服务应该成为全局性战略目标。建立客户服务的评价指标体系、实施客户满意工程是全局性战略实施的关键措施。

结构性战略。结构性战略包括渠道设计与网络分析两方面内容。渠道设计的任务是通过优化物流渠道、重构物流系统，提高物流系统的敏捷性和适应性，使供应链成员企业降低物流成本。网络分析则主要通过库存分析、用户调查、运输方式分析、信息及其系统状况分析、合作伙伴绩效评价等，为优化物流系统提供参考，其目的在于改进库存管理、提高服务水平、增强信息交流与传递效率。

功能性战略。功能性战略主要指通过物料管理、运输、仓储、配送、包装管理等物流功能环节的管理，实现物流过程的适时、适地、适量的高效运作，其主要内容有运输工具的使用与调度优化、采购与供应方法策略的采用、库存控制与仓储管理等。

基础性战略。基础性战略主要是为物流系统的正常运行提供基础性保障，其内容包括组织系统管理、信息系统管理、政策与策略管理、基础设施管理等。

（2）营运层。营运层主要是落实战略层的规划与设计，特别是有效实施结构性战略。

物流渠道设计包括确定为达到期望的物流服务水平而需执行的活动和职能，以及渠道中哪些成员负责执行。渠道体系设计需要在渠道目标的制定、渠道成员的选择及职责、渠道长度和宽度的评价以及市场、产品、企业及中间商因素的研究、渠道合作等方面认真分析与判断。因为，渠道体系一旦实施，常常无法轻易改变。随着客户需求变化和竞争者自我调整，渠道设计必须再评价以维持或增强市场地位。

物流系统的网络战略要解决的问题有节点的功能、成本、数量、地点、服务对象、存货类型及数量、管理运作方式（自营或外包）以及线路的成本、效率、主要工具、管理运作方式（自营或外包）等。网络战略必须以一种使客户价值最大化的方式与渠道战略进行整合，涉及和第三方物流提供商的合作。此时，物流网络可能会变得更为复杂，也比传统网络更为灵活。在动态、竞争的市场环境中，还需要不断地修正物流网络以适应供求基本结构变化。

（3）操作层。操作层也称执行层，包括支持物流的信息系统、指导日常物流运作的方针与程序以及组织与人员问题。

物流信息系统是一体化物流思想的实现手段和现代物流作业的支柱。物流管理，信息先行。没有先进的信息系统，物流系统的各个功能要素将无法有效地衔接起来，企业也将无法有效地管理成本、提供优良的客户服务和获得物流运作的高绩效。

指导日常物流运作的方针与程序就是战略层的功能性战略在操作层的实施，物流信息系统和组织结构设计是其中最为重要的内容，需要对物流作业进行分析与优化。运输分析包括承运人选择、运输合理化、货物集拼、装载计划、路线确定及安排、车辆管理、回程运输或承运绩效评定等方面的考虑。仓储方面的分析包括节点布置、货物装卸搬运技术选择、生产效率、安全、规章制度的执行等。物料管理的分析可以着重于预测与库存控制、生产进度计划、采购上的最佳运作与提高等。

组织一体化、供应链整合、虚拟组织、动态联盟、战略联盟、战略伙伴、企业流程再造、敏捷制造等发生在组织管理领域的变革，要求以全新的思维认识企业。同时，物流管理也要对变革做出积极反应，一个整合的、高效的组织对成功的物流绩效是重要的。一体化的物流管理并不意味着将分散于各职能部门中的物流活动集中起来，单一的组织结构并非对所有企业都是适宜的，关键在于物流活动之间的协调配合，要避免各职能部门追求局部物流绩效的最大化。

2. 按照物流系统规划与设计涉及的行政级别和地理范围划分

按照物流系统规划与设计涉及的行政级别和地理范围，可以划分为国家级物流系统规划与设计、区域级物流系统规划与设计、行业物流系统规划与设计和企业物流系统规划与设计。

国家级物流系统规划与设计是国家层次的物流系统规划，着重于以物流基础节点和物流基础网络为内容的物流基础平台规划，包括公路、铁路、水路、航空等运输线路的规划，不同线路的合理布局，综合物流节点——物流基地的规划以及相应的综合信息网络的规划。

区域级物流系统规划与设计着重于地区物流基地、物流中心、配送中心三个层次的物流节点及综合物流园区的规模和布局的规划。物流基地、物流中心、配送中心三个层次的物流节点是区域物流的不同规模、不同功能的物流节点，是区域物流系统运行合理化的重要基础，也是区域物流系统规划较大规模的投资项目。

行业物流系统规划与设计是对行业内部经济活动所发生的物流活动进行规划与设计。同一行业的不同企业，虽然在产品市场上是竞争对手，但在物流领域内却常常可相互协作，共同促进行业物流的发展，实现所有参与企业的共赢。国内外许多行业有自己的行业协会或学会，并对本行业的物流进行研究。在行业物流活动中，有共同的运输系统和零部件仓库以实行统一的集体配送；有共同的新旧设备及零部件的流通中心；有共同的技术服务中心进行对本行业的维护人员的培训；有统一的设备机械规格，采用统一的商品规格、统一的法规政策和统一的报表等。行业物流系统化的结果使行业内的各个企业都得到相应的利益。

企业物流系统规划与设计指某一企业为了满足一定的物流服务需求，实现具体的物流服务目标而进行的物流服务系统规划。它是最微观层面的物流系统规划，包括生产、销售、服务等企业的物流系统规划。

国家级、区域及行业的物流系统规划可看作社会物流系统，是为了满足一个国家、区域或行业的所有经济实体经济发展的需要，追求的是一个国家、区域或行业整体的经济效益和可持续发展。它们是企业物流系统规划的基础，最终是为企业物流系统规划服务的，直接制约企业物流系统的构筑。例如，企业配送中心、枢纽仓库等物流节点的选址直接受交通运输条件的影响。企业物流系统是构建于国家级、区域及行业的物流系统基础设施和平台之上的具体物流服务实体，离不开上述物流系统的支持。没有各级政府和行业部门投资建设的交通运输基础设施，任何企业都难以开展物流服务。企业物流系统是影响国家级、区域及行业的物流系统规划建设的关键因素。国家级、区域及行业的物流系统规划的构筑需要满足企业物流系统的需要，否则将导致国家级、区域及行业的物流系统规划资源的闲置和浪费。例如，物流园区建设成败的关键是有没有足够多的企业入驻和使用园区。企业物流系统通过对国家级、区域及行业物流系统规划的资源选择，促进国家级、区域及行业的物流系统规划的优化。不同企业的经营内容不同，对物流要求也不同。因此，企业物流系统规划更要关注差异性和细节。

国家级、区域及行业的物流系统可看作社会物流系统，与企业物流系统是相互联系、相互衔接、相互补充的关系，共同完成各种物流服务活动，满足目标客户的物流服务需求，如图1-3所示。

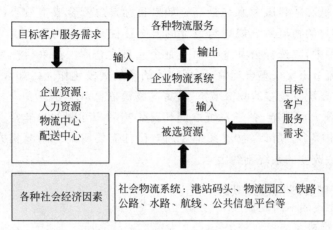

图 1-3　社会物流系统与企业物流系统的关系

三、物流系统规划与设计的步骤

1969 年,美国贝尔研究所工程师、系统工程学者霍尔提出了系统工程的三维结构。系统工程的三维结构就是将系统工程活动分为前后紧密连接的七个阶段和七个步骤,同时考虑完成各个阶段和各个步骤所需要的各种专业知识,形成由时间维、逻辑维和知识维组成的立体空间结构。这为解决复杂的系统工程问题提供了一个统一的思想方法。时间维,表示系统工程活动从规划到更新按时间排列顺序,可分为规划、计划、研制、生产、装配、运行、更新七个阶段。逻辑维,对每一工作阶段运用系统工程方法来思考和解决问题的思维过程,可分为明确问题、目标设计、方案综合、系统分析并建立定量模型、最优化与系统选择、决策、实施计划七个步骤。知识维,完成各阶段各步骤所需要的知识和专业技术,包括工程、医学、商业、法律、管理、社会科学、艺术和教育等。

将逻辑维应用于物流系统规划与设计工作阶段,物流系统规划与设计的一般步骤如下:

(一) 明确问题

爱因斯坦说过:"如果给我 1 小时的时间来解决问题,我会花 55 分钟思考这个问题,5 分钟思考解决办法。"意思是花时间在识别明确问题上是非常值得的,有助于后续解决正确的问题,以及正确地解决问题。"问题是什么?"很多时候其答案还未清晰,没有考虑到待解决问题的本质、界限等,就急于做出决策。所以,物流系统规划与设计首先要明确问题,明确通过物流系统规划与设计要解决的问题是什么。否则,问题错了,后面的工作也会劳而无功。

(二) 确定目标和约束条件

明确问题之后,最重要的是确定物流系统规划与设计的目标。目标定位直接决定着物流系统的组成部分。例如,对于企业物流系统规划与设计,常用的目标有三种:总资金成本最小、运营成本最低和顾客服务水平最高。如果目标是总资金成本最小,意味着物流系统的总投资最小,相对的物流系统规划与设计的方案往往是减少物流节点的配置数量,直接将货物送到用户手中,或选择公共仓库而不是企业自建仓库。如果目标是运营成本最低,往往需要利用物流节点实现整合运输、实现物流活动的规模化作业。如果目标是顾客服务水平最高,往往需要配置较多的物流节点、较好的物流信息系统等。

由于物流系统大而繁杂,各子系统之间相互影响和相互制约也非常明显,而且系统受外部条件的限制也很多。所以,物流系统规划与设计需要明确与问题相关的约束条件,尤其是那些暂时无法改变的系统制约因素。

(三)调研收集资料和方案拟订

1. 调研收集资料

根据明确的问题和确定的目标,对需要规划与设计的物流系统进行调研,并系统地收集、分类、整理分析和汇总有关规划设计所必需的资料、数据和信息,为方案拟订提供依据。物流系统规划与设计方案的可行性和有效性,依赖于调研获得的基础资料和数据的准确性和全面性。调研是为规划设计方案提供服务的,其内容必须根据规划设计的目标和对象来确定。对于宏观的社会物流系统与微观的企业物流系统,虽然调研工作在内容与侧重面上有所不同,但调研的内容一般包括以下几个方面:

(1)物流服务需求。调研规划设计的物流系统要满足的物流服务需求,包括物流服务水平,如缺货率、送货时间、物流消费水平与消费观念、物流服务费用与服务质量水平等;物流服务需求空间分布,如现有和潜在的客户分布等;物流服务对象特征,如货物尺寸、重量和特殊的搬运需求等;物流服务需求特征,如客户的订单特征、订货的季节性变化、客户服务的重要性等;物流服务需求规模,如需求量等;物流服务需求的环境条件等。

(2)物流资源状况。物流资源状况指特定区域物流服务的提供能力、空间分布、结构分布、发展动向、发展趋势等,包括现有物流设施状况,如节点分布、交通网络、运输设备、仓储设备等;现有物流系统运营状况,如组织管理体系、服务模式、营业状况、服务种类、作业方式等;限制现有物流资源发挥的制约因素。

(3)物流服务竞争状况。了解竞争对手的物流服务水平、服务方式、资源配置、发展动向、市场占有率、优劣势等。

(4)社会经济发展状况。社会经济发展状况包括服务区域内的社会经济发展状况,如国家产业政策和区域经济发展规划、区域产业构成、区域物流总体构成等;自然资源状况,如土地、水、气候、矿产等;社会资源状况,如劳动力数量、年龄构成、技能、受教育水平、使用成本等;经济资源状况,如工农业生产、交通运输、电力能源、城乡建设等状况。

(5)物流技术状况。调研物流技术的使用情况、发展水平、技术结构、发展趋势及新技术的开发能力与开发情况。

2. 方案拟订

完成调研收集资料后,根据要解决的问题和确定的目标,拟订物流系统规划设计的初步方案。

（四）方案评价与选择

方案评价是根据制定的评价标准，对规划设计的各种初步方案进行经济、技术、社会等多个方面的比较与评价，帮助决策者选择出最优或最满意的方案。通过评价，判断拟订的物流系统方案是否达到了预定的各项性能指标，是否在满足各种约束条件下实现物流系统的预定目标，判断各方案的优劣在哪里，从而为方案选择奠定基础。

物流系统方案评价一般经过确定评价目标与评价内容、确定评价因素、建立评价指标体系、制定评价准则、选择确定评价方法、进行单项评价与综合评价等几个步骤。方案评价的方法一般有定性分析评价法、定量分析评价法以及两者相结合的评价方法等，如程序评价法、因素评价法、层次分析法、模糊综合评价法等。方案评价后，选择评价最好的方案作为实施方案，次好的方案可作为备用方案。

（五）方案实施与实效评估

方案选择后，就进入方案的实施阶段。物流系统方案的实施过程是相当复杂的系统工程。设计方案的科学性、合理性、效益性和实际可操作性，将在实施过程中得到检验。这就要求实施者根据决策者选出的方案，严格按照方案设计的要求逐步实施。在方案实施过程中，可能遇到各种各样的实际问题，有些问题还可能是方案设计者未事先预料到的。这时，方案实施者要充分领会设计者的整体思路和设计理念，尽可能最大限度地满足设计要求。如果确有无法满足的部分，需要对物流系统规划设计方案做必要的调整，但要保证不影响物流系统整体目标的实现。同时，还要跟踪方案实施，分析实施前后的变化，对实施结果进行实效评价，提交实施评估报告，作为方案修正的依据或今后物流系统规划设计的参考。

本 章 小 结

1. 系统是相对于环境而言的，它要求把所研究的对象或过程理解和作为一个由各部分组成的相互联系和相互作用的有机整体。按照系统论的观点，"系统"是指由相互作用和相互依赖的若干组成部分（要素）结合而成的、具有特定功能的有机整体。系统可以划分为自然系统和人造系统、实物系统和概念系统、封闭系统和开放系统、静态系统和动态系统，具有目的性、整体性、相关性、层次性、适应性的特性。

2. 系统的内涵包括系统的要素、功能、结构、环境。系统的各个要素（或子系统）可以分成三类要素：必要要素、一般要素和多余要素。系统的功能指系统在一定的内部条件和外部环境下具有的达到既定目标的能力。系统的功能取决于三种因素，即各要素的质量、各要素组成的合理性、各要素之间的特定关系。系统的结构指系统内部各个要素（或子系统）之间相互联系、相互作用而形成的结合方式、排列秩序和比例关系。结构的作用表现为三个方面：限制、筛选、协调。系统的环境指系统外部的能够影响系统功能的各种因素的总和。

3. 物流系统指在一定的时间和空间里，由所需位移的物资与包装设备、装卸搬运机械、运输工具、仓储设施、人员和通信联系等若干相互制约、互相依赖的动态要素所构成的具有特定功能的有机整体。物流系统的要素很多，根据不同研究目的可将其分成一般要素、功能要素、支撑要素、物质基础要素。物流系统由物流作业系统和支持物流系统的信息流动系统即物流信息系统两个分系统组成。

4. 物流系统具有自身特点：是一个动态系统、是一个可分系统、是一个大跨度的系统、具有一定的复杂性、是一个多目标函数系统、广泛存在"效益背反"现象。物流系统具有输入、处理(转化)、输出、限制(制约)和反馈等功能。

5. 物流系统目标是服务目标、节约目标、快速及时目标、规模适当化目标、库存调节目标。在这五个目标中，服务和节约是主要目标。

6. 物流系统广泛存在着目标冲突，具体包括物流服务水平与物流成本之间的目标冲突、功能要素之间的目标冲突、功能要素内部的目标冲突、物流系统与外部系统之间的目标冲突。

7. 物流系统规划与设计是在一定系统范围内对整个物流系统的建设与运行进行总体的战略部署。物流系统规划与设计的重要性与物流本身的特殊性有关，具体表现在：物流的涉及面非常广泛，物流过程本身存在"效益背反"现象，需要有共同遵循的规划；物流领域容易出现低水平重复建设现象，实现我国物流的跨越式发展，物流建设投资需要有规划的指导；企业构建新型物流系统的需要。

8. 物流系统规划与设计要遵循系统性、战略性、科学性、可行性、经济性、社会效益、客户服务驱动等基本原则。按照物流系统规划与设计的层面，可划分为战略层、营运层和操作层三个层面的物流系统规划与设计。按照物流系统规划与设计涉及的行政级别和地理范围，可划分为国家级物流系统规划与设计、区域级物流系统规划与设计、行业物流系统规划与设计和企业物流系统规划与设计。

9. 物流系统规划与设计的一般步骤如下：明确问题、确定目标和约束条件、调研收集资料和方案拟订、方案评价与选择、方案实施与实效评估。

案 例 研 讨

系统观念在神龙汽车公司物流领域的应用

案例 1-1

练习与思考

练习 1-1

第二章

物流系统分析

本章学习目标:
1. 掌握物流系统分析的概念及步骤;
2. 了解物流系统分析的原则及方法;
3. 掌握物流系统环境分析的内容;
4. 掌握物流系统战略的内涵、功能及制定原则;
5. 了解企业经营战略和物流系统战略的类型;
6. 掌握物流系统战略选择的政策导向矩阵、大战略矩阵、战略地位与行动评价矩阵、SWOT方法。

本章核心概念:

    物流系统分析   环境分析   战略分析   战略选择

 导入案例

机械公司配件配送系统的分析

一、机械公司配件部门面临的问题

    物流成本与物流服务水平之间具有效益背反关系。要维持较高的服务水平,企业就需要在物流设施、技术水平、信息系统等方面增加投入。如何取得最佳的平衡,就需要利用系统工程的方法来帮助解决问题。

    美国国家机械公司配件部门年销售额为 16 000 万美元,年实物配送费用为 2600 万美元,为销售额的 16.25%。发生这样高的配送费用,是由于公司坚持高质量的服务标准。公司在全国各主要市场都设有仓库,以便全国各地的客户能快速及时地收到配件,提高客户满意度。因此,公司共建有 50 多座仓库。

    公司高级管理层认为,配送方面费用开支过大。可否通过降低服务标准来降低配送成本呢?公司领导犹豫不决。为此,公司聘请了著名的管理顾问 H. N. 谢康解决这个问题。H. N. 谢康认为,撤销 20 间仓库可使配送费用降至最低,年节省费用 200 万美元。但公司认为,如果减少了仓库,用户不能就近及时收到配件,将降低客户服务水平,甚至导致客户流失。

二、利用系统分析进行决策

    到底该如何解决这一问题呢?是维持现有仓库数量,还是减少仓库数量?此时美国国家机械公司老总请来了有关方面的专家,针对该公司实际情况进行计算机系统模拟,试图

借助仿真模拟技术来辅助分析。通过计算机对各种情况进行仿真，模拟结果显示：如果采取减少仓库的方法，公司将失去部分客户，失去现有销售额的20%。最后，经过高层决策，决定仍保留原来的50间仓库，避免了由于销售量下降所带来的更大损失。

该案例运用系统工程的模拟技术，帮助决策者透过系统模拟分析，看清了复杂的物流系统的本质及其问题所在，最终避免了决策失误造成的损失。该案例也说明，对复杂物流系统的分析经常要借助各种模型或仿真技术，才能更全面了解系统的各种可能情况。

资料来源(有删减)：https://www.docin.com/p-1762705987.html。

思考：1. 仓库数量与客户服务水平之间存在什么关系？
     2. 结合案例讨论物流系统分析的作用。

用系统思想来研究物流活动是现代物流学的核心问题。物流系统广泛存在的"效益背反"现象，决定了物流系统研究必须采用系统分析的方法。这是物流研究发展的必然，也是物流管理的首要问题。

第一节 物流系统分析的概念、原则、步骤及方法

一、物流系统分析的概念

物流系统分析是从物流的整体出发，根据物流系统的目标要求，运用科学的分析工具和计算方法，对物流系统的功能、环境、费用和效益等因素进行充分调研，收集、比较、分析和处理有关数据、资料，建立若干拟订方案，比较和评价结果，选择出最优方案的过程。

系统分析不同于一般的技术经济分析，要求把构成物流系统的各项因素看作一个整体，确定它们之间的相互联系，从而明确目标，选择出最优决策。

物流系统处于社会经济大环境中，不仅受到外部环境的影响和制约，内部各环节、各要素间也是互相影响的。所以，在对物流系统进行分析时，既要分析物流系统的外部环境，也要分析物流系统内部各环节、各要素间的关系。

物流系统的外部分析包括对物资的生产状况、消费状况、财政信贷状况及国家方针、政策、制度等的分析。物流是社会流通领域的一部分，与生产、消费等活动交织在一起，是一个不稳定的动态系统。宏观环境的任何变化都会影响到物流系统的变化。

物流系统的内部分析包括对运输、储存、配送、包装、流通加工、装卸搬运及信息处理等环节的分析，以及对物资的供货渠道、销售状况、运输能力等数据资料的收集和分析。物流系统内部各环节都有各自的目标任务。要完成各个环节的目标任务，使其达到最佳效率，就要对各个环节的数据和资料进行比较、分析、评价，以便确定最优方案。

二、物流系统分析的原则

任何系统都是由多个因素构成一定的结构，完成一定的功能，既受外部环境的影响，也

受内部因素的制约。而且,系统分析过程还受到分析人员和决策人员的价值观和主观因素的影响。因此,物流系统分析要坚持以下原则:

(一) 外部条件与内部条件相结合

物流系统是流通领域的一个子系统。它不是一个孤立、封闭的系统,而是与社会环境紧密联系的一个开放性系统。它受到外部社会经济、政策以及科学技术等多方面的制约,并随需求、供应、价格等因素的变化而变化。就物流系统内部而言,也会受到各物流功能间的影响和制约。因此,进行物流系统分析,既要注意对外部环境进行分析,也要注意物流系统内部各功能的协调发展,将系统内外的关联因素综合考虑,才能使物流系统在一定的环境中正常运行。

(二) 当前利益与长远利益、局部利益与整体利益相结合

进行物流系统分析时,不仅要考虑当前利益和局部利益,也要考虑长远利益和整体利益。从当前和长远利益的角度考虑,如果物流系统对当前和长远利益都是最优的,那么这个方案肯定是理想的方案;如果物流系统对当前不十分有利,但从长远来看却是非常有利的,那么方案也是一个比较可取的方案。从整体和局部利益的角度考虑,如果物流系统能保证整体利益和各子系统的局部利益都最大,那么这个方案肯定也是一个很理想的方案。但在实际情况中,这是很难达到的。因为物流系统各环节间的相互影响、相互制约以及系统结构要素间的效益背反现象,使得整体利益和局部利益很难都达到最优。因此,在进行物流系统分析时,只能在保证整体利益最大的前提下,尽可能使每一个子系统获得最大利益。

(三) 定量分析与定性分析相结合

系统分析常运用计量经济分析和其他科学分析方法,强调定量分析,物流系统分析也不例外。物流活动中的很多问题可以定量化,如成本、费用、运输能力、仓储容量等。随着现代应用数学和计算机、网络等高科技手段的广泛应用,物流系统分析将越来越精确化、定量化。然而,物流系统内也有很多问题难以定量化或无法进行计量,如制度、政策和管理活动中人的因素等。这些因素很难建立定量模型进行定量分析,需要依靠人在系统分析中的主观能动性,即需要决策者以主观经验进行综合判断。这就是定性分析在物流系统分析中的应用。因此,在进行物流系统分析时,要注意将定量分析和定性分析结合起来使用。

三、物流系统分析的步骤

物流系统分析必须回答以下六个问题,简言之"5W1H",即目的(why,为什么)、对象(what,是什么)、地点(where,何处做)、时间(when,何时做)、人(who,谁来做)、方法(how,怎么做)。通过对这六个问题的回答,可以归纳出物流系统分析的步骤:提出问题,收集资料,建立模型,对比可行性方案的经济效果,判断方案的优劣,建立可行方案,如图2-1所示。这是一次分析过程的几个必要环节。在实际分析过程中,有可能一次分析的结果并不能令

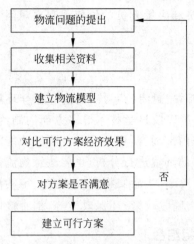

图 2-1 物流系统分析的步骤

人满意。那么,就要按照以上步骤进行二次分析,即重新提出问题,再次收集资料,分析论证,建立可行方案。如此循环往复,直至得到满意的方案为止。

四、物流系统分析的方法

(一)数学规划法(运筹学)

这是一种对系统进行统筹规划,寻求最优方案的数学方法,其具体理论与方法包括线性规划、动态规划、整数规划、排队论和库存论等。这些理论和方法常用于解决物流系统中物流设施选址、物流作业的资源配置、货物配载、物料储存的时间与数量的问题。

(二)统筹法(网络计划技术)

统筹法是运用网络来统筹安排、合理规划系统的各个环节。它用网络图来描述活动流程的线路,把事件作为结点,在保证关键线路的前提下安排其他活动,调整相互关系,以保证按期完成整个计划。该项技术可用于物流作业的合理安排。

(三)系统优化法

在一定约束条件下,求出使目标函数最优的解。物流系统包括许多参数,这些参数相互制约、互为条件,同时受外界环境的影响。系统优化研究,就是在不可控参数变化时,根据系统的目标,如何来确定可控参数的值,以使系统达到最优状况。

(四)系统仿真

利用模型对实际系统进行仿真实验研究。

上述不同方法各有特点,在实际中都得到广泛的应用。其中,系统仿真技术近年来应用最为普遍。系统仿真技术的发展及应用依赖于计算机软件技术的飞速发展。今天,随着计算机科学与技术的巨大发展,系统仿真技术的研究也不断完善,应用不断扩大。

第二节 物流系统的环境分析与问题识别

一、物流系统的环境分析

任何一个系统都存在于一定的环境之中。系统必须适应环境的变化。能够经常与环境保持最佳适用状态的系统,才是理想的系统。不能适应环境变化的系统是难以存在的。一个企业的物流系统必须经常了解国家的宏观经济政策、同行业企业的动向、用户和外贸的要求、市场需求等环境信息,及时、准确把握环境动态,根据实际需要及时调整自身的物流经营策略和经营方向及资源配置,以增强企业活力,否则它就不能生存。

(一) 宏观环境

物流系统的宏观环境又称一般环境,指一切影响物流系统的宏观因素。根据自身特点和经营需要,不同的物流系统分析宏观环境的具体内容虽有所差异,但一般都可以按照政治(political)、经济(economic)、社会(social)和技术(technological)四大类主要宏观环境因素进行分析,即"PEST"分析。

1. 政治法律环境

政治法律环境指一个国家或地区的政治制度、体制、方针政策与法律法规等方面。该因素影响着企业的经营行为,尤其是企业较长期的投资行为。对于物流系统来说,一个国家或地区的政局稳定性、政策连续性以及物流运输法规、税收政策、环保政策等,都直接影响着物流系统的规划和发展。

2. 经济环境

经济环境指物流系统生存和发展的社会经济发展状况,包括一个国家或地区的经济发展规划、国民生产总值及其变化趋势、产业构成、可支配收入水平、利率高低、劳动生产率水平、劳动力丰富程度及劳动力使用成本、交通运输、能源电力等。

3. 社会环境

社会环境指物流系统所在社会中的人口规模及年龄构成、价值观念、文化传统、教育水平、宗教信仰及风俗习惯等。从影响战略制定的角度看,社会环境分为人口与文化两方面,而人口因素对战略制定有着较为重大的影响。一个国家或地区的人口多,受教育水平高,文化多样性丰富,对外开放意识强,对各种商品和服务的需求多,从而为各个行业的发展带来机会。

4. 技术环境

技术环境指一个国家或地区的技术使用情况、发展水平、开发能力和发展趋势。物流技术一般指与物流活动有关的所有技术的总称。从内容看,物流技术可分为三类,即物流硬技术、物流软技术和物流信息技术。物流硬技术包括各种物品在物流活动中所需要的材料、机械和设施设备、流通加工技术、物品包装技术、物品标识技术、物品实时跟踪技术等。物流软技术包括各种物流活动所需要的计划、管理和评价等技术。物流信息技术是指在物流各个作业环节应用的信息技术,主要由以计算机技术和网络通信技术为核心的各种信息技术以及管理信息系统组成。对于物流系统来说,运输、仓储、配送、装卸、包装、流通加工、物流信息等各职能活动中的新技术、新设施、新设备、新方法的开发能力、使用水平和发展趋势,直接影响着物流系统的规划和发展。

(二) 行业环境

行业环境指物流行业的发展状况,具体包括物流行业的市场规模和发展趋势、服务水平和竞争状况、主要竞争对手的市场占有率和优劣势、物流基础设施和物流人才状况等。

(三) 内部环境

分析了物流系统外部环境后,完成了知彼的过程。同时,还要对物流系统的内部环境进行分析，做到知己。

物流系统内部环境分析主要是对物流系统内部拥有的人财物等各种资源的利用情况、各职能活动的开展情况、各作业流程的顺畅进行和无缝对接进行分析，判断其是否充分利用资源、职能相互协调、流程顺畅协调、运作效率较高，目的是找出制约物流系统发展的"瓶颈"和存在的问题。鉴于物流系统中广泛存在"效益背反"现象，这种分析要打破各职能界限，站在物流系统的整体优化和整体发展视角进行。

二、物流系统的问题识别

系统分析是一种研究方法，其主要任务是在不确定的情况下确定问题的本质和起因，明确目标，拟订各种可能方案，评价并选择实施方案。确定问题是对系统进行"诊断"，就是要了解系统问题的本质或特性、问题的存在范围和影响程度、问题产生的时间和环境、问题的症状和原因等。从物流系统分析步骤可知，提出问题是物流系统分析的第一步，这也是关键的一步。如果对物流系统的"诊断"错误，开的"处方"就不可能对症下药。

在确定问题时，要详细收集和整理与问题有关的信息，清晰阐述问题的现状，寻找问题的构成或影响因素及其关系，以便明确系统问题结构。要注意区别症状和问题，判断哪些是局部问题、哪些是整体问题，哪些是主要问题、哪些是次要问题。问题的最后确定应该在调查研究之后，不能先入为主。

在系统分析中，问题一方面代表研究的对象，需要系统分析人员和决策者共同探讨与问题有关的要素及关联状况，恰当地描述问题；另一方面，问题表示显示状况（现实系统）与希望状况（目标系统）的偏差，这为寻找系统改进方案提供了线索。

确定问题阶段还有一个重要工作是进行系统的环境分析。只有正确区分出系统的各种环境要素，才能确定系统边界。同时，确定问题还要特别注意，问题的决策主体和相关利益方会影响问题解决方法的提出，并决定问题的解决程度。

分析、认识、确定问题的工作有时需要反复进行，直到问题清晰为止。这有助于明确系统目标，也有助于后期对物流系统规划设计的结果进行评估，判断是否很好地解决了问题。

第三节　物流系统的战略分析

在市场竞争日益激烈的今天，企业普遍认识到物流对企业生产经营所起到的举足轻重的作用，纷纷把先进的信息技术和系统管理的思想引入物流系统实践中，把物流系统运作提高到企业战略的高度。

一、物流系统战略的内涵与功能

（一）战略的内涵

无论国内国外，"战略"一词原来都是军事用语。毛泽东同志经常说："从战略上藐视敌人，战术上重视敌人。"我国古代，先是"战"与"略"分别使用，"战"指战斗、交通和战争，"略"

指筹略、策略、计划,后来才合二为一,一起使用。在中国,"战略"起源于兵法,古称韬略,指将帅的智谋。例如,平时所说的《孙子兵法》用兵的战略,还有诸葛亮的"空城计"等。后来,战略指军事力量的运用。《中国大百科全书·军事卷》中对"战略"一词的解释是:"战略是指导战争全局的方略,即战争指导者为达成战争的政治目的,依据战争规律所制定和采取的准备和实施战争的方针、政策和方法。"

西方的战略也起源于古代的战争,在英语中"战略"一词为 strategy,来源于希腊语的 strategos,意为"将军"。希腊语中的 strategos 是动词,意思是:"对资源的有效使用加以规划以摧毁敌人。"在美国传统词典中,对战略一词的解释是:"The science and art of military command as applied to the overall planning and conduct of large-scale combat operations."指用于全局性策划与指挥大规模作战的军事指挥的科学与艺术。

现在,"战略"一词已经开始泛化。除军事领域外,战略的价值同样适用于政治、经济等领域。政治领域的战略,如我国提出的三步走战略和可持续发展战略;经济领域的战略,如我国制定的"十四五"发展规划。很多企业借鉴了战略思想,并广泛运用于企业领域,如海尔的名牌战略、多元化战略和国际化战略;TCL 的名牌化战略;跨国公司如 IBM、HP 的全球化战略等。目前,企业战略的确定与执行已经成为决定企业竞争成败的关键性要素。因此,可以用这样一句话描述战略:战略,是对企业长远发展的全局性谋划,往往是有竞争倾向的双方为达到某一目标而采取的计策或行动。

(二)物流系统战略的内涵

物流系统战略(logistics strategy)是指为寻求物流系统的可持续发展,就物流系统体系的发展目标以及达成目标的途径与手段而制定的长远性、全局性的规划与谋略。

物流系统管理的概念被提升到战略的程度,主要有两个原因:一是任何一个可以有效实施的企业战略都不可避免地需要在微观层面和宏观层面寻找一个动态的均衡点,而由于物流系统管理活动涉及企业的所有核心部门,因此它在本质上就具有维持动态均衡的作用;二是一个好战略的精髓在于寻找一套行之有效的企业运行机制,而通过对这套运行机制的实施和维持,使得企业具有独特的竞争优势,而且这种竞争优势是难以模仿的。如果企业通过科学分析和认真实施,在物流系统管理活动方面确立了优势,就可以使得企业的成本大大降低,销售额提高,从而使企业具有竞争力。

如果把各种数量众多的物流系统活动整合到一起,形成一个完整的、可以有效管理的整体,并对这个整体进行具有创造性地、精确地、系统地管理,则物流系统管理可以在战略的层次对保持企业核心竞争力和发展能力上发挥很大的作用。

(三)物流系统战略的功能

物流系统战略的功能主要体现在三个方面:降低成本、提高利润水平、改进服务。

1. 降低成本

战略实施的目标是将与运输和储存相关的可变成本降到最低。通常要评价各个备选方案,比如在不同的仓库选址中做出选择,或者在不同的运输方式、运输线路上做出选择,以形成最佳方案。但应该注意的是在选择的过程中,要保持客户服务水平不变。

2. 提高利润水平

提高利润水平体现在物流系统的投资最小化和利润的最大化两个方面。物流系统的投资最小化要考虑的是将物流业务外包还是自营，是自建仓库还是租用公用仓库，是大力提高客户服务水平扩大销售额还是保持现有服务水平不变降低物流活动成本等。利润最大化则是该战略的首要目标。

3. 改进服务

企业收入取决于所提供的物流服务水平。尽管提高物流服务水平将大幅度提高成本，但收入的增长可能会超过成本的上升。要使战略有效，应该制定与竞争对手截然不同的物流服务战略。

二、物流系统战略制定的原则

物流系统战略规划主要解决四个方面的问题：客户服务目标、设施选址战略、库存决策战略和运输战略。制定物流系统战略需注意的问题和总的制定原则如下所述。

（一）影响物流系统战略制定的一些问题

物流系统战略规划过程中一个重要的问题就是什么时候应该对物流系统网络进行规划或者什么时候应该重新规划。如果当前还没有物流系统，显然需要进行物流系统网络规划。但是大多数情况下，物流系统已经存在，需要决定的是修改现有网络还是继续运行旧的网络。在进行实际规划之前，对此无法给出明确的答案，但可以提出网络评估和审核的一般准则。这些准则包括五个核心方面：需求、客户服务、产品特征、物流成本和定价策略。

1. 需求

需求的水平和地理分布是决定网络设计的主要因素。企业需要定期考察各地区的销售情况，确定增长最快和下降最快的地区，掌握需求变化的方向和趋势，在当前设施的基础上进行扩建或压缩。例如，在需求增长较快的地区建造新的仓库或工厂，而在市场增长缓慢或萎缩地区，则可能要关闭设施。

2. 客户服务

客户服务包含的内容很广，包括现货率、送货速度、订单履行速度和准确性。随着客户服务水平的提高，与这些因素相关的成本会以更快的速度增长。如果客户服务水平已经非常高了，分拨成本受客户服务水平的影响很大，之前制定战略的基础已经发生了变化，企业通常就要重新制定物流战略。如果服务水平本身很低，变化的幅度也很小，就不一定要重新制定、规划物流战略。

3. 产品特征

物流成本受某些产品特征影响很大，比如产品的重量、数量、价值等因素将直接影响运输成本和仓储成本。由于产品特征的变化可以极大地改变物流因素组合中的某项成本，改变组合的结构和最佳的平衡点，所以当产品特征发生重大改变时，重新规划物流系统就可能是有益的。

4．物流成本

物流成本占总成本的比重也将决定是否应该重新规划物流战略。对于一些高价值产品的企业来讲，物流成本占总成本的比重很小，物流战略是否优化对企业竞争力的影响不是很大。然而，对于一些日常消费品和轻工产品的企业来说，由于物流成本的比重很高，物流战略是其关注的重点，物流系统的少许改进也会引起物流成本大幅度下降。

5．定价策略

商品采购或销售的定价政策发生改变也会影响物流战略，主要是因为定价政策决定了买卖双方各自承担物流活动的划分。如果供应商将出厂价格改为送到价格，则意味着供应商需要考虑物流战略的问题。

（二）物流系统战略制定的原则

1．考虑总成本

物流管理与其他部门会出现效益相互抵消的问题，在物流管理内部也存在这样的问题。降低库存成本必然要求较高的运输费用，而降低运输费用则必然会增加库存成本。同样，客户服务的改善也往往意味着运输、订单处理和库存费用的上升。在遇到这些问题的时候，就需要考虑总成本，即需要平衡各项活动，使得整体达到最优。

2．个性化和多样化

不要对所有的产品提供同样水平的客户服务，这是进行规划的一条基本原则。根据不同的客户服务要求、不同的销售水平、不同的产品特征，把各种产品分成不同的等级，进而确定不同的库存水平，选择不同的运输方式和线路等。

3．延迟战略

延迟战略的思想主要是在生产过程中尽可能地把能够使产品具有特性的工序往后推，最好能推到接到订单之后。这样，可以解决大规模生产与多样化需求之间的矛盾，降低物流成本。这一战略经常与标准化战略共同实施。

除此之外，还有合并战略，即将小批量运输合为大批量，从而降低运输成本；混合战略，提倡混合库存；针对不同产品分别确立最优战略，等等。

三、企业经营战略的类型

关于企业经营战略的类型，在分析企业实际经营战略的基础上，许多学者从不同角度、按不同标准形成了很多不同观点。

（一）依照战略水平偏离原有水平的程度划分

1．退却型战略

退却型战略指战略水平低于企业原有水平的战略。在这种战略中，虽然战略水平低于原有水平，但企业的这种退却具有战略性的思考。

退却型战略有两种类型：

（1）积极退却战略。这种战略一般是以退为进的战略，企业利用生产量上的暂时退却来苦练内功，养精蓄锐，以便东山再起。

（2）消极退却战略。这种战略是由于市场衰退或企业在市场竞争中处于非常不利的位置，企业与其在这一领域中继续进行毫无生机的奋斗直至死亡，还不如趁还有一定能力时及时从原有领域中退出来，以便寻找新的出路。这种战略的战略意义就在于从原有领域进入新的领域需要一个过程，因而企业应对这一过程进行具体的谋划。

2. 防御型战略

防御型战略又称稳定型战略，指战略水平与企业原有水平基本持平的战略。采用这种战略的企业，一般是在产品或服务的市场需求增长达到饱和状态，市场容量不可能再增加，甚至马上会出现衰退时采用。企业既没有力量在原有领域里继续扩张，又没有实力进入新的领域。企业只能依靠防御性战略防止其他企业的进攻，以保持企业已有的生产和市场规模。企业采用这种战略不需经受多大的风险，但企业也不能坐等，需要积极投入，改善企业的生产过程和产品或服务质量，为将来的竞争打下基础。

3. 进攻型战略

进攻型战略又称成长型战略，指发展目标大大高于企业现有水平的战略。采用这种战略的企业，通常不满足于企业的现状，寻找一切可能的机会和途径扩大企业的经营规模。企业采用这种战略要求企业有较雄厚的实力或较繁荣的市场，即企业的市场有不断扩大的趋势和潜力。

（二）依照企业产品、服务和市场的组合状况划分

影响企业经营战略的要素有四种，即现有产品或服务、新产品或服务、现有市场、新市场。这四种要素有四种组合，形成四种不同的企业经营战略。

1. 市场渗透战略

市场渗透战略指企业依靠扩大现有产品或服务在现有市场上的投放以达到发展目的的战略。采用这种战略的企业一般不增加在产品或服务更新上的投入，通过广告方式增加消费者对企业产品或服务的了解，或降低价格、加强售后服务等，使原有的消费群体更多地购买本企业的产品，扩大企业在现有市场上的市场占有率。企业采用这种战略，势必要从原有其他企业的市场中挖一部分出来，如果遇到强劲的对手，竞争将会非常激烈。这就要求企业必须具有较强的实力。

2. 市场开拓战略

市场开拓战略指企业利用现有产品或服务寻求新的市场以达到发展目的战略。这种战略的主要思路是企业保持现有市场上的占有率，依赖新的市场来发展，所以并不是找到新的市场后把现有市场放弃。采用这种战略的企业必须善于另辟路径，寻找新的市场。

3. 产品或服务开发战略

产品或服务开发战略指企业开发出新产品或服务投放到现有市场上以达到发展目的的战略。如果企业依靠现有产品很难在现有的市场上继续找到发展的机会，开拓新的市场又有比较大的难度，或企业具有较强的产品开发能力，企业就可以利用产品或服务开发战略。

4. 多样化经营战略

多样化经营战略指企业开发出新产品或服务投放到新的市场以达到发展目的的战略。由于新的产品或服务可能区别于企业现有产品,新的市场又完全是一个新的顾客群体。采用这种战略的企业就可能在两个完全不同的领域中进行经营。当企业把经营的触角伸展到多个不同的领域时就称为多样化经营。采用多样化经营战略,要求企业有在多个不同领域同时进行经营的实力,一般只有比较大型的企业才能这样做。

(三) 依照战略中心不同划分

1. 差异化战略

差异化战略指企业通过对产品或服务进行一些改进,使之与竞争对手的产品或服务存在一定差异,从而稳定吸引一些顾客,达到提高市场占有率目的的战略。在同质产品的竞争中,各企业处于同等的地位,不可能形成稳定的顾客群,这对企业的长远发展是不利的。实行产品的差异化,企业产品或服务的某种差异可能正好符合顾客的嗜好,这类顾客就可能成为企业的永久性顾客。所以,企业追求产品或服务的差异化,能有效满足消费者不同的需求。企业实现产品或服务的差异化可通过改进质量、包装、品牌、售后服务、企业声誉和形象等途径。

2. 低成本战略

低成本战略指企业通过改进生产过程,扩大企业生产规模和降低各种生产要素的消耗,以降低成本,用低成本来击败竞争对手达到发展目的的战略。低成本战略的战略思路是,当企业的产品成本低于竞争对手时,在同样的价格水平下,企业的盈利能力超过竞争对手。如果各企业的利润水平相同,则本企业的产品价格可以低于竞争对手的价格,在产品或服务同质的前提下,更多的顾客将被本企业吸引过来,所以企业能在竞争中处于非常有利的地位。

3. 重点战略

重点战略指企业把全部力量都集中在某一特定的市场或产品上的战略。采用这种战略的企业往往实力比较弱小,不能把力量分散到其他方面,全力投入特定市场或产品就可以形成集中的优势,在该市场或产品占据重要地位,具有竞争优势。

(四) 依照战略涉及的产品销售范围划分

1. 全领域发展战略

全领域发展战略指企业把产品或服务投放到一个很大的市场整体中进行销售的战略。采用此战略的企业不需要对市场进行细分,只要有消费者的地方都是其产品需要服务的地方。这种战略只适用于实力雄厚的大型企业。

2. 局部领域发展战略

局部领域发展战略指企业在市场细分的基础上,把产品或服务投放到一个或几个子市场中进行销售的战略。许多中小企业没有面向全市场的实力,如果以整体市场为企业服务领域,必然只能形成很小的市场占有率,很容易被市场淘汰,所以不能采用全领域发展战略。采用局部领域发展战略的企业基于这样一种思路：与其在一个很大的市场中有一个很小的市场占有率，不如在一个很小的市场中获得一个较大的市场占有率，这样，可以形成企业的优势，有利于企业的发展。

（五）依照企业经营的职能划分

1. 产品或服务战略

企业的经营首先必须有产品，企业未来如何发展，关键决定在产品上。如果企业有能满足市场需要的产品或未来开发符合市场需求的产品或服务，企业才会有发展前途。如果没有好的产品，企业的一切发展，甚至一切经营活动都成了无本之木。所以，在制定企业经营战略时必须确定产品或服务战略。

2. 市场战略

企业的经营以市场为依托，因为市场决定着企业的销售，市场决定着企业的利润。所以，在企业经营战略中，必须把稳定和开拓市场作为市场战略的重要内容。可以说，没有市场，也就等于没有企业经营战略。产品战略和市场战略是企业经营战略的两个车轮，推动企业经营战略的顺利运行。

3. 技术战略

在企业经营战略中，技术战略是手段。企业的发展要求技术的不断进步。技术战略就是规划在企业的发展中要通过何种方式达到技术进步的目标。

四、物流系统战略的类型

物流系统战略指企业在对物流系统外部环境和内部条件分析的基础上，为求得生存和发展而做出的长远谋划。物流系统战略按发展方向可分为增长（发展）战略、维持（稳定）战略和收缩（撤退）战略；按业务相关性可分为集中经营战略和多样化经营战略；按管理模式可分为纵向一体化经营战略与横向一体化经营战略。不同的类型进行组合还会产生不同的战略类型，如增长型的集中经营战略、增长型的多样化经营战略等。

（一）集中经营战略与多样化经营战略

1. 集中经营战略

集中经营战略指物流企业将全部资源集中使用在某一特定的市场、产品或技术上。物流企业在创立初期由于融资能力弱、管理经验不足以及营销渠道少等原因，大都采取区域市场中的集中经营战略。在此期间，物流系统力求改变实力弱小、竞争地位低下的局面，扩大市场份额以及建立企业信誉、创立企业品牌的战略。初创物流企业的集中经营战略可使物流企业有明确的发展目标，组织结构简单，易于管理。只要有技术或市场优势，就能集中力量，并随着品牌形象的形成而迅速成长。因此，只要物流企业能及时捕捉市场时机就有可能通过集中经营在短期内获得较大的发展。

物流企业的集中经营战略也存在一定的风险，最主要的就是物流企业完全被行业兴衰所左右。当本行业受大环境的影响出现衰退时,集中经营的物流企业必然受到相当大的冲击。因此,对于已经成熟的物流企业来说,集中经营战略适合于在未完全饱和市场中占相对竞争优势的物流企业。这类物流企业的资金、技术、渠道、管理及品牌优势容易通过资本运作实现行业内的低成本扩张,迅速占领市场。对于中小物流企业来说,由于整体实力较弱小,其集中经营绝对不可能与大物流企业直接对抗,而应该找出大物流企业未涉及的市场,包括地域市场和产品市场,靠降价竞争和大做广告等方式不是中小物流企业的优势所在,也极少能成功。对于参与大市场范围竞争的物流企业,选择集中经营战略的应该是在行业内领先的国际性公司。对于那些属于区域市场竞争型的物流企业,可针对众多不同地域的细分市场来实施集中经营战略。对于一些资源独占型的行业,如铁路行业,物流企业客观地形成了资源垄断,排斥了竞争对手,只要有市场,就可以选择集中经营战略。

任何商品的市场容量都是有限的。当市场已趋饱和,占相对竞争优势的物流企业的增长速度肯定会放慢,这会影响物流企业的长期稳定发展。集中经营的物流企业应考虑向多样化经营方向的战略转移。

2. 多样化经营战略

选择多样化经营战略的动因主要有两点:一是主导业务所在行业的生命周期已处于成熟期或衰退期,物流企业长期稳定增长潜力有限;二是主导业务已发展到规模经济,并占有较大的市场份额,市场竞争已处于均衡状态,不易消灭竞争对手,即投资的边际效益递减效应已初步出现,再继续扩大业务规模反而会规模不经济。

多样化经营战略的一般程序是:首先确定目标和预测市场发展前景;如果市场前景较好,则分析此行业现存的和潜在的竞争态势;分析本物流企业的资金、技术、管理、品牌、供货和销售渠道等实力情况,确定加入新行业后的市场占有率和盈利率等;如果市场占有率和盈利率等各项指标均达到满意水平,就可以投资。

多样化经营按业务相关程度可分为相关多样化经营与非相关多样化经营。

(1) 相关多样化经营

相关多样化经营是一种比较稳妥的增长战略,它是通过利用已有的某些生产要素,增加与原有业务相关的新产品或服务来完成的。采用这一战略形式的物流企业的各业务之间虽有区别,但又存在着许多关联之处。相关多样化经营战略的基础是主导业务比较成功。若主导的物流业务比较成功,就可以为新业务的开展提供各方面的支持,如资金支持、管理经验、品牌共享、供销渠道等方面。若主导的物流业务不成功,由于业务间的相关性,主导业务中的不利因素很可能转移到新业务中,容易造成投资失败,而且新业务还会分流主导的物流业务所需的各种资源,使物流业务更加困难。

(2) 非相关多样化经营

非相关多样化经营指增加与原先业务不直接相关的业务。这是一种互不关联的纯粹的多种经营。当目标市场未达到高级饱和(市场高级饱和指在目标市场内,产品或服务的普及率相当高,形成了饱和状态),而且物流企业拥有相当实力,现有业务发展已开始放慢时,就可以考虑采用此经营战略。

从集中战略到相关多样化战略,再到非相关多样化战略这是一个业务范围逐步扩大的过程,很难严格地划分它们的具体范围,但这又是一个对物流企业总体实力不断提高要求的过程。一般实力弱小时,选择集中战略,形成一定优势后,可以考虑向相关产业迈进。当相关多样化战略取得明显成效时,物流企业就有资格实施非相关多样化战略了。因此,三个战略不是相互对立的,而是后者以前者为前提。一步到位地选择非相关多样化战略的物流企业是不存在的,而从集中战略直接进入非相关多样化战略的物流企业也是很少见的,并且大多以失败告终。

(二)纵向一体化与横向一体化经营战略

这两种类型的经营战略是按管理模式划分的。

1. 纵向一体化战略

纵向一体化经营战略指企业出于管理和控制上的目的,对为其提供原材料、半成品或零部件的其他企业采取投资自建、投资控股或兼并的管理模式,即某核心企业与其他企业是一种所有权关系。推行纵向一体化经营战略的目的是加强核心企业对原材料供应、产品制造、分销和销售全过程的控制,使物流企业能在市场竞争中掌握主动,从而达到增加各个业务活动阶段的利润的目标。这种类型的战略在市场环境相对稳定的条件下是有效的。

2. 横向一体化战略

横向一体化战略的思维方式是,任何一个企业都不可能在所有业务上成为世界上最杰出的企业,只有优势互补,才能共同增强竞争实力。因此,国际上一些先驱企业摈弃了过去那种所有相关业务都自己负责的方式,转而在全球范围内与供应商和销售商建立最佳合作伙伴关系,与他们形成一种长期的战略联盟,结成利益共同体。

随着市场经济的不断发展,经济全球化趋势、无国界化企业经营的趋势愈来愈明显,物流市场的竞争逐渐呈现出明显的国际化和一体化。与此同时,用户需求愈加突出个性化,导致不确定性因素增加。此外,高新技术的迅猛发展提高了生产效率,缩短了产品更新换代周期,这加剧了物流市场竞争的激烈程度。特别是加入WTO后,物流企业只有采取横向一体化的经营战略,才能快速响应市场需求,把握市场机会。

(三)按物流服务的范围和机能整合性划分的物流企业经营战略

物流服务的范围主要指营业区域的广度,输送机构的多样性,保管、流通加工等附带服务的广度等。机能整合性指企业自身拥有多少提供物流服务所必要的机能。按照以上两个标准划分,可以将物流企业分成四种类型,相应对应着四种经营战略。

1. 先驱型企业的战略——综合物流

机能整合度高、物流服务广的企业是物流界的先驱型企业,它是一种综合性物流企业。这种企业的业务范围往往是全国或世界规模,能适应主企业的全球化经营从事国际物流,因而也被称为超大型物流业者。综合物流的优点是能实现一站托运。随着货主企业活动的不断扩大,发货、入货范围逐渐延伸到全国或海外市场,这种状况下,输送手段涉及各种不同的运输工具,通过多式联运形式完成全程运输。

如果综合物流企业能实现物流服务供给中经营资源的共有化,就能达到效益的乘数效应。例如,建成集商品周转、流通加工、保管机能于一体的综合物流设施或实现输送、保管等物流机能的单一化管理等,从而极大降低综合物流业者的服务成本。但是,企业组织的巨大化也会存在间接成本增加、费用高昂的风险。

2. 机能结合型企业的战略——系统化物流

机能结合型企业是机能整合度高、物流服务范围较窄的企业,其特征是通过系统化提高机能整合度来充分发挥竞争优势,如宅急便公司、专业型物流企业、外航船运公司等都属于这种类型。这类企业集中于特定的物流服务,企业拥有高水准、综合的物流服务机能,因此在特定市场,其他企业难以与之竞争。

机能结合型企业经营战略的特点是,以对象货物为核心,导入系统化的物流,通过推进货物分拣、货物追踪系统提供高效、迅速的输送服务。同时,从集货到配送等物流活动全部由企业自身承担,实现高度的机能结合。但是,由于这种以特定货物为对象构筑的系统,一般货物运输无法适应,因此,物流服务的范围受到限制。

对于机能结合型企业来讲,机能的内涵和服务质量是这类企业共同的基础和核心。机能的不断弱化和陈旧化将直接动摇企业在特定物流市场上的地位。所以,不断提高机能的结合度,发展机能的深度和广度是企业发展的根本战略。

3. 运送代理型企业的战略——柔性物流

与机能结合型企业相对的是运送代理型企业,这类企业的物流服务范围广、机能整合度低,是物流市场中的运输代理者。运送代理企业虽然利用各种运输机构提供宽广范围的输送服务,但实际上企业自身并不拥有运送手段。因此,它是一个特定经营管理型的物流企业。这类企业由于不用在输送手段上进行投资,因而能够灵活应对市场环境的变化。然而,另一方面,在输送机能管理不充分的情况下,往往缺乏物流服务的信赖性。这类企业综合运用铁路、航空、船舶运输等各种手段,开展货物混载代理业务。代理型企业的最大优点是,企业经营具有柔性,物流企业可以根据货主企业的需求构筑最适合的物流服务。

4. 缝隙型企业的战略——差别化、低成本物流

机能整合度低、物流服务较窄的企业,通常以局部市场为对象,在特定市场从事特定机能的物流活动,这类企业被称为缝隙型企业。

这类企业是在经营资源数量和质量方面都受限制的中小企业,必须发挥在特定机能或特定物流服务方面的优势,在战略上实现物流服务的差别化和低成本化。

在从事单一物流服务的情况下,实现服务的差别化比较困难。例如,运输服务,只要在货车、车库等设施达到一定水准的条件下,任何企业都能够参与。这种无差别物流服务的企业只有不断降低物流费用,实现低价格竞争才能够生存、发展。通常的措施除了加强企业内部管理外,还可以根据运输周期或货物特性实行弹性化的价格政策。例如,对繁忙期以外的货物运输或可以用机械装卸的货物运输,实行运费折扣或优惠运输,等等。

尽管缝隙型企业较难达到差别化,但是也存在通过集中于特定顾客层提供附加服务,进而成功实现差别化的实例。目前,这方面比较突出的物流服务主要有搬家综合服务、代收商品服务、仓储租赁服务以及摩托车急送等形式。

五、物流系统战略的选择方法

战略选择的方法主要有波士顿咨询公司的"业务包"理论、荷兰皇家壳牌石油公司的政策导向矩阵、大战略矩阵、战略地位与行动评价矩阵、SWOT 分析等。

(一) 波士顿咨询公司:"业务包"理论

"业务包"理论由美国著名的管理学家、波士顿咨询公司(Boston Consulting Group, BCG)创始人布鲁斯·亨德森于 1970 年首创,亦称作波士顿矩阵(BCG Matrix)、市场增长率-相对市场份额矩阵、波士顿咨询集团法、四象限分析法、产品系列结构管理法等,是制定公司层战略最流行的方法之一。该理论认为,大多数公司经营的业务都不止一种,企业内部的这些业务称为"业务包"。"业务包"理论主张,对一个企业业务包内的每一种业务,都应该建立一个独立的战略。

BCG 提出,一个企业的相对竞争地位和业务增长率是决定它的整个业务包内某一特定业务单位应当采取某种战略的两个基本参数。相对竞争地位(市场份额)决定一项业务产生现金流量的速率。与竞争对手相比,占有较高市场份额的企业一般拥有较高的利润增长幅度并因而提供较高的现金流量。此外,业务增长率对一个企业的战略选择具有双重影响。首先,业务增长率影响获得市场份额的难易程度。在一个增长缓慢的业务领域,企业市场份额的增加通常来自其竞争对手的市场份额的下降。其次,业务增长率决定了一个企业进行投资的机会水平。增长的业务领域为企业把现金回投于该领域并获得较好的利润回报率提供了机会。BCG 把企业内部的业务单位划分为以下四种战略类型:"金牛"型、"瘦狗"型、"问题"型和"明星"型,如图 2-2 所示。

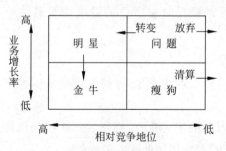

图 2-2 BCG 的企业业务单位组合图

"金牛"型业务单位具有高市场份额和低业务增长率。由于高市场份额,利润和现金产生量相当高。而较低的业务增长率则意味着无需增大投资,对现金的需求量低。于是,大量的现金余额通常会由"金牛"创造出来。它们为全公司的现金需求提供来源,因而成为公司回收资金、支持其他业务尤其明星业务投资的后盾。

"瘦狗"型业务单位指那种具有低市场份额和低业务增长率的业务部门或单位。低市场份额通常暗示着较低的利润,而由于其业务的增长率也较低,故为提高其市场份额而进行投资通常是不明智的。不幸的是,该部门为维持现有的竞争地位所需要的现金往往超过它所能创造的现金量。因此,"瘦狗"型业务单位常常成为现金陷阱。一般来说,使用它的最合乎逻辑的战略方案是清算或撤退战略。首先,应减少批量,逐渐撤退,对销售增长率和市场占有率均极低的业务应立即淘汰。其次,将剩余资源向其他业务转移。最后,整顿业务系列,最好将瘦狗业务与其他事业部合并,统一管理。

"问题"型业务部门或单位具有低市场份额和高业务增长率。前者说明业务在市场营销上存在问题,而后者则说明市场机会大、前景好。由于业务高增长,它们的现金需求量很高。"问题"非常贴切地描述了对待这类业务的态度：选择性投资战略。对于符合企业发展长远目标、企业具有资源优势、能够增强企业核心竞争力的业务应进行必要投资，以获取增长的市场份额，并促使其成为一颗"明星"。当其业务增长率慢下来以后，该单位于是就会变成另一头"金牛"。对于那些管理部门认为不可能发展成为"明星"的问题业务则实施收缩或脱身战略。如何选择问题型业务是用BCG矩阵制定战略的重中之重，也是难点，这关乎企业未来的发展。

"明星"型业务部门或单位具有高市场份额和高业务增长率。由于高市场份额和高增长率，"明星"型业务运用和创造的现金数量都很巨大。但这并不意味着"明星"型业务一定可以给企业带来源源不断的现金流，因为市场还在高速成长，企业必须继续投资，以保持与市场同步增长，并击退竞争对手。"明星"型业务一般为企业提供最好的利润增长和投资机会。很明显，对于"明星"型业务，最好的战略是进行必需的投资以维持其竞争地位。

BCG矩阵的精髓在于把战略规划和资本预算紧密结合了起来，把一个复杂的企业行为用两个重要的衡量指标来分为四种类型，用四个相对简单的分析来应对复杂的战略问题。该矩阵帮助多种经营的公司确定哪些产品宜于投资，宜于操纵哪些产品以获取利润，宜于从业务组合中剔除哪些产品，从而使业务组合达到最佳经营成效。对于物流企业来说，这个分类方法是同样适用的。例如，货代企业可以将空运、海运、陆运作为不同的业务，根据它们各自的增长率和市场份额来确定其分别属于哪种业务类型，从而制定不同的发展战略。

（二）荷兰皇家壳牌石油公司：政策导向矩阵

进行战略评价选择的另一种方法是由荷兰皇家壳牌石油公司（Royal Dutch/Shell Group of Companies）发展的政策导向矩阵（directional policy matrix，DPM），如图2-3所示。这种政策矩阵用于考查业务单位由其前景和竞争能力所决定的业务发展状况，用于多业务公司的总体战略制定。盈利能力、市场增长率、市场质量和政府管理措施等因素用来确定业务单位前景的优劣等级——有吸引力的、一般的或无吸引力的。市场地位、生产能力和产品研究与开发等因素则决定业务单位的竞争地位是强的、一般还是弱的。

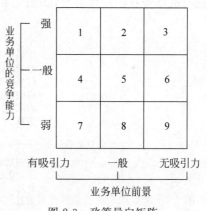

图2-3 政策导向矩阵

各个矩阵位置应该采取的战略，简要概括如下：

1．"战略者"区域

优先发展的产品，具有可以使企业保持其市场地位的能力。

2．"增长"区域

该区产品一般都有2～4个强大的对手。因此，没有一个公司能够处于领导者的地位，建议采取的战略是分配足够的资源以保持与市场同步增长。

3．"资金源泉"区域

建议采取的战略是，不在进一步扩展上花费现金，而把该产品作为满足其他较快增长的业务部门的现金需要的一个来源。

4．"再加把劲"区域

应当通过分配更多的资源努力使该区域产品向领导者区域迈进。

5．"看管"区域

该区产品一般具有过多的竞争者。建议采取的战略是使其现金产生量最大化，但不给予进一步的资源支持。

6．"分阶段收缩"区域

本区使用的战略是缓慢地撤退以尽可能收回投资并在更能盈利的业务领域进行投资。

7．"加速或放弃"区域

该区产品应当成为企业未来发展的加速器。然而，企业应当选择少数最有希望加速发展的产品加以开发，其余的应当放弃。

8与9．"抽回投资"区域

建议采取的战略是，尽可能快地变卖资产并在更能盈利的业务领域投资。

（三）大战略矩阵

大战略矩阵(grand strategy matrix)是由小汤普森(A. A. Thompson. Jr.)与 斯特里克兰(A. J. Strickland)两位学者根据波士顿矩阵修改而成的，基于两个评价数值：横轴代表竞争地位强弱，纵轴代表市场增长程度。在市场增长率和企业竞争地位不同组合下，指导企业进行战略选择的一种模型，如图2-4所示。

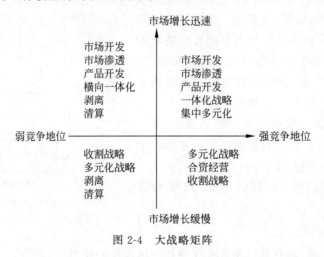

图2-4 大战略矩阵

第一象限公司，处于极佳的战略地位。这类公司继续集中于经营当前市场（市场渗透和市场开发）和产品（产品开发）是适当的战略。这类公司拥有过剩资源时，后向一体化、前向一体化和横向一体化可能是有效的战略。这类公司有能力利用众多领域中的外部机会，必要时可冒险进取。

第二象限公司，处于高速增长产业，但不能有效进行竞争。这类公司需要认真评价其当前参与市场竞争的方法，分析当前竞争方法为何无效，企业应如何变革而提高其竞争力。

加强型战略通常是首选战略。但如果企业缺乏独特生产能力或竞争优势,横向一体化往往是理想战略选择。为此,可考虑将战略次要地位的业务剥离或结业清算,剥离可为公司提供收购其他企业所需要的资金。

第三象限公司,处于产业增长缓慢和相对竞争能力不足的双重劣势下。在确定产业正处于永久性衰退前沿的前提下,这类公司须着手实施收割战略。首先,大幅减少成本或投入。其次,将资源从现有业务领域逐渐转向其他业务领域。最后,以剥离或结业清算战略迅速撤离该产业。

第四象限公司,产业增长缓慢,但却处于相对有利竞争地位。这类公司具有较大现金流量,对资金需求有限,有足够能力和资源在有发展前景的领域中实施集中多元化或混合式多元化战略。同时,这类公司应在原产业中求得与竞争对手合作与妥协,横向合并或进行合资经营都是较好的选择。

(四) 战略地位与行动评价矩阵

战略地位与行动评价矩阵(strategic position and action evaluation matrix, SPACE)主要分析企业外部环境及企业应该采用的战略组合。

SPACE 矩阵有四个象限,分别表示企业采取的进取、保守、防御和竞争四种战略模式,如图 2-5 所示。矩阵的两个数轴分别代表了企业的两个内部影响因素——财务优势(FS)和竞争优势(CA);两个外部影响因素——环境稳定性(ES)和产业优势(IS)。通常,内部的财务优势(FS)与外部的环境稳定性(ES)相互影响,内部的竞争优势(CA)与外部的产业优势(IS)相互影响。这四个因素对于确定企业的总体战略地位是最为重要的。

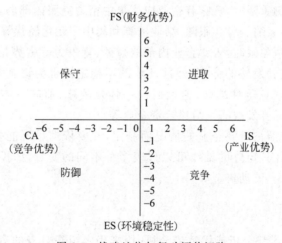

图 2-5 战略地位与行动评价矩阵

建立 SPACE 矩阵的步骤:

第一步:选择构成财务优势(FS)、竞争优势(CA)、环境稳定性(ES)和产业优势(IS)的一组变量。

财务优势(FS)的变量如投资收益、杠杆比率、偿债能力、流动资金、退出市场的方便性、业务风险等。

竞争优势(CA)的变量如市场份额、产品质量、产品生命周期、用户忠诚度、竞争能力利用率、专有技术知识、对供应商和经销商的控制等。

环境稳定性(ES)的变量如技术变化、通货膨胀、需求变化性、竞争产品的价格范围、市场进入壁垒、竞争压力、价格需求弹性等。

产业优势(IS)的变量如增长潜力、盈利能力、财务稳定性、专有技术知识、资源利用、资本密集性、进入市场的便利性、生产效率和生产能力利用率等。

第二步：对构成 FS 和 IS 的各变量给予从＋1(最差)到＋6(最好)的评分值,而对构成 ES 和 CA 的轴的各变量从－1(最好)到－6(最差)的评分值。

第三步：将各数轴所有变量的评分值相加,再分别除以各数轴变量总数,从而得出 FS、CA、IS 和 ES 各自的平均分数。

第四步：将 FS、CA、IS 和 ES 各自的平均分数标在各自的数轴上。

第五步：将 X 轴的两个分数相加,将结果标在 X 轴上;将 Y 轴的两个分数相加,将结果标在 Y 轴上;标出 X、Y 数轴的交叉点。

第六步：自 SPACE 矩阵原点到 X、Y 数值的交叉点画一条向量。这条向量就表示企业可以采取的战略类型：进取、竞争、防御或保守。

向量出现在 SPACE 矩阵的进取象限,说明该企业正处于一种绝佳的地位,即可以利用自己的内部优势和外部机会克服内部弱点、回避外部威胁,选择自己的战略模式,如市场渗透、市场开发、产品开发、后向一体化、前向一体化、横向一体化、混合式多元化经营等。

向量出现在保守象限,意味着该企业的外部环境稳定性较好,但产业发展前景不是太乐观,该企业具有财务优势,目前的市场地位比较牢靠。所以,企业应该固守基本竞争优势而不要过分冒险,保守型战略包括市场渗透、市场开发、产品开发和集中多元化经营等。

当向量出现在防御象限时,意味着企业应该集中精力克服内部弱点并回避产业萎缩的威胁,防御型战略包括紧缩、剥离、跟随、结业清算和集中多元化经营等。

当向量出现在竞争象限时,表明企业内部的财务、竞争力等劣势相当明显,但从事的产业是朝阳产业,具有蓬勃发展的势头,外部环境的不稳定性也为该企业积极参与竞争提供了条件。企业应该采取竞争性战略,包括后向一体化战略、前向一体化战略、市场渗透战略、市场开发战略、产品开发战略及组建合资企业等。

SPACE 矩阵要按照被研究企业的情况而制定,并要依据尽可能多的事实信息。根据企业类型的不同,SPACE 矩阵的轴线可以代表多种不同的变量,如投资收益、财务杠杆比率、偿债能力、流动现金、流动资金等。

(五) SWOT 分析

SWOT 分析又称态势分析或优劣势分析,用来确定组织自身的竞争优势(strengths)、竞争劣势(weaknesses)、机会(opportunities)和威胁(threats)。优势和劣势主要是组织自身实力与竞争对手比较,机会和威胁主要着眼于外部环境对组织的影响,从而将组织战略与组织内部资源、外部环境有机地结合起来。采用这种方法可以对研究对象所处情景进行全面、系统、准确地研究,据此制定相应的发展战略。

SWOT 分析步骤：

第一步：分析组织内外部环境,罗列组织优势和劣势、可能的机会与威胁。优势和劣势是组织内部环境因素,是组织在发展中自身存在的积极和消极因素,属主观因素。机会与威胁是组织外部环境因素,是外部环境对组织发展直接有影响的有利和不利因素,属于客观因素。调查分析这些因素不仅考虑组织的历史与现状,还要考虑到组织的未来发展。

优势是组织的内部因素,包括有利的竞争态势、充足的财政来源、良好的组织形象、雄厚的技术力量、卓越的产品质量、较高的市场份额等。

劣势也是组织的内部因素,包括设备老化、管理混乱、经营不善、产品积压、竞争力差、研究落后、资金短缺等。

机会,是组织的外部因素,包括新产品、新市场、新需求、外国市场壁垒解除、竞争对手失误等。

威胁,也是组织的外部因素,包括新的竞争对手出现、替代产品增多、市场需求萎缩、行业政策变化、经济衰退等。

第二步:优势、劣势与机会、威胁相结合,形成相应的战略,如表 2-1 所示。战略包括 SO 战略:运用优势、利用机会的战略;ST 战略:利用优势、避免威胁的战略;WO 战略:克服劣势、利用机会的战略;WT 战略:使劣势降到最低和避免威胁的战略。

第三步:甄别和选择确定组织应采取的具体战略。

表 2-1 SWOT 分析

外部因素	内部因素	
	优势(S)	劣势(W)
机会(O)	SO 战略(增长性战略)	WO 战略(扭转型战略)
威胁(T)	ST 战略(多种经营战略)	WT 战略(防御型战略)

按照组织竞争战略的完整概念,战略应是一个组织"能够做的"(即组织的强项和弱项)和"可能做的"(即环境的机会和威胁)之间的有机组合。SWOT 分析法的优点在于考虑问题全面,是一种系统思维,而且可以把对问题的"诊断"和"开处方"紧密结合在一起,条理清楚,便于检验。

本 章 小 结

1. 物流系统分析是从物流的整体出发,根据物流系统的目标要求,运用科学的分析工具和计算方法,对物流系统的功能、环境、费用和效益等因素进行充分调研,收集、比较、分析和处理有关数据、资料,建立若干拟订方案,比较和评价结果,选择出最优方案的过程。物流系统进行分析时,既要分析物流系统的外部环境,也要分析物流系统内部各环节、各要素间的关系。

2. 物流系统分析的原则:外部条件与内部条件相结合,当前利益与长远利益、局部利益与整体利益相结合,定量分析与定性分析相结合。物流系统分析的步骤:提出问题,收集资料,建立模型,对比可行性方案的经济效果,判断方案的优劣,建立可行方案。物流系统分析常用的理论及方法:数学规划法(运筹学)、统筹法(网络计划技术)、系统优化法、系统仿真。

3. 物流系统的环境分析包括宏观环境、行业环境、内部环境。宏观环境又称一般环境,指一切影响物流系统的宏观因素,主要包括政治(Political)、经济(Economic)、社会(Social)和技术(Technological)四大类宏观因素。行业环境指物流行业的发展状况。内部环境主要是物流系统内部拥有的人财物等各种资源的利用情况、各职能活动的开展情况、各作业流程的顺畅进行和无缝对接等情况。

4. 提出问题是物流系统分析的第一步。确定问题时,要详细收集和整理与问题有关的信息,清晰阐述问题的现状,寻找问题的构成或影响因素及其关系,以便明确系统问题结构。分析、认识、确定问题的工作有时需要反复进行,直到问题清晰为止。

5. 物流系统战略(Logistics Strategy)是指为寻求物流系统的可持续发展,就物流系统体系的发展目标以及达成目标的途径与手段而制定的长远性、全局性的规划与谋略,其功能主要体现在三个方面:降低成本、提高利润水平、改进服务。制定物流系统战略需遵守的原则:考虑总成本、个性化和多样化、延迟战略。

6. 企业经营战略的类型,依照战略水平偏离原有水平的程度分为退却型战略、防御型战略、进攻型战略;依照企业产品、服务和市场的组合状况分为市场渗透战略、市场开拓战略、产品或服务开发战略、多样化经营战略;依照战略中心不同分为差异化战略、低成本战略、重点战略;依照战略涉及的产品销售范围分为全领域发展战略、局部领域发展战略;依照企业经营的职能分为产品或服务战略、市场战略、技术战略。

7. 物流系统战略按发展方向可分为增长(发展)战略、维持(稳定)战略和收缩(撤退)战略;按业务相关性可分为集中经营战略和多样化经营战略;按管理模式可分为纵向一体化经营战略与横向一体化经营战略;按物流服务的范围和机能整合性划分的物流企业经营战略有先驱型企业的战略——综合物流、机能结合型企业的战略——系统化物流、运送代理型企业的战略——柔性物流、缝隙型企业的战略——差别化、低成本物流。

8. 物流系统战略选择的方法主要有波士顿咨询公司的"业务包"理论、荷兰皇家壳牌石油公司的政策导向矩阵、大战略矩阵、战略地位与行动评价矩阵、SWOT分析等。

案 例 研 讨

青岛啤酒集团构建现代物流系统

案例 2-1

练习与思考

练习 2-1

第三章

物流系统需求预测

本章学习目标：
1. 掌握物流系统需求的概念、特征及其量化指标选择原则；
2. 了解预测的概念、要素、作用和物流系统需求预测原理与步骤；
3. 掌握移动平均法、指数平滑法、回归分析法等物流系统需求预测的定量方法以及平均方差等预测误差的分析指标；
4. 了解物流系统需求预测的头脑风暴法、德尔菲法等定性方法；
5. 了解新需求预测、不规则需求预测、地区性需求预测、组合预测等特殊的物流系统需求预测及预测的注意事项。

本章核心概念：

物流系统需求　　预测方法　　指数平滑法　　回归分析法

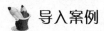 **导入案例**

联合利华的需求预测

联合利华是一家全球性企业，拥有多样化的产品组合，包括食品和饮料、清洁剂、个人护理产品等。联合利华旗下拥有400多个品牌，在190多个国家开展业务，每天为约25亿消费者提供服务。鉴于其运营的规模和复杂性，准确的需求预测对于联合利华保持有效的库存水平、最大限度地减少缺货和积压以及确保及时向客户交付产品至关重要。

1. 联合利华在需求预测方面面临的挑战

（1）数据孤岛：信息分散在各个部门，难以整合和分析数据进行准确预测。

（2）缺乏合作：供应商、零售商和内部团队等不同利益相关者之间的沟通有限，导致预测不一致，供应链效率低下。

（3）静态预测模型：传统的预测方法依赖于历史数据，没有考虑到市场状况的实时变化，导致需求预测不准确。

为了应对这些挑战并提高需求预测的准确性，联合利华采用了协作规划、预测和补货（CPFR）流程。CPFR的实施涉及供应商、制造商和零售商之间的合作，以创建单一、共享的产品需求预测。这种协作方法使各方能够朝着一个共同的目标共同努力——优化供应链并有效满足客户需求。

2. 联合利华实施 CPFR 涉及的关键步骤

（1）建立协作环境：联合利华专注于通过打破孤岛和鼓励内部团队、供应商和零售商之间的公开沟通来培养协作文化。这有助于建立一个统一的愿景，并对准确的需求预测的重要性有共同的理解。

（2）数据集成：联合利华投资了先进的数据管理系统，以整合和标准化各种来源的数据。这使该企业能够创建一个单一、全面的供应链视图，这是准确预测需求的基础。

（3）实时数据分析：通过利用先进的分析和机器学习算法，联合利华能够分析实时数据，并将市场趋势、季节波动和其他外部因素纳入其需求预测。这使该企业能够创建更准确、更动态的预测，更好地反映当前的市场状况。

（4）持续改进：联合利华实施了持续改进流程，定期审查和完善其预测模型和流程，以确保持续的准确性和效率。

资料来源：公众号"供应链星球"https://mp.weixin.qq.com/s/U7nNwCRMUKlbjzVd5bZTcA。

思考：1. 联合利华实施 CPFR 提高了需求预测的准确性，为企业带来了实实在在的利益，具体包括哪些利益？

2. 结合联合利华实施 CPFR 流程之前需求预测方面面临的诸多挑战，分析企业在进行物流需求预测时可能面临的困难？

物流系统需求分析和预测是物流系统规划设计和运营管理中一项十分重要的工作。开展物流系统规划与设计，或者进行物流系统运营管理与控制，都需要准确把握物流系统需求。深入分析和预测一定时空范围内的物流系统需求的数量和结构，可以为物流系统规划设计、运营管理和相关决策提供可靠的依据。

第一节 物流系统需求的概念和特征

一、物流系统需求的概念

物流系统需求(logistics system demand)指对物流服务的需求，是一定时期内社会经济活动对生产、流通、消费领域的物品配置而产生的对物品实体流动在空间、时间、效率和效益等方面的需求，通常涉及包装、运输、储存、配送、装卸搬运、流通加工、物流信息等方面需求。物流系统需求是社会经济活动特别是生产流通活动所派生的一种需求。物品的空间、时间流动是由于社会生产与社会消费的需要，它受到生产力、生产制造过程、生产资源分布、消费分布、运输仓储布局等因素的影响。同时，物流系统需求是流量而非存量，即在一段时间内而非某一时点上所发生的量。没有时间限制，笼统地谈物流需求是没有意义的。

物流系统需求预测是将物流需求与生产需求的社会经济活动进行相关分析的过程。由于物流活动日益渗透到生产、流通、消费等整个社会经济活动过程中，与社会经济发展存在着密切联系，是社会经济活动的重要组成部分，故物流需求与社会经济发展有密切的相关性，社会经济发展是影响物流需求的主要因素。

物流系统需求预测的目的在于为社会物流活动提供物流供给能力不断满足物流需求的依据,以保证物流服务供给与需求之间的相对平衡,使社会物流活动保持较高的效率与效益。在一定时期内,当物流供给能力不能满足物流需求时,将对物流需求产生抑制作用;当物流供给能力超过物流需求时,不可避免地造成供给资源浪费。因此,物流系统需求是物流系统供给能力的基础,物流系统需求预测的社会经济意义亦在于此。借助于定性和定量的分析手段,了解社会经济活动对于物流供给能力的需求强度,进行有效的物流需求管理,引导社会资源有针对地进入物流服务领域,有利于合理规划和建设物流设施,改进物流系统供给能力。

二、物流系统需求的特征

(一) 物流系统需求包括需求量和需求结构两方面

物流系统需求需要从物流需求量和物流需求结构两方面来分析和表示。物流需求量是包装、运输、储存、配送、装卸搬运、流通加工、物流信息等方面物流作业量的总和,表示物流系统需求的规模。物流需求结构有多种划分标准。例如,物流服务需求按照需求内容可分为包装、运输、储存、配送、装卸搬运、流通加工、物流信息等七大基本物流活动;按照需求形态可分为有形的物流服务需求和无形的物流服务需求。有形的物流服务需求指对物流服务内容的需求,无形的物流服务需求指对物流服务质量的需求,如物流速度、物流时间、物流成本、物流效率等方面的需求。就运输服务需求来说,按照运输方式还可分为公路运输、铁路运输、水路运输、航空运输、管理运输、多式联运等方面的运输服务需求。

(二) 物流系统需求的时间和空间特征

物流系统需求表现为某一时空范围内的物流服务需求,具有时间和空间两方面的特征。物流需求的时间特征表现为物流需求随时间变化而发生波动的现象,原因在于社会经济活动随时间而变化,如产品销售随时间而增长或下降、消费需求的季节性变化等。同时,物流需求的空间特征表现为某一地理空间范围内的物流需求。物流系统需求分析,不仅要确定物流系统需求何时发生、规模多大,还要知道物流系统需求在何处发生。规划仓储设施位置、分配运输资源、平衡物流系统网络中库存水平等都需要知道物流需求的空间位置,即物流需求是在何处发生的。

(三) 物流系统需求的规律性和非规律性

物流系统需求会随时间、空间形成不同的需求模式。如果系统需求随着时间变化可以用图 3-1 中的 (a)、(b)、(c) 其中一个的需求模式来表示,说明系统需求是规律性需求 (regular demand)。需求模式通常可分为趋势 (trend)、季节性 (seasonal) 和随机性 (random)。若随机波动只占时间序列变化部分的很小比例,常用预测方法基本就可较好地预测需求。

如果系统需求随着时间变化表现为不平整性、间歇式、极不稳定,如图 3-2 所示,说明系统需求是不规律性需求 (irregular demand)。造成不规律需求的原因是能够均衡供应,但市

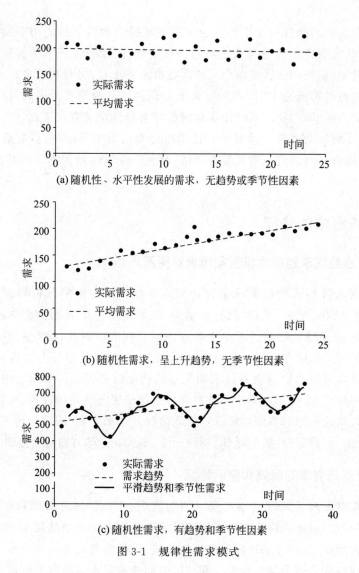

图 3-1 规律性需求模式

场需求却是不均衡的,在不同时期往往表现出较大差异。例如,刚进入市场的新产品或即将退出市场的衰退期产品,需求量少且极不稳定,而且分散在不同地区,造成每个存储点的需求量不平整。通常的预测方法难以预测这类需求,需要特殊的预测技术或组合预测技术来预测。

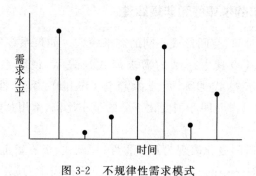

图 3-2 不规律性需求模式

（四）物流系统需求的派生性和独立性

若物流系统需求是随着某种需求发生而产生，具有从属性，这种物流需求模式称为派生性需求。派生性需求有很强的倾向性，且不显示随机性，一般用推导方式来计算需求量和需求时间等。例如，采购物流需求依赖于生产物流需求和物料库存情况。反之，若物流系统需求是随机发生的，影响需求的因素众多甚至不可获知，这种需求模式称为独立性需求。例如，物流需求来自许多客户，各客户彼此独立，需求量只构成企业物流总量的很少部分，此时的物流系统需求就具有随机性，可称为独立性需求。第三方物流公司的物流服务需求就是一种市场需求，具有一定的独立性。独立性需求可用统计预测模型来预测。多数短期物流需求预测模型都要求需求是独立且随机的。

三、物流系统需求量化指标选择的原则

物流系统需求分析的关键是找到物流系统需求的变化规律，包括需求量的变化和需求结构的变化。不论物流系统需求量还是需求结构，都涉及如何对物流系统需求进行量化？选择哪些指标进行量化？具体分析，物流系统需求的量化指标选择应遵循以下三个原则：

（一）绝对量与相对量互补

绝对量反映研究对象的规模、水平、大小，须用一定的计量单位来表示。相对量是两个绝对量的比值，常用百分数、比率或倍数来表示，可以反映一定经济条件下的经济规律。物流系统需求的绝对量反映了一定时间范围内物流系统需求的规模，但没有反映出这一规模下的经济发展水平。物流系统需求的绝对量与经济发展水平的比值则反映了在一定经济发展条件下物流系统需求变化的规律。绝对量和相对量各有利弊，缺一不可。例如，我国2023年社会物流总费用为18.2万亿元，同比增长2.3%；社会物流总费用占GDP的比率为14.4%，比上年下降0.3个百分点。前者是物流系统需求的绝对量数值，反映我国2023年国民经济对物流系统的需求规模。后者是物流系统需求的相对量数值，反映我国2023年国民经济中物流系统成本比上年降低，单位GDP对物流系统的需求下降。

（二）统一度量衡

物流系统需求涉及面广，基本需求就有包装、运输、储存、配送、装卸搬运、流通加工、物流信息等七大类物流服务。不同的物流服务，计量单位不同。例如，运输作业量可用运输物品的重量（吨）、体积（立方米）或吨·公里、吨·海里等单位来计量，仓储作业量可用库存物品的重量（吨）或体积（立方米）来计量，集装箱运输装卸常用TEU来计量。物流系统需求的量化指标要想全面地表示物流系统需求的规模，必须有一个统一的计量单位。采用价值计量单位是经济学常用的做法。它适用于一切经济现象，也能反映一定的经济规律。所以，采用价值计量单位作为物流系统需求量化指标的量纲，可以反映物流系统需求的经济意义，也具有与其他经济变量的兼容性。需要注意的是，具体物流作业量的预测则要根据其作业性质，赋予其特定的度量单位。

（三）静态与动态兼顾

流量和存量的分析是静态分析，反映了一定时点上的变量水平。趋势分析、增量分析和投入产出分析都是动态分析方法，反映了变量变化的动态特征。变量的动态特征是变量变化规律的主要方面。

第二节 物流系统需求预测的原理和步骤

一、预测的概念、基本要素和作用

预测作为一门科学，产生于 20 世纪。但预测的意识和简单的直观预测在古代已经出现。"凡事预则立，不预则废""人无远虑，必有近忧"，这些充分说明我国古代的劳动人民非常重视预测的作用。但古代的预测主要是依靠直观分析和经验，借助于一些先兆信息加以推断而获得。但预测未来并不能靠想入非非或求神问卦，科学的预测是建立在客观事物发展变化规律基础上的科学推断。在 20 世纪 30—40 年代，由于科技和生产力的快速发展，新技术和新工艺不断涌现，竞争越来越激烈，预测未来包括未来的技术趋势、未来的市场前景、未来的需求发展等的重要性日渐凸显，导致人们纷纷对预测进行研究和实践。随着预测实践经验的积累和研究的深入，再加上科技的发展，预测的方法和手段越来越科学化和多样化，最终预测成为一门独立的学科并得到快速发展。

（一）预测的概念

预测（forecast）是由过去和现在去推测未来，指根据历史资料和现实情况，利用已掌握的知识和手段，对事物的未来或未知状况进行的事前预先推知和判断，目的是为计划和决策提供依据。

预测是以变化为前提的。没有变化，就不需要预测。预测的实质就是充分分析使预测对象发生变化的原因，探究预测对象发展变化的规律，根据预测对象的过去和现在估计未来，根据已知预测未知，从而减少对预测对象未来认识的不确定性，减少决策的盲目性。

（二）预测的基本要素

1. 预测信息

预测信息是预测的基础，指经过调研收集得到的关于预测对象的背景资料、统计数据、动态情报以及预测者的经验和认识。预测信息一般分为两类：一是经过记录和整理的资料；二是未经记录或未经过处理的资料，这些资料是不完整的，甚至掺杂有主观的成分。预测信息的质量直接关系到预测后面阶段工作的有效性。

2. 预测技术

预测技术指在预测过程中对预测对象进行质和量的分析时所采用的各种方法和手段的总称，一般分为直观的方法和统计的方法两类。

3. 预测分析

预测分析指预测者根据自己的经验和有关理论所进行的思维研究活动,贯穿于预测活动的全过程。

4. 预测判断

预测的过程中自始至终都离不开判断。例如,收集选用哪些信息资料需要判断,选用哪种预测方法开展预测需要判断,预测结果是否合理或是否需要修正等都需要进行判断。

(三) 预测的作用

预测是制定政策、做出决策、编制计划以及进行科学管理的重要依据,在经济建设和运营管理中具有极其重要的作用。

预测是计划工作的基础和重要组成部分,为制订切实可行的计划提供科学依据。

预测是决策的依据,是避免决策片面性和决策失误的重要手段。

预测是提高管理预见性、改善经营管理的重要手段。

二、物流系统需求预测的原理

之所以能够预测事物的未来,是因为事物未来的发展变化总是呈现出一定的规律或表现出一定的特征。这些规律和特征就是预测的理论依据,即预测的原理。

1. 可知性原理

世界是可知的。人们不仅可以认识事物的过去和现在,还可以通过总结过去和现在去寻求预测规律而认识未来。各种预测活动正是根据这一原理开展的。就物流系统而言,其发展规律也是可以认识的,可以根据物流系统发展的规律性去预测其未来的发展变化趋势。

2. 可能性原理

事物发展具有各种可能性。预测对象的相关因素不是一成不变的,都有其固有的发展历史。这些因素在各个发展阶段对预测对象都有影响并相互制约,有时甚至改变预测对象的发展方向或性质。根据可能性原理,物流系统进行预测时,要根据物流系统发展变化的多种可能性去确定预测结果。

3. 可控性原理

任何事物的发展都具有不依人的意志为转移的客观规律性,人们只能按客观规律办事。但这并不说明人在客观规律面前是无能为力的。人们认识了事物发展的客观规律性,就可以预测事物未来的发展趋势和进程,从而积极创造条件,对事物的未来发展进行必要控制,使事物朝着人们期望的方向发展。进行物流系统预测时,依据可控性原理,应尽可能地利用物流系统中的可控因素,重视政府政策、国民经济发展计划等对物流系统的影响,从而增强对物流系统发展趋势和进程的控制能力。

4. 系统性原理

任何事物都具有系统性。每个系统既有从属于自己的一些小系统，而其自身又是从属于更大的系统之中。例如，在社会领域中，整个人类社会是由经济系统、政治系统、文化系统、军事系统等构成的大系统，而经济系统又是由农业、工业、商业、运输业等系统构成。因此，物流系统预测不能独立、封闭地进行。一方面，物流系统预测必须放在社会经济大系统中研究，把物流系统预测与社会经济预测、工业预测、农业预测、商业预测、人口预测等有机结合起来；另一方面，还必须把预测对象与物流系统内部的各子系统有机结合起来，在不同层次上分析预测对象的影响因素。只有这样，才能防止顾此失彼和片面性，提高预测结果的准确性和实用性。

5. 连续性原理

事物的发展变化都有其合乎自身规律的连续性。只要规律发生作用的条件不变，则合乎规律的现象必然重复出现。物流系统的发展变化同样具有连续性。现在的物流系统状况是过去物流系统的历史演进，未来的物流系统状况也将是现在物流系统的发展继续。正因如此，可以通过分析物流系统的历史和现实资料，找出物流系统发展变化的固有规律，进而按照连续性原理进行逻辑推理而预测出未来物流系统的发展状况。连续性原理也称惯性原理，是趋势外推预测方法的理论依据。这种预测方法适合于短期定量预测，且预测对象在预测期内的发展趋势不会产生"突变"的场合。

6. 类推性原理

事物之间在结构和发展模式上往往存在某种相似性。人们可以根据已知事物的结构和发展模式，类推某个预测事物未来的结构和发展模式。这是预测的类推性原理的基础。运用类推性原理开展预测，既适用于同类事物之间的类推预测，也适用于不同类事物之间的类推预测。在不同类事物之间进行类推预测，要注意不同类事物之间在结构、本质特征和发展模式上必须具有明显的相似性。类推分为定性类推和定量类推。例如，利用A地在某一经济发展水平的物流弹性来预测与A地相似的B地达到同一经济发展水平时的物流弹性。

7. 因果性原理

一切事物的发展变化存在于因果关系变化之中。作为原因的某种现象一旦发生，作为结果的另一种现象必然随之发生，有因必有果，有果必有因。根据因果性原理，一旦准确把握某种事物或现象发展变化的原因，就可以从已知原因推测该事物或现象未来发展变化的结果。运用因果性原理开展物流系统预测，要注意两个方面：一是重视对预测目标的各种因素的具体分析，找出预测目标与影响因素之间的数量变动关系和因果关系；二是全面分析预测目标的因果关系。在物流系统发展变化的因果链上分清对预测目标起作用的内部与外部原因，牢牢把握住影响预测目标的主要原因和内部原因，排除非主要原因的干扰，从而由因推果，预测物流系统未来的发展趋势。

8. 相关性原理

事物的发展变化都不是独立的。事物之间的相互影响往往表现为因果关系或关联关系。基于相关性原理的预测方法适合于事物之间存在明确的因果关系或存在统计学上明显相关性的预测场合。

9. 反馈性原理

预测效果的检验标准是预测对象未来的实绩。预测值与未来实际发生情况之间存在差异是正常的、绝对的。物流系统预测要通过各种渠道把各种系统信息迅速、准确地反馈出来,并反馈到远期预测值,经过类比、判断、加工后调整预测模型,得到新的误差后再反馈处理,从而形成预测的反馈系统。

10. 可检性原理

预测具有可检性的基本特点,这也是对预测的基本要求。可检性指预测结果必须是明确无误的,不能是含糊的或模棱两可的。预测必须指出事件发生与否、数值大小程度,以备未来实践所检验。实际预测中用多种预测方法对同一事件进行预测,目的是相互检验预测方法的优劣。对同一事件采用不同信息源进行预测,目的也是达到相互检验,取得一致的预测结果。

11. 经济性原理

预测是一种经济活动,必须考虑预测的经济效益。在保证预测质量的前提下,尽可能以较少的预测费用获得较好的预测效果。

三、物流系统需求预测的步骤

预测对象、预测目的及使用的预测方法不同,预测过程不完全一样。就物流系统需求预测来说,大致可以分为以下步骤。

1. 确定预测目的和目标

该阶段工作是确定物流系统需求的预测对象,提出预测目的和目标,明确预测要求等。这是预测中极为重要的一项准备工作,有助于加强预测工作的针对性,避免盲目性。同时,确定预测目的和目标后,要制订详细的预测计划,包括明确预测的范围、期限、基本假设、需要收集的资料、可供选择的预测方法以及人员、资金、物资等组织工作。

2. 资料收集和数据分析

该阶段工作,一是根据预测目的和目标、选择的预测方法及预测要求,尽可能多地收集与预测对象相关的各种原始资料和数据。这是进行预测的重要依据。原始资料和数据的质量和可靠性直接影响着预测结果。二是对收集的原始资料和数据进行分析整理,去伪存真,填平补齐,形成合理的数据样本。数据的分析和整理是发现事物发展变化规律和各部分之间内在联系的关键,是建立预测模型的根据。

3. 选择预测方法

选择预测方法一般考虑以下因素:占有资料多少、预测对象特点、方法的正确性和实用性及简便易行、费用低廉、能按时完成预测任务。

4. 建立预测模型

该阶段主要是建立预测模型和利用模型进行预测。根据选定的预测方法,用有关变量来真实表达预测对象的特征,建立起能反映预测对象变化规律的模型。若采用数学模型,就要确定模型的形式,并用收集的资料和数据进行必要的参数估计,求出模型的有关参数。预测模型是预测对象发展规律的近似模拟。

5. 模型检验与修正

实际的系统受多种确定因素和随机因素的影响,而预测模型不可能考虑到所有因素,故预测结果与实际值之间有一定的偏差,即会产生预测误差。如果误差太大,预测就失去了意义。所以,预测模型建立之后,必须对预测模型的有效性和合理性进行检验。一是对有关假设进行检验,如对线性关系的假设、变量结构以及独立性等假设进行检验。二是对模型精度即预测误差进行检验。如果预测结果与实际值之间有显著的误差,说明预测模型不合理。这时,必须对原来建立的预测模型进行修正或重新构建。若预测对象实际情况发生了较大变化,则原来的预测方法必须重新选择。

6. 预测实施与结果分析

运用通过检验的预测模型,使用收集分析的数据来实施预测,并用有关理论和经验对预测结果进行分析。必要时,还可以运用不同模型同时对同一预测对象进行预测,并对预测结果加以对比分析,以便做出更加可靠的判断,为决策提供科学依据。

这六个步骤只是预测的一般程序,实际预测时应根据具体情况灵活运用。实际上,要完全达到目的,往往需要若干次的迭代和多次修正。因此,预测是对客观事物的不断认识和演化的动态过程,这一动态过程如图 3-3 所示。

在整个预测过程中,对预测成败影响最大的是两个分析和处理。一是对收集到的资料和数据进行分析和处理,这直接影响到预测模型的建立。二是对利用模型求得的预测结果的分析和处理,这直接决定着预测质量。这两个分析和处理是最能体现预测者水平和能力的两个步骤。

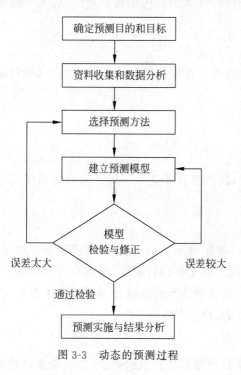

图 3-3 动态的预测过程

第三节 物流系统需求预测的方法

随着预测科学的发展,预测方法也越来越多。从预测方法本身的性质出发,物流系统需求预测方法可分为两大类,即定性预测方法和定量预测方法。两种预测方法并不是相互排斥的,而是可以相互补充的,在实际预测过程中可以结合使用。

一、定性预测方法

定性预测也称"直观预测",是预测者依靠熟悉业务知识、具有丰富经验和综合分析能力的人员与专家,根据已掌握的历史资料和直观材料,运用个人的经验和分析判断能力,对事物的未来发展做出判断,再通过一定的形式综合各方面意见,作为预测未来的主要依据。定性预测偏重于对市场行情的发展方向和施工中各种影响施工项目成本因素的分析,能发挥专家经验和主观能动性,比较灵活,而且简便易行,可以较快地提出预测结果。但是在进行定性预测时,也要尽可能地搜集数据,运用数学方法,其结果通常也是从数量上作出测算。定性预测的方法很多,但从物流系统应用的广泛性、实用性和有效性角度看,主要有头脑风暴法、德尔菲法、主观概率法、历史类比法等。下面主要介绍头脑风暴法、德尔菲法。

(一) 头脑风暴法

头脑风暴法(brain storming)又称畅谈会议法或 B.S 法,是组织专家召开会议,通过专家之间直接的信息交流、相互启发,充分发挥专家的创造性思维,在较短时间内产生尽可能多的方案或设想的方法。头脑风暴法出自"头脑风暴"一词。所谓头脑风暴(brainstorming),最早是精神病理学上的用语,指精神病患者的精神错乱状态而言的,如今转为无限制的自由联想和讨论,其目的在于产生新观念或激发创新设想。

头脑风暴法由创造学和创造工程之父、著名创意思维大师、美国 BBDO(Batten, Bcroton, Durstine and Osborn)广告公司创始人亚历克斯·奥斯本(Alex Faickney Osborn, A. F. 奥斯本)首创,是以专家的创造性思维来索取未来信息的一种直观的预测方法。该方法强调专家之间无限制地自由联想和讨论,打破常规、积极思考、畅所欲言、充分发表看法,其目的在于产生新观念或激发创新设想。

1. 激发机理

头脑风暴法能激发创新思维的原因主要在于:

(1) 联想反应。联想是产生新观念的基本过程。在集体讨论问题中,每提出一个新观念,都能引发他人联想,相继产生一连串新观念,产生连锁反应,形成新观念堆,为创造性地解决问题提供了更多可能性。

(2) 热情感染。在不受任何限制情况下,集体讨论问题能激发人的热情。人人自由发言、相互影响、相互感染,能形成热潮,突破固有观念束缚,最大限度发挥创造性思维能力。

(3) 竞争意识。在竞争意识下,人人争先恐后,竞相发言,不断开动思维机器,力求有独到见解、新奇观念。根据心理学原理,人类有争强好胜心理,在竞争意识情况下,人的心理活动效率可增加 50% 或更多。

(4) 个人欲望。在集体讨论解决问题过程中,个人的欲望自由不受任何干扰和控制是非常重要的。头脑风暴法有一条原则,不得批评仓促的发言,甚至不许有任何怀疑的表情、动作、神色。这就能使每个人畅所欲言,提出大量新观念。

2. 会议原则

为使参会者畅所欲言,互相启发和激励,达到较高效率,必须严格遵守以下原则:

(1) 禁止批评和评论,也不要自谦。对别人提出的任何想法都不能批判、不得阻拦。即使自己认为是幼稚的、错误的,甚至是荒诞离奇的设想,亦不得予以驳斥。同时,也不允许自我批判,在心理上调动每一个与会者的积极性,彻底防止出现一些"扼杀性语句"和"自我扼杀语句"。例如,"这根本行不通""你这想法太陈旧了""这是不可能的""这不符合某某定律"以及"我提一个不成熟的看法""我有一个不一定行得通的想法"等语句,禁止在会议上出现。只有这样,与会者才可能在充分放松的心境下,在别人设想的激励下,集中全部精力开拓自己的思路。

(2) 目标集中,追求设想数量越多越好。在智力激励法实施会上,只强制大家提设想,越多越好。会议以谋取设想的数量为目标。

(3) 鼓励巧妙地利用和改善他人的设想。这是激励的关键所在。每个与会者都要从他人的设想中激励自己,从中得到启示,或补充他人的设想,或将他人的若干设想综合起来提出新的设想等。

(4) 与会人员一律平等,各种设想全部记录下来。与会人员不论是该方面专家、员工,还是其他领域学者,以及该领域的外行,一律平等。各种设想,不论大小,甚至是最荒诞的设想,记录人员也要认真地将其完整地记录下来。

(5) 主张独立思考,不允许私下交谈,以免干扰别人思维。

(6) 提倡自由发言,畅所欲言,任意思考。会议提倡自由奔放、随便思考、任意想象、尽量发挥,主意越新、越怪越好,因为它能启发人推导出好的观念。

(7) 不强调个人成绩,应以小组整体利益为重。注意和理解别人的贡献,人人创造民主环境,不以多数人的意见阻碍个人新的观点的产生,激发个人追求更多更好的主意。

3. 专家小组

为提供一个良好的创造性思维环境,应确定专家会议的最佳人数和进行时间。根据经验,专家小组规模以 10～15 人为宜,会议时间一般以 20～60 分钟效果最佳。专家人选应严格限制,便于参加者把注意力集中于所涉及的问题。参会专家具体应按以下三个原则选取:

(1) 如果参加者相互认识,要从同一职位(职称或级别)的人员中选取。领导人员不应参加,否则可能对参加者造成某种压力。

(2) 如果参加者互不认识,可从不同职位(职称或级别)的人员中选取。这时不应公布参加人员职称,不论成员的职称或级别高低,都应同等对待。

(3) 参加者专业应力求与所论及决策问题相一致。这并不是专家组成员的必要条件。但专家中最好包括一些学识渊博、对所论及问题有较深理解的其他领域的专家。

头脑风暴法专家小组应由下列人员组成:方法论学者——专家会议的主持者;设想产生者——专业领域的专家;分析者——专业领域的高级专家;演绎者——具有较高逻辑思维能力的专家。

头脑风暴法的所有参加者,都应具备较高的联想思维能力。在进行"头脑风暴"(即思维共振)时,应尽可能提供一个有助于把注意力高度集中于所讨论问题的环境。有时某人提出的设想,可能正是其他准备发言的人已经思考过的设想。其中一些最有价值的设想,往往是在已提出设想的基础之上,经过"思维共振"的"头脑风暴"迅速发展起来的设想,以及对两个或多个设想的综合。因此,头脑风暴法产生的结果,应当认为是专家成员集体创造的成果,是专家小组这个宏观智能结构互相感染的总体效应。

4. 主持人

头脑风暴法的主持工作,应由了解决策问题背景并熟悉头脑风暴法处理程序和方法的人担任。主持人的发言应能激起参加者的思维"灵感",促使参加者感到急需回答会议提出的问题。主持者在"头脑风暴"开始时通常需要采取询问的做法,以便在会议开始5～10分钟内创造一个自由交换意见的气氛,并激起参加者的踊跃发言。主持者的主动活动也只局限于会议开始时,一旦参加者被鼓励起来后,新的设想就会源源不断地涌现出来。这时,主持者只需根据"头脑风暴"的原则进行适当引导即可。值得注意的是,发言量越大,意见越多种多样,所论问题越广越深,出现有价值设想的概率就越大。

5. 实施步骤

(1) 准备阶段。负责人应事先对所议问题进行一定研究,弄清问题实质,找到问题关键,设定解决问题要达到的目标。同时,选定参加会议人员,一般以5～10人为宜,不宜太多。然后,将会议的时间、地点、要解决的问题、可供参考的资料和设想、要达到的目标等事宜一并提前通知与会人员,让大家做好充分准备。

(2) 热身阶段。该阶段目的是创造一种自由、宽松、祥和的氛围,使参会人员得以放松,进入一种无拘无束的状态。主持人宣布开会后,先说明会议规则,然后谈点有趣的话题或问题,让大家思维处于轻松和活跃的境界。如果所提问题与会议主题有某种联系,人们便会轻松自如地导入会议议题,效果更好。

(3) 明确问题。主持人简明扼要地介绍要解决的问题和要达到的目标。介绍时须简洁、明确,不可过分周全。否则,过多的信息会限制人的思维,干扰思维创新的想象力。提出的问题一定要表述清楚,不能范围太大,而是要落在一个明确的问题上。例如,"现在手机里有什么功能是无法实现,而人们又需要的?"如果问题太大,主持人应将其分解成较小的部分而分别提问。

(4) 重新表述问题。经过一段讨论后,大家对问题已有较深的理解。这时,为使大家对问题的表述能有新角度、新思维,主持人或速记员要记录大家的发言,并对发言记录进行整理。通过整理和归纳记录,找出富有创意的见解及具有启发性的表述,供下一步畅谈时参考。

(5) 畅谈阶段。畅谈是头脑风暴法的创意阶段。为使大家能畅所欲言,需制定规则:一是不要私下交谈,以免分散注意力;二是不妨碍他人发言,不去评论他人发言,每人只谈自己的想法;三是发表见解时要简单明了,一次发言只谈一种见解。主持人首先向大家宣布这些规则,随即导引大家自由发言、自由想象、自由发挥,使彼此相互启发、相互补充,真正做到知无不言、言无不尽、畅所欲言,然后将会议发言记录进行整理。

(6) 筛选阶段。会议结束后的一两天内,主持人应向与会者了解大家会后的新想法和新思路,以此补充会议记录。然后将大家的想法整理成若干方案,再根据可识别性、创新性、可实施性等标准进行筛选。经过多次反复比较和优中择优,最后确定1～3个最佳方案。这些最佳方案往往是多种创意的优势组合,是大家的集体智慧综合作用的结果。

6. 成功要点

一次成功的头脑风暴除了程序上的要求外,更关键的是探讨方式、心态上的转变,即充分的、非评价性的、无偏见的交流。具体而言,可归纳以下几点:

(1) 自由畅谈。参加者不应受任何条条框框限制,放松思想,让思维自由驰骋。从不同角度、不同层次、不同方位大胆地展开想象,尽可能地标新立异、与众不同,提出独创性的想法。

(2) 延迟评判。头脑风暴须坚持当场不对任何设想作出评价的原则。既不能肯定某个设想,又不能否定某个设想,也不能对某个设想发表评论性意见。一切评价和判断都要延迟到会议结束后才能进行。这样做,一方面是为了防止评判约束与会者的积极思维,破坏自由畅谈的有利气氛;另一方面是为了集中精力先开发设想,避免把应该在后阶段做的工作提前进行,影响创造性设想的大量产生。

(3) 禁止批评。绝对禁止批评是头脑风暴法应遵循的一个重要原则。参加头脑风暴会议的每个人都不得对别人的设想提出批评意见,因为批评对创造性思维无疑会产生抑制作用。同时,发言人的自我批评也在禁止之列。有些人习惯于用一些自谦之词,这些自我批评性质的说法同样会破坏会场气氛,影响自由畅想。

(4) 追求数量。头脑风暴会议的目标是获得尽可能多的设想,追求数量是它的首要任务。参加会议的每个人都要抓紧时间多思考,多提设想。至于设想的质量问题,自可留到会后的设想处理阶段去解决。在某种意义上,设想的质量和数量密切相关。产生的设想越多,其中的创造性设想就可能越多。

正确运用头脑风暴法,可以有效发挥专家小组集体智慧,比一个人的设想更富有创意。但也有一些缺点,如专家小组人数有限,代表性不充分;权威专家影响较大;受专家表达能力的影响;受专家自尊心等心理因素的影响;受"潮流"思想的影响等。

(二) 德尔菲法

德尔菲法(Delphi Method)也称专家调查法、专家函询调查法、专家规定程序调查法,在 20 世纪 40 年代由 O. 赫尔姆和 N. 达尔克首创,经过 T. J. 戈尔登和兰德公司进一步发展而成的一种主观、定性的方法。德尔菲是古希腊地名。在德尔菲有座阿波罗神殿,是一个预卜未来的神谕之地,于是人们借用此名作为这种方法的名字。它是基于专家意见的预测方法,对要预测的问题征得专家意见后,进行整理、归纳、统计,再匿名反馈给各专家,再次征求意见,再集中,再反馈,直至得到一致意见,本质上是一种反馈匿名函询法。该方法常用于需要处理复杂或不确定性问题的情况,如科学研究、风险评估、政策制定等领域。

1. 实施步骤

德尔菲法的实施步骤,如图 3-4 所示。

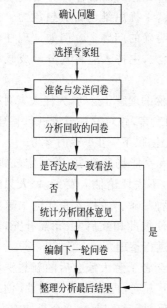

图 3-4 德尔菲法的实施步骤

(1) 确认调查问题,拟定征询调查表。调查表一般应包括以下内容:一是对德尔菲法作出简要说明。为使专家全面了解情况,调查表一般都应有前言,简要说明德尔菲法的程序、规则和作用以及征询的目的与任务、调查表填写方法等。二是问题要集中、明确,有针对性,不要过于分散或含义模糊。例如,到哪一年,家庭里远距离通道的电子计算机终端设备将被普遍使用?这个问题中的"普遍使用"的含义不明确,指 60% 还是 90%?专家对此理解不同,评价就会不同。三是限制问题数量。若只要求简单回答,问题数量可适当多些;若问题较复杂,则数量可少些。严格的数量界限是没有的。一般认为,问题数量上限以 25 个为宜。各个问题要按等级由浅入深地排列,这样易引起专家应答的兴趣。四是简化调查表。调查表要有助于专家作出评价,应使专家把主要精力用于思考问题而不是用在理解复杂和混乱的调查表上。在简化调查表上花费一定力气,将得到事半功倍的效果。

(2) 选择专家,组成专家小组。按照问题预测所需要的知识范围、对问题情况的了解程度及是否有充分时间等因素选择专家。专家可以是第一线的管理人员,也可以是企业高层管理人员和外请专家。例如,物流企业在预测未来发展的人工需求时,可以挑选人事、计划、市场、生产及销售部门的经理作为专家。专家小组人数多少可依据预测问题大小和涉及面宽窄而定,一般不超过 20 人,最佳人数 15 人左右。确定专家人选前,要发函征求专家本人意见:是否有充分时间认真填写调查表和能坚持参加这项活动等,避免出现拒绝填表或中途退出等情况。经验表明,一位身居要职的专家匆忙填写调查表,往往不如一般专家经过深思熟虑认真填写的调查表更有价值。

(3) 向所有专家征询调查。运用德尔菲法,通常需要经过四轮的征询调查。第一轮,向专家小组成员发出征询调查表,并附上预测问题的所有背景材料和要求,允许任意回答。各位专家根据收到的调查表和背景材料,提出自己的预测意见,并说明自己是怎样利用这些材料并提出预测值的。调查表统一回收后由预测组织者对专家意见进行汇总、对比、列成图表等综合资料,用准确术语提出一个"征询意见一览表"。第二轮,把征询意见一览表再发给专家小组成员,要求专家对表中所列意见作出评价,并相应提出其评价理由。预测组织者根据返回的一览表进行综合整理后,再反馈给专家组成员。第三轮、第四轮照此办理。

逐轮收集意见并为专家反馈信息是德尔菲法的主要环节。收集意见和信息反馈一般要经过三四轮。向专家反馈时只给出各种意见,并不说明发表各种意见的专家姓名。这一过程重复进行,直到每一位专家不再改变自己意见为止。值得注意的是,专家之间不得互相讨论、不发生横向联系,只与预测组织者发生关系。

(4) 确定结论。经过四轮征询意见后,通常专家小组意见表现出明显的收敛趋势,逐渐趋于一致。预测组织者可据此得出最后结论。

2. 优缺点

德尔菲法与召集专家开会、通过集体讨论得出一致预测意见的专家会议法既有联系又有区别。一方面,德尔菲法既能发挥专家会议法的优点,又能充分发挥各位专家的作用,集思广益,准确性高;能把各位专家意见的分歧点表达出来,取各家之长,避各家之短。另一方面,德尔菲法的匿名性、专家之间背靠背又消除了群体决策中成员心理相互作用影响而易屈服于权威或大多数人意见的"群体思维"的影响,能避免专家会议法的缺点:权威人士的意见影响他人的意见;有些专家碍于情面,不愿意发表与其他人不同的意见;出于自尊心而不愿意修改自己原来不全面的意见。群体思维削弱了群体的批判精神和创造力,损害了决策的质量。为了保证群体决策的创造性,提高决策质量,管理上发展了一系列改善群体决策的方法,德尔菲法就是较为典型的一个。

德尔菲法的主要缺点是缺少思想沟通交流,可能存在一定的主观片面性;易忽视少数人的意见,可能导致预测结果偏离实际;存在组织者的主观影响;过程较复杂,用时较长,快速决策时不合适。

3. 注意事项

运用德尔菲法开展预测时,需要注意以下几点:
(1) 为专家提供有关预测问题的充分信息,使专家有足够的根据做出判断。
(2) 征询表中所列的问题应是专家能回答的问题。
(3) 允许专家粗略地估计数字,不要求精确,但可要求专家说明预计数字的准确程度。
(4) 尽可能简化过程,不问与预测无关的问题。
(5) 尽可能保证所有专家能从同一角度去理解问题和其他有关材料。
(6) 尽可能选择熟悉预测问题、知识丰富、时间充分和认真参与的专家。

二、定量预测方法

定量预测(quantitative prediction)是根据以往比较完整的历史统计资料,运用各种数学模型对事物未来发展趋势作出定量计算,求得预测结果。定量预测注重事物发展在数量上的分析,更多地依据历史统计资料,较少受主观因素的影响。

定量预测方法一般分为两类:时间序列分析法和因果关系分析法。前者是以一个指标本身历史数据的变化趋势,去探寻事物的演变规律,作为预测依据,即把未来看作过去历史的延伸。后者是从一个指标与其他指标的历史和现实变化的相互关系中,探索指标之间的规律性联系,作为预测未来的依据。

(一) 时间序列分析法

时间序列指预测对象的历史观察值按照时间先后排列起来的数据序列。基于历史继承性原则,通过分析数据序列,探寻事物过去的变化规律,进而推断事物的未来发展趋势,这就是时间序列分析法。时间序列分析法的原理有两个方面。一方面,承认短期内事物发展的延续性,即历史继承性,短期内事物的发展趋势是其过去历史的延伸。因此,分析事物发展过去的数据序列,可以预测事物未来的发展趋势。另一方面,充分考虑事物发展会因偶然因素影响而产生随机波动。在分析事物过去的数据序列时,用加权平均等方法加以适当处理,进行事物发展的趋势预测。时间序列分析法包括简单平均法、加权平均法、移动平均法、加权移动平均法、指数平滑法等,适用于外界影响比较稳定条件下的短期预测。

1. 简单平均法

简单平均法(simple average method)是把前几个时段(日、周、月、旬、季、年等,下同)的数值的平均值,作为后一个时段的预测值,是最简单的时间序列分析定量预测法。设 X_t 为第 t 时段发生值,$t=1,2,\cdots,n$。如果要求根据前 n 个时段发生值来预测第 $(t+1)$ 时段的预测值 Y_{t+1},则可以由下式确定:$Y_{t+1} = (X_t + X_{t-1} + \cdots + X_{t-n+1})/n, (t \geq n)$。

简单平均法的优点:模型简单,计算简便;缺点:将预测对象的波动平均化,不能反映预测对象的变化趋势。简单平均法适合比较稳定、波动不大的预测对象,即预测对象在各时段的发生值差不多,大致围绕一个固定值上下随机波动,无趋势性变化和季节性变化。

[例 3.1] 大华商场前八个月的用户配送车次如表 3-1,请用简单平均法预测该商场九月份的配送车次。

表 3-1 前八个月的用户配送车次

月份(t)	1	2	3	4	5	6	7	8
配送车次(X_t)	10	12	11	10	8	9	10	12

解:分析前八个月的配送车次,可看出它是一个比较稳定变化的数列,大致围绕 10 车次上下随机波动。因此,可以用简单平均法预测。

如果 $n=8$,$Y_9=(12+10+9+8+10+11+12+10)/8=10.25$

如果 $n=5$,$Y_9=(12+10+9+8+10)/5=9.80$

如果 $n=3$,$Y_9=(12+10+9)/3=10.33$

2. 加权平均法

加权平均法(weighted average method)是把前几个时段的数值,按照其对于预测值的重要程度分别设置重要度权数,然后计算出它们的加权算术平均数作为预测值的预测方法。

设 X_t 为第 t 时段发生值,$t=1,2,\cdots,n$;W_t 为第 t 时段发生值的重要度权数,$t=1,2,\cdots,n$。第 $(t+1)$ 时段的预测值 Y_{t+1},则可以由下式确定:

$$Y_{t+1}=(W_tX_t+W_{t-1}X_{t-1}+\cdots+W_{t-n+1}X_{t-n+1})/(W_t+W_{t-1}+\cdots+W_{t-n+1}),\quad(t\geqslant n) \tag{3.1}$$

如果 $n=3$,相应时段数值的权数 W_t 可设为(3,2,1);如果 $n=4$,权数 W_t 可设为(4,3,2,1);如果 $n=5$,权数 W_t 可设为(5,4,3,2,1)。离预测期越近的时段数值,其权数越大。

[例 3.2] 大华商场前八个月的用户配送车次如前表 3-1,请用加权平均法预测该商场九月份的配送车次。

解:如果 $n=5$,8 至 4 月的权数 $W_t=(5,4,3,2,1)$,则

$Y_9=(5\times12+4\times10+3\times9+2\times8+1\times10)/(5+4+3+2+1)=10.20$

如果 $n=3$,8 至 6 月的权数 $W_t=(3,2,1)$,则

$Y_9=(3\times12+2\times10+1\times9)/(3+2+1)=10.83$

与例 3.1 的预测值相比,加权平均法下的 9 月预测值都有所提高,更接近 8 月的发生值 12。这是因为增加了权数,且距离预测期 9 月最近的 8 月发生值 12 的权数较大。

3. 移动平均法

移动平均法(moving average method),平均是取预测对象时间序列中最近一组实际值的算术平均值;移动是参与平均的实际值随预测期推进而不断更新,且每一个新实际值参与平均时,都要剔除掉最陈旧的一个实际值。

(1) 一次移动平均法

基本思想:根据时间序列信息,逐项推移,依次计算包含一定项数的序时平均值,以反映数据序列的长期趋势。特点:可以消除周期变动和随机波动的影响,揭示出事件的发展

方向与趋势;简单、易行。

移动是参与平均的实际值随预测期推进而不断更新,且每一个新实际值参与平均时,都要剔除掉最陈旧的一个实际值。平均是取预测对象时间序列中最近一组实际值的算术平均值。

设时间序列$y_1, y_2, \cdots, y_t, \cdots, N$为组距,即移动平均的期数,逐项推移求出$N$个数的平均数。

$$M_t^{(1)} = \frac{y_t + y_{t-1} + \cdots + y_{t-N+1}}{N} = M_{t-1}^{(1)} + \frac{y_t - y_{t-N}}{N}, \quad t \geq N \quad (3.2)$$

第t期一次移动平均值作为$(t+1)$期预测值:$\hat{y}_{t+1} = M_t^{(1)}$。

[例3.3] 某物资企业统计了2024年1月至11月钢材实际销售量,统计结果见表3-2。请用一次移动平均法预测其12月钢材销售量。

表3-2 2024年1月至11月钢材实际销售量

月份	1	2	3	4	5	6	7	8	9	10	11	12
实际销售量/吨	22 400	21 900	22 600	21 400	23 100	23 100	25 700	23 400	23 800	25 200	25 400	

解:如果$N=3$,则

$$\hat{y}_{11+1} = M_{11}^{(1)} = \frac{y_{11} + y_{10} + y_9}{3} = \frac{25\,400 + 25\,200 + 23\,800}{3} = 24\,800$$

缺点:对分段内部各数据同等对待,而没有强调近期数据对预测值的影响。如果近期内情况变化发展较快,利用一次移动平均预测会导致较大的滞后偏差。实际上,近期数据对预测值的影响一般更大。为减少这种误差,可采取二次移动平均法。

(2)二次移动平均法

二次移动平均法是对一次移动平均值进行第二次移动平均,再以一次移动平均值和二次移动平均值为基础建立预测模型,计算预测值,对有线性趋势的时间序列进行预测的方法。

二次移动平均法的步骤如下:

① 计算一次移动平均值$M_t^{(1)}$。

② 计算二次移动平均值

$$M_t^{(2)} = \frac{M_t^{(1)} + M_{t-1}^{(1)} + \cdots + M_{t-N+1}^{(1)}}{N} = M_{t-1}^{(2)} + \frac{M_t^{(1)} - M_{(t-N)}^{(1)}}{N} \quad (3.3)$$

式中:$M_t^{(1)}$为t时刻的一次移动平均值;

$M_t^{(2)}$为t时刻的二次移动平均值;

N为参与二次平均计算的一次移动平均值的个数。

③ 对有线性趋势的时间序列做预测:$y_{t+T} = a_t + b_t T$。其中,y_{t+T}为预测期的预测值;T为预测期与本期的间距。

$$a_t = 2M_t^{(1)} - M_t^{(2)}$$

$$b_t = \frac{2}{n-1}(M_t^{(1)} - M_t^{(2)})$$

[例3.4] 某物资企业2024年度1月至11月的钢材实际销售量统计结果见表3-3。

用二次移动平均法预测其 12 月的钢材销售量。移动期为 3。

表 3-3　2024 年度 1 月至 11 月的钢材实际销售

月份	1	2	3	4	5	6	7	8	9	10	11	12
实际销售量/吨	22 400	21 900	22 600	21 400	23 100	23 100	25 700	23 400	23 800	25 200	25 400	

解：

① 计算一次移动平均值，$n=3$，$M_3^{(1)} = \dfrac{y_1+y_2+y_3}{3} = \dfrac{22\,400+21\,900+22\,600}{3} = 22\,300$，以此类推。

② 计算二次移动平均值，$n=3$，$M_5^{(2)} = \dfrac{M_3^{(1)}+M_4^{(1)}+M_5^{(1)}}{3} = \dfrac{22\,300+21\,967+22\,367}{3} = 22\,211$，以此类推。

③ 对有线性趋势的时间序列做预测：$y_{t+T} = a_t + b_t T$，取 $T=1$，

$$a_5 = 2M_5^{(1)} - M_5^{(2)} = 2 \times 22\,367 - 22\,211 = 22\,523$$

$$b_5 = \dfrac{2}{3-1}(M_5^{(1)} - M_5^{(2)}) = 22\,367 - 22\,211 = 156$$

$y_6 = a_5 + b_5 \times 1 = 22\,523 + 156 = 22\,679$，以此类推。具体计算过程，见表 3-4。

表 3-4　2024 年度 1 月至 11 月的钢材实际销售　　　　　　　　　　　　　　单位：吨

月份	实际销售量	一次平均数 $M_t^{(1)}$	二次平均数 $M_t^{(2)}$	a_t	b_t	y_{t+T}，取 $T=1$
(1)	(2)	(3)	(4)	(5)=2*(3)−(4)	(6)	(7)=(5)+(6)*1
1	22 400					
2	21 900					
3	22 600	22 300				
4	21 400	21 967				
5	23 100	22 367	22 211	22 523	156	
6	23 100	22 533	22 289	22 777	244	22 679
7	25 700	23 967	22 956	24 978	1011	23 021
8	23 400	24 067	23 522	24 612	545	25 989
9	23 800	24 300	24 111	24 489	189	25 157
10	25 200	24 133	24 167	24 099	−34	24 678
11	25 400	24 800	24 411	25 189	389	24 065
12						25 578

综上所述，用二次移动平均预测法预测其 12 月的钢材销售量为 25 578 吨。

从二次移动平均法的计算过程可看出：

一次移动平均值和二次移动平均值并不是直接用于预测，只是用来计算出线性预测模型的平滑系数；

在观察期内各期估计值 a 和 b 值是变化的，而在预测期各预测值的 a 和 b 值是一致的，即最后一个观察期的 a 和 b 值；

二次移动平均法解决了一次移动平均法只能向未来预测一期的问题；

二次移动平均法解决了一次移动平均法不能用于明显趋势变动的市场现象时间序列。

4．加权移动平均法

加权移动平均法是在各时间序列中对每一项数值设置一个权重，再按一定的项数计算加权平均值，与移动平均法一样向后逐项移动形成加权移动平均数列，然后再进行预测。

[**例3.5**] 某物流中心过去12个月的货物仓储量（单位：吨），见表3-5。移动期为3，移动期各月的权数 $W_t=(3,2,1)$，离预测期越近，权数越大。请使用加权移动平均法预测下年1月的货物仓储量。

表3-5　物流中心1月至12月的货物仓储量　　　　　　　　　　单位：吨

月份	1	2	3	4	5	6	7	8	9	10	11	12
仓储量	120	130	125	140	135	150	155	160	165	170	175	180

解：移动期为3，移动期各月的权数 $W_t=(3,2,1)$，

下年1月的货物仓储量预测值 $Y_{13}=(3\times180+2\times175+1\times170)/(3+2+1)=176.67$

5．指数平滑法

指数平滑法以移动平均法为基础，可看作特殊的加权移动平均法。它是一种有效的中短期趋势预测法，长期预测的效果较差。指数平滑法的优点是简单、易用，只需要很少的数据量。当预测数据发生根本性变化时，还可以进行自我调整。

(1) 基本的指数平滑模型

基本的指数平滑模型是由布朗（Robert G. Brown）提出的，预测公式是：

下一期预测值＝α×前一期实际值＋$(1-\alpha)$×前一期预测值

$$S_{t+1}=\alpha A_t+(1-\alpha)S_t \tag{3.4}$$

上式也可写为：

$$S_{t+1}=S_t+\alpha(A_t-S_t) \tag{3.5}$$

该公式表明下一期预测值是上一期预测值加上一个修正的上一期预测误差。

式中，

S_{t+1}：第 $t+1$ 期的预测值；

S_t：第 t 期的预测值；

A_t：第 t 期的实际值；

t：时间；

α：指数平滑系数，$0<\alpha<1$。

指数平滑法预测时，涉及初始预测值和平滑系数两个关键参数。

初始预测值 S_1。数据较多时，将已有数据中的某一部分的算术平均或加权平均值作为初始预测值 S_1；数据较少时，用定性预测法选取 S_1。例如，第二期预测值（初始 S_1）取第一期实际值，预测从第3期开始。

指数平滑系数 α。指数平滑系数 α 值越大：近期实际需求影响大，时间序列变化敏感，滞后小；α 值越小：近期数据影响小，历史数据权数越大，平滑均匀程度越大，滞后大，消除了随机波动性，只反映长期的大致发展趋势。数据波动较大，α 值应取大一些，可以增加近

期数据对预测结果的影响。数据波动平稳，α 值应取小一些。

[**例 3.6**] 某物流中心过去 6 个月的货物运输量（单位：吨），见表 3-6。假设指数平滑初始预测值 S_1 为 125，指数平滑系数 α 为 0.3，请使用基本的指数平滑模型预测 7 月的货物运输量。

表 3-6　物流中心过去 1 月至 6 月的货物运输量　　　　　　　　　　　单位：吨

月份	1	2	3	4	5	6
货运量	120	130	125	140	135	150

解：初始预测值 $S_1=125$，指数平滑系数 $\alpha=0.3$
2 月预测值 $S_2=0.3 \times A_1+(1-0.3) \times S_1=0.3 \times 120+(1-0.3) \times 125=123.50$
以此类推，7 月预测值如表 3-7 所示。
$S_7=0.3 \times A_6+(1-0.3) \times S_6=0.3 \times 150+(1-0.3) \times 131.3=136.91$（吨）

表 3-7　指数平滑预测结果　　　　　　　　　　　　　　单位：吨

月份	实际值（A_t）	预测值（S_t）
1	120	125
2	130	123.50
3	125	125.45
4	140	125.32
5	135	129.72
6	150	131.30
7		136.91

（2）带有需求趋势校正的指数平滑模型

该模型也称为霍尔特指数平滑法或霍尔特双参数指数平滑法，即霍尔特模型，由霍尔特（Charles C. Holt）从基本的指数平滑法扩展而来。

系统期望需求部分一般模式下包含需求水平、需求趋势、季节性需求。系统需求计算有以下几种形式：

复合型，系统需求＝需求水平×需求趋势×季节性需求
附加型，系统需求＝需求水平＋需求趋势＋季节性需求
混合型，系统需求＝（需求水平＋需求趋势）×季节性需求

预测系统需求采用哪一种形式，取决于需求的性质。在此，采用附加型计算系统需求，即系统需求＝需求水平＋需求趋势。

如果系统需求表现出明显的需求水平和需求趋势，但没有季节性变动特征，选用带有需求趋势校正的霍尔特指数平滑法，即霍尔特模型较合适。霍尔特指数平滑法的核心在于对数据的水平部分和趋势部分进行平滑处理，以估计未来数据的变化趋势。具体来说，水平部分是通过简单指数平滑法更新，而趋势部分则是在上期趋势部分的基础上平滑调整。预测模型通过两个平滑系数 α 和 β 来控制，这两个系数通常都在 0 到 1 之间。

霍尔特指数平滑法的预测公式是：

$$S_{t+1}=\alpha A_t+(1-\alpha)(S_t+T_t) \tag{3.6}$$

$$T_{t+1} = \beta(S_{t+1} - S_t) + (1-\beta)T_t \tag{3.7}$$

$$F_{t+1} = S_{t+1} + T_{t+1} \tag{3.8}$$

式中,

F_{t+1}：第 $t+1$ 期校正趋势后的预测值；

S_t：第 t 期的需求水平预测值；

T_t：第 t 期的需求趋势预测值；

A_t：第 t 期的实际值；

t：时间；

α：需求水平平滑系数，$0<\alpha<1$；

β：需求趋势平滑系数，$0<\beta<1$。

[例 3.7] 某配送中心过去 8 个月的货物仓储量(单位：吨)如表 3-8 所示。使用霍尔特模型，假设初始的水平预测值为 210，初始的趋势预测值为 10，需求水平平滑系数为 0.1，需求趋势平滑系数为 0.3，请预测 9 月的货物仓储量。

表 3-8　某配送中心过去 8 个月的货物仓储量　　　　　　　　单位：吨

月份	1	2	3	4	5	6	7	8
仓储量	200	220	210	230	240	235	250	260

解：计算需求水平、需求趋势和系统需求。

$S_2 = 0.1 \times A_1 + (1-0.1) \times (S_1 + T_1) = 0.1 \times 200 + 0.9 \times (210+10) = 218$

$T_2 = 0.3 \times (S_2 - S_1) + (1-0.3) \times T_1 = 0.3 \times (218-210) + 0.7 \times 10 = 9.4$

$F_2 = S_2 + T_2 = 218 + 9.4 = 227.4$

以此类推，计算 9 月的需求预测，如表 3-9 所示。

$$F_9 = S_9 + T_9 = 265.78 + 6.67 = 272.45$$

表 3-9　需求水平与需求趋势校正后的指数平滑法预测结果　　　　　　单位：吨

月份	实际值 A	需求水平 S	需求趋势 T	系统需求 F
1	200	210.00	10.00	
2	220	218.00	9.40	227.40
3	210	226.66	9.18	235.84
4	230	233.25	8.40	241.66
5	240	240.49	8.05	248.54
6	235	247.69	7.80	255.49
7	250	253.44	7.18	260.62
8	260	259.56	6.86	266.42
9		265.78	6.67	272.45

(3) 带有需求趋势和季节性因素校正的指数平滑模型

带有需求趋势和季节性因素校正的指数平滑模型，即 Winters 模型，也称温特斯季节预测法(Winters' seasonal forecast method)。它是 60 年代初由 Winters 提出的一种可以同时修正时间序列数据的趋势性和季节性因素的指数平滑预测方法,有三个基本平滑公式和一个预测公式。

$$系统需求=(需求水平+需求趋势)×季节性需求$$

$$S_{t+1}=\alpha(A_t/I_t)+(1-\alpha)(S_t+T_t) \tag{3.9}$$

$$T_{t+1}=\beta(S_{t+1}-S_t)+(1-\beta)T_t \tag{3.10}$$

$$I_{t+L}=\gamma(A_t/S_t)+(1-\gamma)I_t \tag{3.11}$$

$$F_{t+1}=(S_{t+1}+T_{t+1})I_{t+1} \tag{3.12}$$

式中,

F_{t+1}:第 $t+1$ 期校正趋势和季节性因素后的预测值;

S_t:第 t 期的需求水平预测值;

T_t:第 t 期的需求趋势预测值;

I_t:第 t 期的季节性需求预测值;

L:季节的长度,即季节性需求的周期,如一年4个季节或12个月重复一次。

A_t:第 t 期的实际值;

t:时间;

α:需求水平平滑系数,$0<\alpha<1$;

β:需求趋势平滑系数,$0<\beta<1$;

γ:季节性指数基础上的平滑系数,$0<\gamma<1$。

[例 3.8] 某港口货物吞吐量的历史数据如表 3-10 所示,单位:万吨。假设需求水平的初始预测值 $S_1=330$,需求趋势的初始值 $T_1=0$,季节性周期为 4 个月,即 1、2、3、4 月为第一个季节性周期,季节性需求的初始预测值分别为第一周期中各月实际值与平均值之比。假设需求水平的平滑系数 $\alpha=0.1$,需求趋势的平滑系数 $\beta=0.3$,季节性需求的平滑系数 $\gamma=0.1$。请使用 Winters 模型,预测该港口 12 月的货物吞吐量。

表 3-10 某港口货物吞吐量   单位:万吨

月份	1	2	3	4	5	6	7	8	9	10	11	12
吞吐量	380	280	410	220	415	295	428	230	420	300	436	

解:分别计算需求水平、需求趋势和季节性。

$$S_2=\alpha(A_1/I_1)+(1-\alpha)(S_1+T_1)$$
$$=0.1\times(380/1.18)+(1-0.1)\times(330+0)=329.25$$

$$T_2=\beta(S_2-S_1)+(1-\beta)T_1$$
$$=0.3\times(329.25-330)+(1-0.1)\times0=-0.23$$

$$I_{1+4}=\gamma(A_1/S_1)+(1-\gamma)I_1$$
$$=0.1\times(380/330)+(1-0.1)\times1.18=1.18$$

$$F_2=(S_2+T_2)I_2=(329.25-0.23)\times0.87=286.25$$

以此类推,得到 $F_{12}=(350.90+2.81)\times0.65=230.95$,如表 3-11 所示。

所以,12 月的货物吞吐量为 230.95 万吨。

表 3-11　需求趋势与季节性需求校正后的指数平滑法预测结果　　　单位：万吨

月份	实际值 A	需求水平 S	需求趋势 T	季节性 I	系统需求 F
1	380.00	330.00	0.00	1.18	
2	280.00	329.25	−0.23	0.87	286.25
3	410.00	328.37	−0.42	1.27	416.93
4	220.00	327.41	−0.58	0.68	222.95
5	415.00	326.39	−0.71	1.18	382.87
6	295.00	328.41	0.11	0.87	284.64
7	428.00	329.71	0.46	1.27	419.01
8	230.00	330.88	0.68	0.68	225.84
9	420.00	332.17	0.86	1.19	394.71
10	300.00	335.17	1.50	0.87	292.77
11	436.00	337.50	1.75	1.27	431.51
12		339.60	1.86	0.68	233.06

（二）因果关系分析法

因果关系分析法（causal analysis）是从分析事物之间因果关系入手，通过统计分析和建立数学模型，揭示事物目标变量与其他变量之间的数量变化关系，对事物目标变量进行定量预测。因果关系分析法的应用有两种情况：一是有现成的因果关系式可以利用，如在销售价格一定的条件下，存在"销售收入－产品成本－税金＝利润"的关系，可直接利用这一因果关系式进行利润预测；二是无现成的因果关系式可以利用，而是要通过分析与计算一系列观察数据，先建立因果关系式，再进行预测。解决这类预测问题，常用方法有回归分析法、投入产出法、先行指标法等。

1. 回归分析法

回归分析法（egression analysis method）是根据数据统计原理，对大量统计数据进行数学处理，确定事物的预测变量（因变量）与其他影响变量（自变量）之间的相关关系，建立一个相关性较好的回归方程（函数表达式），并加以外推来预测因变量未来数据的分析方法。回归分析法是因果关系分析法中很重要的一种方法。

根据因变量和自变量的个数，回归分析法可分为一元回归分析和多元回归分析。一元回归分析只涉及自变量（影响变量）、因变量（预测变量）两个变量之间的因果关系。多元回归分析涉及多个自变量。无论一元回归分析或多元回归分析，都要注意正确选择自变量和收集尽可能多的数据资料。

根据因变量和自变量之间的关系，可分为线性回归分析和非线性回归分析。大多数非线性回归问题可以转化为线性回归问题进行处理。

（1）一元线性回归分析法

一元线性回归分析法（simple linear regression）主要用于研究两个变量之间的线性关系，一个自变量（X）和一个因变量（Y）。这种方法的基本假设是，因变量 Y 的值可以通过自变量 X 的值和一个误差项来预测，即表示为一种线性方程，$y=a+bx+u$。其中，a 是截距，b 是斜率，u 是误差项。这个误差项代表了那些不能被模型解释的因素。当预测对象只受一个主要因素影响,且它们之间存在明显的线性相关关系,可以采用一元线性回归分析法来预测。

假定因变量 y 和自变量 x 之间有明显的线性相关关系,现有两个变量的 n 组观察值 $(x_1,y_1),(x_2,y_2),(x_3,y_3),(x_4,y_4),\cdots,(x_n,y_n)$,则两个变量之间的线性回归方程为 $y=a+bx+u$。其中,a、b 为回归系数,u 为误差项,代表了那些不能被模型解释的因素。采用最小二乘法,计算可得到回归系数 a、b 的计算公式,即

$$b=\frac{\sum x_i y_i - n\bar{x}\bar{y}}{\sum x_i^2 - n\bar{x}^2} \quad a=\bar{y}-b\bar{x} \tag{3.13}$$

$$\bar{x}=\frac{1}{n}\sum x_i \quad \bar{y}=\frac{1}{n}\sum y_i \tag{3.14}$$

建立线性回归方程前,首先要对两个变量之间的线性相关关系进行检验。这主要通过两个变量的观察值进行数理统计分析时的 F 检验和 R 检验来进行。F 检验是已解释方差与未解释方差之比,F 越大回归效果越好。R 检验是已解释方差与总体方差之比,R 越接近 1,总体回归效果越好。两个变量之间若无相关关系,就不能进行回归分析。若存在相关关系,还要明确是线性关系还是非线性关系。大多数非线性回归问题,都可以转化为线性回归问题进行处理。

[例 3.9] 我国 2014—2023 年国内生产总值与全年货物运输周转量数据,如表 3-12 所示。对其进行相关分析,求出线性相关方程,做出显著性检验,并利用其预测当国内生产总值达到 1 300 000 亿元时的全年货物运输周转量。

表 3-12 我国国内生产总值与全年货物运输周转量

年份	货物运输周转量/亿吨公里	国内生产总值/亿元
2014	247 713	643 563
2015	231 744	688 858
2016	223 574	746 395
2017	196 618	832 035
2018	199 290	919 281
2019	205 452	986 515
2020	196 130	1 013 567
2021	185 295	1 149 237
2022	177 401	1 204 724
2023	184 619	1 260 582

数据来源:中国统计年鉴。

解:可以利用 SPSS/SAS/Excel 等软件进行回归分析。

利用 Excel 软件,我国 2014—2023 年国内生产总值与全年货物运输周转量数据的回归分析结果如表 3-13 所示。

表 3-13　我国国内生产总值与全年货物运输周转量回归分析结果

回 归 统 计	
Multiple R	0.914 191
R Square	0.835 744
Adjusted R Square	0.815 212
标准误差	9751.376
观测值	10

方差分析

	df	SS	MS	F	Significance F
回归分析	1	3.87E+09	3.87E+09	40.704 59	0.000 214
残差	8	7.61E+08	95 089 335		
总计	9	4.63E+09			

	Coefficients	标准误差	t Stat	P-value	Lower 95%	Upper 95%
Intercept	294 967.2	14 467.78	20.387 87	3.5E-08	261 604.5	328 330.0
X Variable	−0.095 49	0.014 966	−6.380 02	0.000 214	−0.13	−0.060 97

从表 3-13 可以看到，$a=294\,967.2$，$b=-0.095\,49\approx-0.095$；$R^2=0.84>0.8$，代表回归模型与实际数据的拟合程度比较高；$F$ 检验值$=40.704\,59$，F 检验的 P 值$=0.0002<0.05$，说明回归方程显著，回归效果较好，两个变量间存在明显的线性相关关系，自变量能够显著影响因变量。所以，国内生产总值与全年货物运输周转量之间的线性相关方程为：

$$Y=294\,967.2-0.095x$$

当 $x=1\,300\,000$ 时，$Y=294\,967.2-0.095\times1\,300\,000=171\,467.2$（亿吨公里）

当国内生产总值达到 1 300 000 亿元时，全年货物运输周转量预测值为 171 467.2 亿吨公里。

（2）多元线性回归分析法

多元回归指在回归分析中有两个或两个以上的自变量。现实中一种现象常与多个因素相联系，由多个自变量的最优组合共同预测因变量，比只用一个自变量进行预测更有效，也更符合实际。因此，多元线性回归的实用意义更大。

假设 y 为因变量，$x_1,x_2,\cdots,x_m$ 为 m 个自变量，建立多元线性回归方程

$$y=b_0+b_1x_1+b_2x_2+\cdots+b_mx_m \tag{3.15}$$

[例 3.10] 2016—2023 年某港口货物年吞吐量与该地区年国民生产总值、人均月收入的统计数据，如表 3-14 所示。如果该地区 2024 年国民生产总值预计为 451 亿元、人均月收入 1400 元，预测该港口 2024 年的货物年吞吐量。

表 3-14　某港口的货物吞吐量、地区的国民生产总值和人均收入

序号	年份 t	港口货物年吞吐量 y/万吨	国民生产总值 x_1/亿元	人均月收入 x_2/元
1	2016	714	215.8	900
2	2017	736	280.0	880
3	2018	645	338.4	950

续表

序号	年份 t	港口货物年吞吐量 y/万吨	国民生产总值 x_1/亿元	人均月收入 x_2/元
4	2019	537	321.6	1050
5	2020	595	344.7	1100
6	2021	630	378.5	1150
7	2022	733	409.5	1250
9	2023	980	444.0	1300

解：$y = b_0 + b_1 x_1 + b_2 x_2$，利用 Excel 求解

表 3-15　港口的货物吞吐量、地区的国民生产总值和人均收入的回归分析结果

回归统计	
Multiple R	0.424 383
R Square	0.180 101
Adjusted R Square	−0.147 86
标准误差	143.9618
观测值	8

方差分析

	df	SS	MS	F	Significance F
回归分析	2	22 762.49	11 381.25	0.549 155	0.608 697
残差	5	103 625	20 725		
总计	7	126 387.5			

	Coefficients	标准误差	t Stat	P-value	Lower 95%	Upper 95%
Intercept	330.9609	429.5285	0.770 521	0.475 803	−773.177	1435.099
X Variable 1	0.202 376	1.8843	0.107 401	0.918 647	−4.641 37	5.046 124
X Variable 2	0.276 144	0.867 117	0.318 463	0.763 007	−1.952 85	2.505 141

$b_0 = 330.9609, b_1 = 0.2024, b_2 = 0.2761$，回归方程为 $y = 330.96 + 0.2024 x_1 + 0.2761 x_2$
2024 年国民生产总值预计为 451 亿元、人均月收入 1400 元时，该港口 2024 年的货物吞吐量预测值为：$y = 330.96 + 0.2024 \times 451 + 0.2761 \times 1400 = 808.7824 \approx 809$（万吨）。

答：该港口 2024 年的货物吞吐量预测值为 809 万吨。

2. 投入产出法

投入产出分析是研究经济系统各个部分间表现为投入与产出的相互依存关系的数量经济分析方法，是在投入与产出的相互关系的模型的基础上通过观察投入量的变化来预测产出量的变化。

3. 先行指标法

在预测对象与其制约因素的相互联系时，有时出现某些因素先发生可观察的变化而后预测对象也发生变化的现象。先行指标法就是统计那些与所预测的序列同方向变动，但其变动发生在所预测的序列变动之前的变量数据，再利用这些先行变量来进行预测。

三、物流系统需求预测的误差分析

预测是由过去和现在去推测未来,除非极端巧合,否则出现预测误差是难免的。预测误差指某一时间间隔内的预测需求与实际需求的差异,计算公式为

误差 e_t = 预测值 S_t － 实际值 A_t。

其中,

e_t:第 t 期的预测误差;

S_t:第 t 期的预测值;

A_t:第 t 期的实际需求量。

为了反映预测效果的好坏,一般用平均方差(MSE)、平均绝对偏差(MAD)、平均绝对百分比误差(MAPE)、路径信号(TS)等误差分析指标来度量需求预测的准确度。

1. 平均方差

平均方差(mean squared error, MSE)是前 t 期预测误差平方和的平均值,计算公式为

$$\mathrm{MSE}_t = \frac{1}{t} \sum_{i=1}^{t} e_i^2 \tag{3.16}$$

2. 平均绝对偏差

平均绝对偏差(mean absolute deviation, MAD)是前 t 期预测误差绝对值的平均值,计算公式为

$$\mathrm{MAD}_t = \frac{1}{t} \times \sum_{i=1}^{t} |e_i| \tag{3.17}$$

3. 平均绝对百分比误差

平均绝对百分比误差(mean absolute precentage error, MAPE)是前 t 期预测误差与实际需求量比值的绝对值的平均值,计算公式为

$$\mathrm{MAPE}_t = \frac{1}{t} \times \left(\sum_{i=1}^{t} \left| \frac{e_i}{A_i} \right| \right) \times 100\% \tag{3.18}$$

4. 路径信号

路径信号(tracking signal, TS)是前 t 期预测误差之和与 MAD 的比值,计算公式为

$$\mathrm{TS}_t = \frac{\sum_{i=1}^{t} e_i}{\mathrm{MAD}_t} \tag{3.19}$$

通常,TS 的数值在 +6～-6 之间,用来判断采用的预测方法是否持续高估或低估了需求。如果 TS 数值不在这个范围,说明预测出现了偏差,需要改变预测方法来预测。TS>+6,说明预测高估了需求。TS<-6,说明预测低估了需求。

四、物流系统需求预测的特殊问题

(一)新需求预测

对新产品或新服务的预测,存在历史数据缺乏或不够多的问题。预测可以采用的方法有:

(1) 最初的预测任务由营销人员来做,积累一定的需求历史数据,再用现有预测方法。
(2) 利用生产线中类似产品的需求模式,估计新产品的销售情况。
(3) 使用指数平滑法进行预测,但在最初预测阶段要将指数平滑系数定得很高。

(二) 不规则需求预测

如果某种产品的需求由于总体需求量偏低,需求时间和需求水平非常不确定,那么需求就是间歇式的,这样的时间序列就是不规则的。这类需求的时间序列波动幅度较大,很难用通常的预测方法进行预测,通常采用特殊的预测技术或组合预测技术来预测。此外,不规则需求多发生在低需求产品上,对预测精度的要求并不很高,可根据具体情况适当调整预测值。例如,适当提高库存水平,以抵消需求预测的不精确性。

(三) 地区性预测

物流需求具有地域特点。地区性需求预测是先进行地区需求总量预测,再按各地区分配,还是直接对每一地区单独进行需求预测?一般来讲,先进行地区需求总量预测,再将需求总量分配到下面各地区,会比单独进行各地区需求预测的精度高、效果好。

(四) 组合预测

组合预测指对同一预测对象采用多种预测方法进行预测,其基本思想是认为任何一种预测方法都只能部分地反映预测对象未来发展变化的规律。只有采用多种预测方法进行预测,才能更全面地反映事物未来的发展变化。实践证明,在改善预测结果的准确度或可信度上,组合预测方法比单一预测方法具有显著优势。

组合预测方法的核心问题是如何处理多个预测结果。对于多个预测结果,组合预测方法采用预测结果的组合处理,其表达式是:

$$\hat{S} = \sum_{i=1}^{n} \omega_i \hat{S}_i \tag{3.20}$$

式中,

$\hat{S}$:组合预测值,即经组合处理后的最终预测结果;

$\hat{S}_i$:第 i 种预测途径获得的中间预测值;

ω_i:第 i 个中间预测值被赋予的权重系数,$\sum_{i=1}^{n} \omega_i = 1, i = 1, 2, \cdots, n$;

n:中间预测值的数目。

五、物流系统需求预测的注意事项

未来物流的发展是错综复杂的,不可能准确地把全部复杂关系都做出定量描述。目前所使用的数学工具也难以把所有影响因素之间错综复杂的非线性关系都用恰当的数学公式表示出来,往往只能舍弃次要因素,用线性规划或其他方法简化关系,这自然带来了误差。因此,物流系统需求预测带有不确定性。然而,在考虑物流系统对象尽可能多的影响因素基础上,根据尽可能可靠可信的资料数据,采用现有的预测方法进行预测,可以得到一幅显示物流系统对象未来发展的较为清晰的图景,这比单纯依靠直观估计的结果要明确得多。所以,预测人员在进行物流系统实际预测活动时,应注意以下问题。

(一) 预测结果的可信度

各种预测模型中,只有回归分析预测模型提供了可信度结论,而其他模型都没有给出结果的可信度。对预测结果组合处理后,最终预测值也没有、也不可能给出可信度。这个困难尚有待预测科学本身的发展去解决,但在预测实践中却不可因此裹足不前。

(二) 预测方案

实际预测活动中尽可能给出多个预测方案,增加决策的适应性和调整性,避免因单一方案造成决策的刚性。

(三) 拟合度与精度

拟合度指预测模型对历史观察值的模拟程度。一般来讲,对既定的历史数据总可以找到拟合程度很高的模型,但预测人员也不应过分相信拟合度越高,预测结果越准确的结论。预测准确性的高低属于预测精度问题。预测模型的拟合度高,不一定预测精度也高。当然,预测模型的拟合度太差,也是不妥当的。

(四) 预测期限

预测按照预测时间可分为长期预测和中短期预测。一般来说,对短期预测较好的模型,不一定对长期预测也好,反之亦然。从预测精度上讲,中短期预测更准确,对中短期预测的精度要求应高于长期预测。

(五) 预测模型

现在有将预测模型复杂化、多因素化的趋势。虽然这种发展趋势一般有利于提高预测精度,因为包括了更多因素的影响。但有时复杂模型不一定比简单模型好,而且因素过多,对这些因素的未来值也不易判断。在具有同样预测精度的情况下,预测模型越简单越好。

(六) 数据处理与模型调整

如果某个模型预测的误差较大,人们往往采取对原始数据进行平滑处理和修改模型的方法去解决。这实际上是在回避矛盾。数据异常总有原因。预测人员首先应关注和研究数据异常原因,考虑这些原因对预测活动的影响。

(七) 实际与想象

很多预测人员在预测活动开始时就对预测对象的未来发展做了设想,并以此想象来不断地修正预测结果。其实,这是一种本末倒置的做法,尤其是对中间预测值的取舍及组合处理时,应力求避免这一易犯的错误。

（八）预测的复杂性

预测人员对预测的复杂性要有深入的认识。预测总是在假定事物未来的发展和现在已知或过去发生的事物有关的基础上进行的，但又不是简单的数学方程式的推断。预测无法避免社会经济发展过程中同时带有规律性和偶然性的矛盾。由于社会经济运动具有一定的规律性，从过去的变化和估计将会发生的影响去推断未来，这正是事物可以预测的理由。当然，社会经济的发展也有偶然性，特别是人为因素在其中所起的作用，又使得物流运动具有很大的不确定性，造成物流系统预测不可能十分准确。因此，只能根据经济发展的规律，在某一可能的范围内大体预测某一时期某些物流变量的数值。

有人认为物流预测既是一门科学，也是一门艺术。作为一门科学，是因为经济运动是有规律的，并且人们已经初步掌握了一些规律，做出许多成功的预测。作为一门艺术，是因为人们对经济规律的认识还很不充分，预测的方法也很不完善，这使得物流预测没有严格的章法可循，预测的准确与否在很大程度上取决于预测者对经济发展和未来影响因素微妙变化的感知能力。总之，预测是必要的，又是有局限性的。

本 章 小 结

1. 物流系统需求指对物流服务的需求，是一定时期内社会经济活动对生产、流通、消费领域的物品配置而产生的对物品实体流动在空间、时间、效率和效益等方面的需求，通常涉及包装、运输、储存、配送、装卸搬运、流通加工、物流信息等方面需求。

2. 物流系统需求的特征体现在需求量和需求结构、需求的时间和空间特征、需求的规律性和非规律性、需求的派生性和独立性。物流系统需求的量化指标选择应遵循绝对量与相对量互补、统一度量衡、静态与动态兼顾三个原则。

3. 预测是由过去和现在去推测未来，指根据历史资料和现实情况，利用已掌握的知识和手段，对事物的未来或未知状况进行的事前预先推知和判断，目的是为计划和决策提供依据。预测的基本要素包括预测信息、预测技术、预测分析与预测判断。

4. 物流系统需求预测的原理有可知性、可能性、可控性、系统性、连续性、类推性、因果性、相关性、反馈性、可检性、经济性。物流系统需求预测的步骤是确定预测目的和目标、资料收集和数据分析、选择预测方法、建立预测模型、模型检验与修正、预测实施与结果分析。

5. 从预测方法本身的性质出发，物流系统需求预测方法可分为两大类，即定性预测方法和定量预测方法。定性预测方法有头脑风暴法、德尔菲法。定量预测方法有时间序列分析法和因果关系分析法两类。

6. 时间序列分析法包括简单平均法、加权平均法、移动平均法、加权移动平均法、指数平滑法等，适用于外界影响比较稳定条件下的短期预测。因果关系分析法有回归分析法、投入产出法、先行指标法等。

7. 物流系统需求预测的误差分析指标主要有平均方差（MSE）、平均绝对偏差（MAD）、平均绝对百分比误差（MAPE）、路径信号（TS）等。

8. 物流系统需求预测的特殊问题有新需求预测、不规划需求预测、地区性需求预测、组合预测。进行物流系统实际预测活动时,应注意预测结果的可信度、准备多个预测方案、预测模型的拟合度与精度、预测期限、预测模型的简洁性、原始数据处理与模型调整、实际与想象、预测的复杂性等事项。

案 例 研 讨

ZG 港物流中心的需求预测实例

案例 3-1

练习与思考

练习 3-1

第 四 章

物流系统网络规划与设计

本章学习目标:

1. 掌握物流系统网络的含义与组成要素;
2. 掌握物流系统网络的基本形式及其特点;
3. 了解物流系统网络主要形式的组织方式;
4. 了解物流系统网络规划设计的原则与方法;
5. 掌握物流系统网络规划设计的影响因素。

本章核心概念:

物流系统网络　网络形式　规划设计

 导入案例

顺丰速运物流网络

顺丰速运是国内领先的快递物流综合服务商。从客户需求出发,顺丰速运利用大数据分析和云计算技术,为客户提供仓储管理、销售预测、大数据分析、结算管理等一体化的综合物流服务解决方案。顺丰拥有通达国内外的庞大物流网络,是一家具有网络规模优势的智能物流运营商,拥有"天网＋地网＋信息网"三网合一、可覆盖国内外、国内同行中网络控制力最强、稳定性最高,也是最独特稀缺的综合性网络资源。

自1993年成立以来,顺丰每年都投入巨资完善由公司统一管理的自有服务网络:从蜗居中山,到立足珠三角,到布局长三角;从华南先后扩展至华东、华中、华北;从大陆延展到香港、台湾,直至海外。顺丰目前有庞大的服务网络,在中国大陆已建有四个分拨中心、近一百个中转场以及两千个营业网点,覆盖国内近两百个大中城市及九百个县级市或城镇。

顺丰速运的物流网络,如图4-1所示。

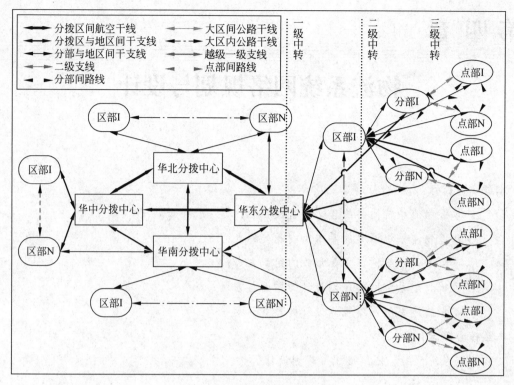

图 4-1 顺丰速运的物流网络

资料来源(有删改)：http://www.sf-express.com/cn/sc/.

思考：顺丰速运的物流网络由哪些要素组成？它属于哪种物流网络结构模式？

第一节 物流系统网络的含义和组成要素

一、物流系统网络的含义

物流系统网络(logistics system network)，简称物流网络(logistics network)，是物流系统的空间网络结构，是物流活动的载体。它是指物品从供应地到需求地的整个流通渠道的结构，包括物流节点的类型、数量与位置，节点所服务的相应客户群体，节点的连接方式以及货物在节点之间空间转移的运输方式等。合理的物流网络，对于提高物流系统的效率和效果十分重要。

图 4-2 是物品从供应方向需求方流动的网络示意图。从图中可看出，物品流动的过程，如果按其运动的程度即相对位移大小来观察，它是由一系列的运动过程和停顿过程组成的。其中，停顿也可以理解为运动速度为零。一般情况下，两次不连续的运动过程中都有一次或长或短的停顿过程，而一次停顿往往也连接两次不连续的运动过程。物流的过程，表现为多次的运动→停顿→运动→停顿……

将产品流动全过程经过的运动线路和停顿点连接起来，就构成一个网络，这就是物流网络。所以，与这种运动形式相对应，物流系统网络是由执行运动使命的各种运输方式和执行停顿使命的节点两种基本元素组成。各种运输方式与节点相互联系、相互匹配，通过不同的连接方式与结构组成，形成不同的物流系统网络。物流系统网络的辐射能力大小、功能强弱、结构合理与否直接取决于网络中运输方式与节点这两种基本元素的匹配程度与方式。

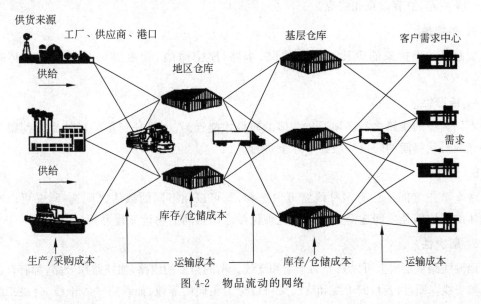

图 4-2　物品流动的网络

二、物流系统网络的组成要素

由物流系统网络的含义和顺丰速运的物流网络可以看出，物流系统网络主要由运输线路和物流节点构成。在一个物流系统网络中，不同层级、不同类型的物流节点之间的连接必须通过运输有效地连接起来。物流系统中的所有活动都是在运输线路和物流节点上进行的。

运输线路包括公路运输、铁路运输、水路运输、航空运输、管道运输等运输方式和运输路线的选择，完成物品在节点之间的运输活动。

物流节点是物品从供应地到需求地流动过程中经过停靠的地方，如制造商，供应商，零售商，物流企业的仓库、配送中心与物流中心，以及物流终点与起点等。在物流节点，主要完成物流系统中的仓储、配送、包装、装卸搬运、流通加工、物流信息收集处理等活动。物流中心和配送中心是物流系统网络的重要节点。

三、物流系统网络的节点和线路

物流系统网络由运输线路和物流节点构成。节点和线路在物流系统网络中发挥着不同的作用。

（一）运输线路

物流系统网络中的运输线路包括运输方式和运输路线，一般具有以下特点：

1. 方向性

一般在同一条线路上,有两个方向的物流同时存在。

2. 有限性

一条线路,总有起点和终点。

3. 多样性

线路是一种抽象的表述,公路、铁路、水路、航空路线、管道等都是线路的具体存在形式。

4. 连通性

不同类型的线路之间必须通过载体的转换才能连通,而且任何不同的线路之间都是可以连通的。线路间的转换一般在节点上进行。

5. 选择性

两个节点之间往往有多种线路可以选择,既可以在不同的载体之间选择,又可以在同一载体的不同路径之间选择。物流系统理论要求两点间的物流流程最短。

6. 层次性

运输线路从层次上可以划分为干线和支线。不同类型的线路,如铁路和公路,都有自己的干线和支线。而且,各自的干线和支线又可以分为不同的等线,如铁路一线干线、公路二级干线等。根据载体类型,运输线路可以分为铁路线、公路线、水路线、航空线、管道线五类。

(二) 物流节点

物流系统中的所有活动都是在运输线路和物流节点上进行的。其中,在线路上进行的活动主要是运输,包括集货运输、干线运输、支线运输、配送运输等。物流系统中的其他活动,如包装、仓储、装卸搬运、集货、配货、分货、流通加工、物流信息收集处理等,都是在节点上完成的。从这个意义上讲,物流节点是物流系统中非常重要的部分。实际上,物流线路上的活动也是靠节点组织和联系的。如果离开了节点,物流线路上的活动必然陷入混乱甚至瘫痪。

我国物流节点的种类很多,在不同运输线路上节点的名称也各异,这是受物流学科形成之前,交通运输、外贸、商业等领域各自发展而形成的行业性叫法。例如,在铁路运输领域,节点的称谓有货运站、专用线货站、货场、转运站、编组站等;在公路运输领域,节点的称谓有货场、车站、转运站、枢纽等;在航空运输领域,节点的称谓有货运机场、航空港等;在商贸领域,节点的称谓有流通仓库、储备仓库、转运仓库、配送中心、分货中心等。从发展看,物流节点不仅执行一般的物流职能,而且越来越多地执行协调管理、指挥调度、信息服务等神经中枢的职能,是整个物流网络的灵魂所在,因而更加受到人们的重视。因此,在有的场合,物流节点也称为物流据点,对于特别执行中枢功能的节点又称为物流中枢或物流枢纽。

1. 物流节点的功能

(1) 物流处理功能

物流节点是完成各种物流功能、提供物流服务的重要场所。在物流节点,完成仓储保管、物流集疏、流通加工、包装分装、分拣配货等物流功能活动。

(2) 衔接功能

物流节点不仅将各运输线路相互衔接而形成一个相互贯通、错综复杂的物流系统网络，而且将各种物流活动在物流节点有效地整合而实现无缝连接，提高整个物流系统的效率。例如，美国沃尔玛在物流节点成功地运用货物对接的衔接技术，减少了物流节点的库存量，又没有引起运输成本升高，从而提高了整个物流系统的效率和效益。

物流节点的衔接功能主要体现在两个方面：

① 通过物流节点，将不同运输方式或同一运输方式的不同路段连接起来，实现干线运输与干线运输、干线运输与支线运输的衔接。

② 通过物流节点，将运输、包装、装卸搬运、仓储保管、流通加工、分拣配送等物流功能活动有效地连接起来，实现物流作业一体化。

(3) 信息功能

物流节点是整个物流系统物流信息收集、处理、传播扩散的集中地。在现代物流系统中，每一个物流节点都是一个物流信息节点。若干个这种类型的物流信息节点和物流信息中心结合起来，便构成了指挥、调控、管理、调度整个物流系统的信息网络。物流系统网络的规划设计过程其实也是物流信息系统网络的规划设计过程。

(4) 管理功能

物流系统中的管理设施和机构基本集中设置于物流节点中。从现代物流系统的观点看，物流节点是集管理、调度、信息和物流处理于一体的物流综合设施。整个物流系统的运转是否有序、合理和高效都取决于物流节点的管理水平。物流系统网络规划也是物流组织结构与管理方式的规划。

2. 物流节点的种类

不同类型的物流节点，在物流系统网络中发挥的作用不同。根据物流节点发挥的主要功能不同，物流节点可分为四种类型。

(1) 转运型物流节点

转运型物流节点是以连接不同运输方式或同一运输方式为主要功能的物流节点，是处于运输线路上的中转节点。例如，公路货运站、铁路货运站、公铁联运站、港口码头、水陆联运站、空运转运站等，都属于转运型物流节点。一般而言，转运型物流节点处于运输路线上，以转运为主，货物在这种节点停留的时间较短。

随着物流服务的快速、准时、低成本的发展趋势，转运型物流节点已经成为物流服务目标实现与否的关键因素。转运型物流节点具有装卸搬运、存储、配载及一定的流通加工和信息服务功能，在这个意义上，同物流中心、配送中心有一定的共性，但其主要功能体现在交换运输上。因为现代物流系统的运作往往以综合运输体系为依托，而多种运输方式之间的转换往往是在转运型物流节点进行。

(2) 储存型物流节点

储存型物流节点是以储存保管货物为主要职能的节点。货物在这种节点中停留时间较长。在物流系统中，储备仓库、营业仓库、货栈都属于这种类型的物流节点。值得注意的是，尽管仓库职能在近现代物流系统中发生很大的变化，一大部分仓库转化为不以储备为主要职能的流通仓库或流通中心，但任何一个国家为了保证社会经济的正常运行，保证市场的流转，仓库的储备职能仍将长期存在。

（3）流通型物流节点

流通型物流节点是以组织物资快速流转为主要职能的节点。流通仓库、集货中心、分货中心、配送中心就属于这种类型。

① 流通仓储

流通仓储除了具有储存功能，更重要的是具有较强的组织货物流通的能力。它和一般仓库的不同之处在于：

- 仓库的位置不同。普通仓库一般位于地价较低的偏远地区，而流通仓库则为了实现货物的快速流通，往往选址于交通条件较好的地区。
- 仓库相对的吞吐能力不同。普通仓库中货物往往存放时间较长，周转速度较慢，而流通仓库中货物往往周转速度较快，货物在仓库中的相对停留时间较短。
- 仓库的内部构造和机械装备不同。普通仓库内部规划是以存货场地为主，作业机械较少，而流通仓库进出货物及理货工作所占面积相对较大，库内机械设备数量较多，运行频率高，通道面积比例大。

② 集货中心

集货中心是将一定范围内分散的、小批量的但总量较大的货物集中起来，以便进行大批量处理或大批量运输的物流节点。

③ 分货中心

分货中心是将集中到达的大批量货物进行处理，以满足小批量、多频次物流作业需求的场所。

④ 配送中心

配送中心是以组织配送性销售或供应、执行实物配送为主要职能的流通型物流节点。它是从英文词组 distribution center 翻译而来，指商品集中、出货、保管、包装、加工、分类、配货、配送的场所或经营主体。《中华人民共和国国家标准物流术语》(GB/T 18354—2006)对配送中心(distribution center)的定义是：配送中心是从事配送业务具有完善的信息网络的场所或组织，应基本符合下列要求：主要为特定的用户服务；配送功能健全；辐射范围小；多品种、小批量、多批次、短周期；主要为末端客户提供配送服务。

配送中心是流通企业大型化、规模化的必然产物，20 世纪 70 年代在发达国家应运而生，发展迅速。在我国，随着流通业的高速发展，配送中心在一些行业、区域、中心城市开始崛起，很好地解决了用户多样化需求和厂商大批量专业化生产的矛盾，逐渐成为现代化物流的标志。

（4）综合型物流节点

综合型物流节点指物流系统中全面实现两种以上主要功能，并将若干功能有机地结合为一体，设施完善、有效衔接和协调供应的集约型物流节点。这种物流节点是为适应物流大规模化和复杂化、精益化、高效化的要求而出现的，是现代物流系统中节点的主要发展方向。

第二节 物流系统网络的形式

一、物流系统网络的基本形式

物流系统网络是物品从供应地到需求地的整个流通渠道的结构。综合分析,物品从供应地送到需求地,一般可采用三种基本的物流网络形式,如图4-3所示。

一是直送形式,即一个或多个供应地物品直送到一个或多个需求地,如4-3(a)所示。

二是回路运输形式,即从一个供应地提取物品,连续运送到多个需求地,或从多个供应地连续提取物品后送到一个需求地,如4-3(b)所示。回路运输的线路是一种旅行商问题(TSP)的线路形式,也称为"送奶路线"(milk run)网络形式。

三是经过物流节点的中转运输形式,即多个供应地物品经过物流节点处理后再送到多个需求地,如图4-3(c)所示。需要说明的是,图4-3(c)只是一般的中转运输形式,多个供应地物品可以用直送形式运到物流节点,也可以用"送奶路线"形式集货运到物流节点。同样,物品经过物流节点后到需求地的运送形式也是如此。这种物流网络形式是一种可以普遍应用于经济活动的集运物流形式。

物流系统网络中的其他形式都可以看作是这三种基本形式的组合或变形。

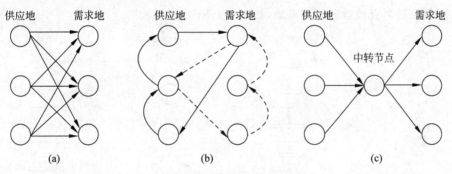

图4-3 物流系统网络的基本形式

二、直送形式

直送形式是物品从供应地直接送到需求地。直送形式的优点是:环节少,从供应地到需求地的运送时间短;不需中转节点,没有节点建设及运营费用;操作和协调简单易行,效率可能比较高。缺点是:需求地需求规模足够大,每次运输量与运输工具最大装载量相接近,直送网络的经济效果才较好。如果需求地的需求量过小,运输工具达不到满载运输,则直送网络的运送成本会较高。

从供应地的供货厂家角度看,这种直送网络可行的主要条件是:

(1)厂家必须有强大的送货车队(可利用第三方车队)。

(2)厂家必须有足够的仓储能力(可利用第三方仓储)。

（3）厂家的客户数量不多，每个客户的运输需求量达到或接近运输工具的额定装载量，且分布在离厂家不远的地方。如果客户数量太多，超过了厂家运输车队和仓储能力能够支持的运输规模，可能造成效率反而下降、运输成本高，影响运送周期和服务水平。

对于厂家来说，采取直送形式主要还是出于营销方面的原因。另外，对于销售业绩没有得到市场检验的新产品，因为销售批量小，通常也会采用直送形式运送到需求者手中。在销售前途不明的情况下，厂家不会贸然去建设复杂的物流网络。

从需求地的接货门店角度看，这种直送网络可行的主要条件是：

（1）送货厂家不能太多。送货厂家太多，门店会穷于应付厂家送货，需要门店有较大的接货场地和停车场。同时，送货厂家车辆的排队时间会增加，门店的接货成本会大大提高。

（2）每次送货量要合适。每次送货量太大，门店需要具有较充足的储存保管场所。每次送货量太少，会增加厂家送货次数，增加门店接货成本。

（3）送货厂家相对稳定。送货厂家经常变动，会增加物品检验费用。因为，新厂家送来的货不享受免检条件。

三、利用"送奶路线"（milk run）的直送网络形式

这种物流网络结构形式是一对多或多对一，即通过一台运输工具，把一个供应地货物直接运送到多个需求地，如图4-4(a)所示；或通过一台运输工具，从多个供应地先后装载一个需求地货物后再直接运送到需求地，如图4-4(b)所示。

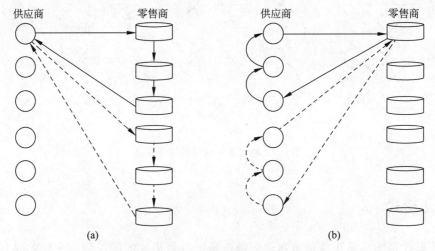

图 4-4 利用"送奶路线"的直送网络形式

实践中，每个需求商对一个厂家的物品需求量或每个供应厂家对一个需求商的物品供应量总是有限的，往往很难达到满载运输量。"送奶路线"通过将多个需求商对一个供应厂家的物品需求（一对多），或将一个需求商对多个供应厂家的物品需求（多对一）集中装载在一台运输工具上，实现联合运输，更好地利用了运输工具载运能力，从而降低运输成本。如果多个供应厂家或多个需求商在空间上相互靠近，而多个供应厂家与某一需求商或多个需求商与某一供应厂家之间存在经常性的小批量物品运送，采用"送奶路线"运输将显著地降

低成本。例如,丰田公司在美国和日本的JIT制造系统中广泛使用"送奶路线"运输。在美国,丰田公司多个供应商在地理空间上很接近,因而利用"送奶路线"将多个供应商的汽车零部件集货运送到位于肯塔基州的一家汽车装配厂。而在日本,丰田公司则利用"送奶路线"将单个供应商的零部件运送到地理空间上很接近的多个装配厂。

四、通过物流节点中转的物流网络形式

(一)通过一个物流节点中转的直送物流网络形式

在这种物流网络形式中,物品不是直接从供应地运往需求地,而是先直运到物流节点中转后,再直运到需求地,如图4-5所示。物流节点通常是物流中心或配送中心,起中转作用。在物流节点,通常完成储存、分拣、加工、配货、理货等一些物流作业。而在供应地和物流节点之间和物流节点与需求地之间均采用直送形式。在零售供应物流网络中,通常根据空间位置将众多的零售店划分成几个区域,每个区域建立一个配送中心。供应商的物品先送至相应的配送中心,然后由配送中心进行分拣、配货、理货后,再选择合适运输方式,将物品送到零售店。由于一家零售店对某一供应商的库存物品补给量有限,而通过配送中心,可以将一家零售店对多个供应商的库存补给物品需求集合在一起运送,从而降低运输成本。

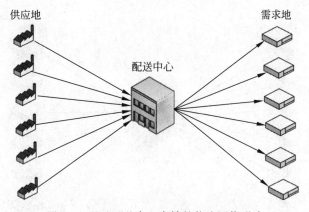

图 4-5 通过配送中心中转的物流网络形式

通过物流节点中转的物流网络模式的核心集中体现在:收集(collection)、交换(exchange)和发送(delivery),简称CED模式。物流节点是供应地和需求地之间运输的中间环节,一方面进行货物库存保管与分拣,另一方面则起着各种运输方式转换与货物交换的作用,以此降低整个物流网络的成本耗费。

如果运输的规模经济要求大批量进货,而需求地的需求量又较少,那么物流节点就保有这些库存,并为需求地的库存更新进行小批量送货。例如,美国沃尔玛的配送中心从海外供应商处大批量进货,并把商品保存在配送中心,再为服务的沃尔玛零售店提供小批量的送货服务。

如果需求地对某一供应地的产品需求规模大到足以获取进货的规模经济效益,物流节点就没必要为需求地保有库存了。这种情形下,物流节点通过把进货分拣成运送到每一个需求地的较小份额,并与来自不同供应地的产品进行对接。这种方式称为对接仓储或货物

对接(cross-docking)。配送中心进行货物对接时,每一辆进货卡车上装有来自同一个供应地并将运送到多个需求地的货物,而每一辆送货卡车上则装有来自不同供应地并将被运送至同一个需求地的货物。

货物对接的主要优势:无须库存;加快了物流网络中产品的流通速度;不需货物从仓库中搬进搬出,减少了物流处理成本。

成功的货物对接常常需要高度的协调性和进出货物的节奏高度一致。货物对接适用于大规模的可预测商品,要求建立配送中心,以便在进、出货两个方面的运输都能获得规模经济。

沃尔玛运用货物对接,不但减少了物流网络中在途库存量,而且没有引起运输成本升高。具体做法:沃尔玛在一个区域内建立许多由一个配送中心支持的商店。在进货方面,所有商店从供应商处的进货能装满卡车并获得规模经济。在送货方面,为了获得规模经济,把不同供应商运往同一零售店的货物装载在一辆卡车上。

(二)通过一个物流节点中转并使用"送奶路线"配送与集货的物流网络形式

通过物流节点中转的物流网络模式中,如果每个需求地的要货规模较小,物流节点(配送中心)就要使用"送奶路线"向需求地供货,通过拼装各需求地的小批量运送量来减少送货成本,如图 4-6 所示。

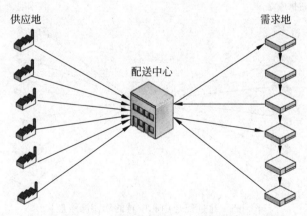

图 4-6　配送中心使用"送奶路线"的物流网络形式

在流通领域的连锁经营中,如便利店、超市,由于单个便利店、超市向所有供应商的进货量往往不足以装满一辆配送车辆,而将来自所有供应商的货物在配送中心进行货物对接,并通过"送奶路线"向连锁的多个便利店、超市送货。货物对接和"送奶路线"的使用,降低了物流节点向每一家连锁店配送商品时的成本。当然,通过物流节点使用货物对接和送奶路线,要求物流节点前端的收货和后端的送货之间有高度的协调性以及合理规划与安排对连锁店的送货路线。在 B2C 网上交易中,网上商店在向客户送货时,也是从配送中心使用送奶路线送货,以便减少小规模送货上门的运输成本。

(三)通过多个物流节点中转的物流网络形式

这是由通过物流节点中转的物流网络模式演变而来的一种物流网络模式,通常通过两类物流节点,即物流中心和配送中心,采用"物流中心＋配送中心"(logistics center + distribution center,LD)的模式,如图 4-7 所示。物流中心更多地侧重于为上游供应厂商方面提供服务与货物中转业务。配送中心则更多地侧重于为下游客户方面提供服务。

这种网络模式通过多级物流节点进行货物运送,实现物流规模化处理,降低了物流总成本。这种物流网络模式广泛存在于一些范围较大的经济区域内,一些大型企业的销售物流网络也是这种模式。

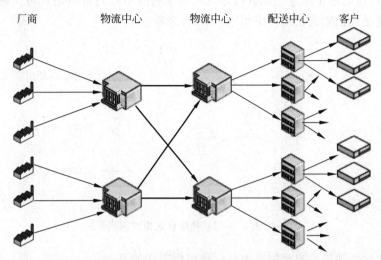

图 4-7 多物流节点中转的 LD-CED 物流网络形式

五、轴辐式物流网络形式

前面讲的几种物流网络模式,其货物运输都是单向的,即从一个地方运送到另一个地方,没有考虑车辆返回的空载率。为了提高物流系统的效率,必须建立一种双向运输网络。

hub-and-spoke(轮辐、辐条)网络结构就是其中一个很有名的双向运输网络模式,称为轴辐式或中枢辐射式网络形式。它是通过中转进行双向运输的网络结构,是干线运输与地方支线运输相结合的网络。这种网络在现实中有广泛应用,如航空运输管理、第三方物流运输管理、邮政包裹业务、供应链管理等。另外,这种网络可应用于通信网络的信息传输。

这类网络由一些节点组成,每对节点之间双向都有一定的运输量,形成两条 OD 流(origin-destination,即从起点到终点的运输流)。网络规划问题是如何选择中枢节点,使得每条 OD 流通过一或两个枢纽节点(hub)后到达目的地。由于中枢节点之间干线运输的规模经济效应,虽然运输距离与运输时间有所增加,但总的运输成本降低了。

轴辐式物流网络形式根据枢纽节点的多少,可以分为单一枢纽站轴辐式物流网络和多枢纽站轴辐式物流网络。单一枢纽站轴辐式物流网络根据站点之间连接关系,可进一步分为单一枢纽站纯轴辐式物流网络和单一枢纽站复合轴辐式物流网络。多枢纽站轴辐式物流网络根据枢纽节点与站点之间连接关系,可进一步分为多枢纽站单一分派轴辐式物流网络和多枢纽站多分派轴辐式物流网络。

(一) 单一枢纽站轴辐式物流网络形式

1. 单一枢纽站纯轴辐式物流网络形式

单一枢纽站纯轴辐式物流网络是由若干站点(depots)和一个枢纽节点组成。这些站点覆盖了由相关集货和递送点所组成的区域，同时这些站点又与枢纽节点相连。站点与站点之间没有连接，因此两个站点之间的物流货物必须通过站点到枢纽站点再到站点的运输实现。单一枢纽站纯轴辐式物流网络模式，如图4-8所示。

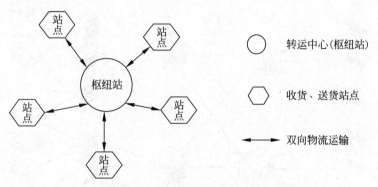

图 4-8 单一枢纽站纯轴辐式物流网络形式

单一枢纽站纯轴辐式物流网络中的运输组织工作如下：

第一运输阶段：收货站点收集其服务区内货主货物(集货)并把货物运送到相应站点。

第二运输阶段：不同站点将收集的目的地不是本站服务区的货物选择合适的运输方式运到枢纽站点转运。

第三运输阶段：在枢纽站点将来自不同收货站点的货物按照去向的不同进行分类组合，并选择合适的运输方式将货物由枢纽站点运送至相应的送货站点。

第四运输阶段：送货站点将货物递送至收货客户，完成整个货物的运输过程。一般地讲，集货与递送货物的工作往往合二为一，收货站点与送货站点也合二为一。

在这样的物流网络中，货物移动过程分为两个部分，即干线运输和本地运输(包括集货和递送)。干线运输通常是在收货站点与转运功能的枢纽站点之间和枢纽站点与送货站点之间的长途运输，一般采用大运量的运输方式，公路运输一般采用大型卡车。本地运输则在收货站点或送货站点的服务覆盖区域内，采用小型运输车辆的短途公路(城市道路)运输方式来实现。

单一枢纽站纯轴辐式物流网络中货物运输的具体组织方式，如图4-9所示。

从图4-9可看出，单一枢纽站纯轴辐式物流网络像一个车轮的轮辐，故称这种网络为hub-and-spoke网络结构。单一枢纽站纯轴辐式物流网络的网络辐射能力较弱，辐射范围小，一般适用于区域性运输服务网络。

2. 单一枢纽站复合轴辐式物流网络形式

单一枢纽站复合轴辐式物流是纯轴辐式物流网络的扩展。在这种物流网络形式中，站点与站点之间根据实际情况可以有连接。因此，站点之间的货物运输可以直接由收货站点运至送货站点，而不通过枢纽站点转运。特别是当发送到送货站点的货物是整车时，这种网络形式可有效地缩短运输时间，降低运输成本。

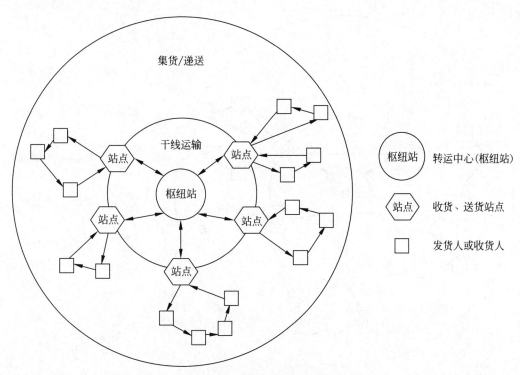

图 4-9　单一枢纽站纯轴辐式物流网络中货物运输组织方式

单一枢纽站复合轴辐式物流网络形式,如图 4-10 所示。

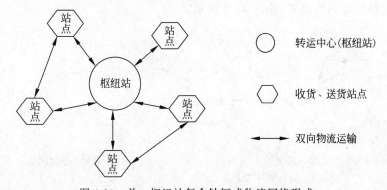

图 4-10　单一枢纽站复合轴辐式物流网络形式

单一枢纽站复合轴辐式物流网络与纯轴辐式物流网络,两者在服务能力、服务范围上基本相同,都适用于区域性运输服务网络。但在网络构成和运输组织上,复合轴辐式网络与纯轴辐式网络存在较大差异,其运输组织更加复杂灵活。

单一枢纽站复合轴辐式物流网络的货物运输组织方式,如图 4-11 所示。

(二)多枢纽站轴辐式物流网络形式

1. 多枢纽站单一分派轴辐式物流网络形式

多枢纽站单一分派轴辐式物流网络形式中,收货、送货站点与纯轴辐式网络一样,必须

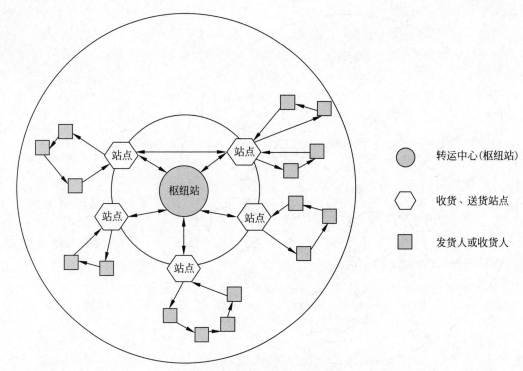

图 4-11　单一枢纽站复合轴辐式物流网络的货物运输组织方式

唯一地与其中一个枢纽站点连接；所有出发和到达的货物，也必须在其所对应的枢纽站点进行处理。这种物流网络形式，如图 4-12 所示。

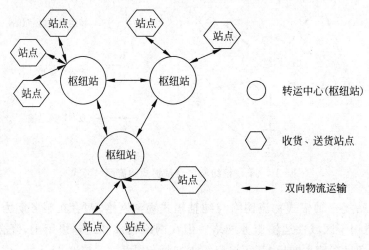

图 4-12　多枢纽站单一分派轴辐式物流网络形式

在多枢纽站单一分派轴辐式物流网络中，货物运输流转的组织方式如下：

第一运输阶段：集货过程，收货站点收集其服务区内货主货物（集货）并把货物运送到相应的站点。

第二运输阶段：不同站点将收集的目的地不是本站服务区的货物选择合适的运输方式

运到相对应的唯一分派的枢纽站点转运。

第三运输阶段：在枢纽站点，将来自本服务区域内不同站点和其他枢纽站的货物按照去向的不同进行分类组合。如果货物是其他枢纽站点服务区域内的，则选择合适的运输方式将货物在枢纽站点之间转运，运送至相应的枢纽站点。

第四运输阶段：如果货物是本枢纽站点服务区域内的，也选择合适的运输方式将货物由本枢纽站点运送至相应的送货站点。

第五运输阶段：送货站点将货物递送至收货客户，完成整个货物的运输过程。一般地讲，集货与递送货物的工作往往合二为一，收货站点与送货站点也合二为一。

在多枢纽站单一分派轴辐式物流网络形式中，货物的整个移动过程分为主要干线运输、干线运输和本地运输（包括集货和递送）三种形式。

① 主要干线运输：枢纽站点与枢纽站点之间的长途运输，一般用大运量运输方式。

② 干线运输：在收货站点与枢纽站点间和枢纽站点与送货站点之间的长途运输，一般也用大运量的运输方式，如大型卡车。

③ 本地运输：在收货站点或送货站点的服务覆盖区域内，采用小型车辆的短途公路（城市道路）运输方式来实现收货或送货。

多枢纽站单一分派轴辐式物流网络形式的货物运输组织方式，如图 4-13 所示。

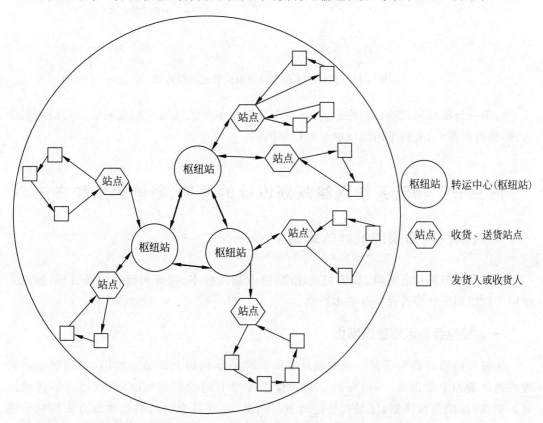

图 4-13　多枢纽站单一分派轴辐式物流网络形式的货物运输组织方式

多枢纽站单一分派轴辐式物流网络形式的辐射能力强，辐射范围广，适用于跨区域的运输服务网络。

2. 多枢纽站多分派轴辐式物流网络形式

多枢纽站多分派轴辐式物流网络形式，允许收发货站点与多个枢纽站相连。收发货站点可以根据枢纽站拥挤、交货期要求等实际情况，选择与其连接的枢纽站，从而提高整个网络的转运效率，缩短运输时间，降低物流成本。当然，收发货站点的这种选择也要从全局出发来进行规划与设计。

多枢纽站多分派轴辐式物流网络形式，如图 4-14 所示。

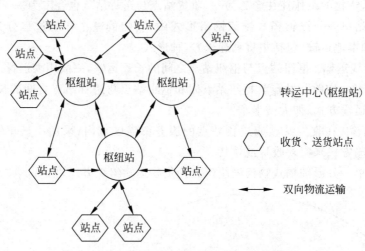

图 4-14　多枢纽站多分派轴辐式物流网络形式

与单一分派轴辐式物流网络形式一样，多枢纽站多分派轴辐式物流网络形式的辐射能力强，辐射范围广，适用于跨区域的运输服务网络。

第三节　物流系统网络规划设计的原则、影响因素和方法

一、物流系统网络规划设计的原则

为了实现节约社会资源、加快物流速度、降低物流成本、提高物流效率的目标，物流系统网络的规划设计要遵循一些基本原则。

（一）按照经济区域建设网络

任何经济活动都离不开一定的地域空间。区域是地理上的某一范围，是按照特定标准在地球表面上划出的、不间断的空间单位。按照不同的划分标准，可以形成不同的区域。例如，按照行政区划，区域指特定的省、市、县，它是具有明确的行政权力依托和清晰的地理边界，对辖区内次级区域具有管辖权，对辖区内资源具有统一调配权的行政主体，如北京市、广东省、广州市、越秀区等；按照内部某些方面同质性特征，区域是特定土质区、雨量区、温度区、民族区等，也可以是按照经济发达程度划分的东部地区、中部地区、

西部地区，按照技术经济关联性划分的长三角地区、京津冀地区、东三省等；按照执行的功能分，区域是开发区、工业区、居住区、旅游区、生态区等。此外，区域还有行政区域与经济区域之分。

从行政管理视角看，区域指计划区域，即行政区域。行政区域是指实际存在的管理区域。它为一定的管理目的而创造，是政府计划、政策的实施地区。具体地说，行政区域是便于组织、计划、协调、控制经济活动而以整体加以考虑并考虑行政区划基础上的一定的空间范围，必须包括于某一主权国家的疆域内，中央政府对它具有政治、经济方面的控制权，而它具有组织区内经济活动和区外经济联系的能力。

从经济学视角看，区域指经济区域。经济区域是人的经济活动所造就的、围绕经济中心而客观存在的、具有特定地域构成要素并且不可无限分割的经济社会综合体。它可分为三个层次：国内的经济区域、超越国家界线由几个国家构成的世界经济区域以及几个国家部分地区共同构成的跨国经济区域。目前，国内经济区域研究所涉及的经济区域主要是国内经济区域，即界于国家和城市之间的、由一个或多个核心城市、若干个相关城镇及其周边辐射地区（包括乡村或城乡接合部）组成的，在空间上密切联系，在功能上有机分工、相互依存，并且具有一体化发展趋势的空间经济复合体。经济区域是不同于省市县等行政区划的经济学概念，具有组织区内经济活动和区外经济联系的相对独立的发展能力。

经济区域与行政区域虽有性质上的区别，但客观上也有一定程度的重合性。基于此，尤其是数据的可得性、政策的针对性等方面原因，多数学者所研究的经济区域还是以行政区划为界而划分的行政区域。所选区域不一样，会导致得出来的结论可能不一致。

构建物流网络既要考虑经济效益，能降低物流综合成本；也要考虑社会效益，有利于资源的节约。在一个经济区域内，各地区和企业之间经济上的关联性和互补性往往较大，经济活动比较频繁，物流规模总量较大，物流成本占整个经济成本的比重较大，物流改善潜力巨大。因此，鉴于国内各行政区域之间的经济联系日益紧密，加之物流活动的广泛性，物流网络的构建要破除行政区划界限，着眼在经济关联性较大的经济区域建立物流网络，要从整个经济区域的协调发展来考虑构建区域物流网络。

（二）以城市为中心布局网络

城市作为厂商和客户的集聚点，其基础节点建设和相关配套支持比较完备，要作为物流网络布局的重点，由此可有效发挥节省投资和提高效益的作用。因此，在宏观上布局物流网络，要考虑物流网络覆盖经济区域的城市，把它们作为重要的物流节点；在微观上布局物流网络，要考虑把中心城市作为依托，充分发挥中心城市现有的物流功能。

（三）以厂商集聚形成网络

集聚经济是现代经济发展的重要特征。厂商集聚不仅能降低运营成本，而且会形成巨大的物流市场。物流作为一种实体经济活动，其与商流存在明显区别，表现在物流活动对地域、基础节点等依赖性很强。因此，很多企业把其生产基地设在物流网络的中心。规划设计物流网络时，要在厂商物流集聚地形成物流网络的重要节点。

（四）建设信息化的物流网络

物流信息系统作为物流网络的一个重要组成部分，发挥着非常重要的作用。物流网络的要素不仅指物流中心、仓库、公路、铁路等有形的硬件，这些硬件只保证物流活动能够实现，而不能保证高效率。物流信息系统通过物流网络信息平台的搭建、物流信息的及时共享以及对物流活动的实时控制，能够大大提高物流网络的整体效率。有专家指出，科学、完善的物流信息系统将会把物流活动的效率提高 3～8 倍，甚至更高。

二、物流系统网络规划设计的影响因素

影响物流系统网络规划设计的因素有很多，而且这些因素在具体规划设计中的重要性也不同。一般说来，物流系统网络规划设计中通常需要重点考虑的因素有：

- 产品数量、种类；
- 供应地和需求地客户的地理分布；
- 每一区域的顾客对各种产品的需求量；
- 运输成本和费率；
- 运输时间、订货周期、订单满足率；
- 仓储成本和费率；
- 采购或制造成本；
- 产品的运输批量；
- 物流节点的成本；
- 订单的频率、批量、季节波动；
- 订单处理成本与发生这些成本的物流环节；
- 顾客服务水平；
- 在服务能力限制范围内设备和设施的可用性。

三、物流系统网络规划设计的方法

物流网络规划设计的问题可以抽象地表述为物流网络节点与节点之间连接的问题。20 世纪中期以来，随着运筹学的迅速发展，特别是计算机的广泛应用，许多规划问题能够方便迅速地得以解决，从而使得物流网络规划设计的方法越来越多，为不同方案的可行性分析提供了强有力的手段。

（一）德尔菲法

德尔菲法又名专家意见法或专家函询调查法，是依据系统的程序，采用匿名发表意见的方式，即团队成员之间不得互相讨论，不发生横向联系，只能与调查人员发生关系，本质上是一种反馈匿名函询法。德尔菲法的大致流程是：对所要预测问题征得专家意见后，进行整理、归纳、统计，再匿名反馈给各专家，再次征求意见，再集中，再反馈，直至得到一致意见。它是一种利用函询形式进行的集体匿名思想交流过程，有三个明显特点，即匿名性、多

次反馈、小组的统计回答。

在物流网络规划设计中，除了使用定量的方法得出较为精确的结果外，结合使用德尔菲法，征询专家意见，将会使得最后的结论更加符合实际。

（二）解析方法

解析方法是通过数学模型对物流网络进行规划设计的方法。使用该方法时，首先要根据问题的特征、外部条件和内在联系建立数学模型或图解模型，然后对模型进行求解，以获得最佳的规划设计布局方案。使用解析法构建的模型通常有微积分模型、线性规划模型和混合整数规划模型等。物流网络规划设计要建立什么模型，应具体问题具体分析。

通过解析方法，一般能获得精确的最优解。然而，对于一些复杂的问题往往很难建立合适的数学模型，而且即使构建出数学模型，也会由于模型过于复杂而导致求解困难。因此，使用解析方法进行物流系统网络的规划设计，既需要掌握物流系统的理论知识，也需要具备较强的数学功底，这也使得解析法在实际运用中受到一定的限制。

（三）模拟方法

物流系统网络规划设计的模拟方法指实际问题以数学方程和逻辑语言作出对物流系统的数学表述。在计算机的帮助下，人们可以借助模型计算和逻辑推理确定最佳设计方案。如果经济关系或统计关系的现实表述已定，就可以用模拟模型来评估不同设计方法的效果。

解析方法寻求的是最佳的仓库数量、最佳的位置、仓库的最佳规模等，而模拟模型试图在给定多个方案的条件下反复使用模型找到最优的网络设计方法，分析结果的质量和效率取决于使用者选择分析时的技巧和洞察力。因此，使用模拟方法得出的结果很难保证是最优化的，一般情况下只能得到满意的近似解，其效果依赖于分析者预定的组合方案是否接近最佳方案，这也是该方法的不足之处。

（四）启发式方法

启发式方法是一种逐次逼近最优解的方法，是相对模拟方法而言的。该方法要求对所得的解进行反复判断、实践修正，直至满意为止。使用启发式方法有助于将问题缩减至可以管理的规模，进行方案组合的个数少，并且能够在各种方案中进行自动搜索，以发现更好的解决方案。启发式方法虽然不能保证一定得到最优解，但这种方法适当处理后还是可以获得令人满意的近似最优解的。

本 章 小 结

1. 物流系统网络是物流系统的空间网络结构，是物流活动的载体。它是指物品从供应地到需求地的整个流通渠道的结构，包括物流节点的类型、数量与位置，节点所服务的相应客户群体，节点的连接方式以及货物在节点之间空间转移的运输方式等。物流系统网络由运输线路和物流节点构成。物流系统中的所有活动都是在运输线路和物流节点上进行的。

2. 根据物流节点发挥的主要功能不同,物流节点可分为转运型、储存型、流通型、综合型四种类型。物流节点的功能包括物流处理功能、衔接功能、信息功能、管理功能。

3. 物流系统网络有直送、回路运输、经过物流节点的中转运输三种基本形式。其他形式都可以看作是三种基本形式的组合或变形。直送形式是物品从供应地直接送到需求地。回路运输形式是从一个供应地提取物品连续运送到多个需求地,或从多个供应地连续提取物品后送到一个需求地。经过物流节点的中转运输形式,是物品经过物流节点中转处理后再送到需求地。

4. 经过物流节点中转的物流网络形式的核心集中体现在收集(collection)、交换(exchange)和发送(delivery),简称 CED 模式。物流节点通常是物流中心或配送中心。通过多个物流节点中转的物流网络形式中,通常通过物流中心和配送中心两类物流节点,采用"物流中心+配送中心"的形式。

5. 轴辐式网络结构是通过中转进行双向运输的网络结构,是干线运输与地方支线运输相结合的网络,具体可分为单一枢纽站纯轴辐式、复合轴辐式和多枢纽站单一分派轴辐式、多分派轴辐式四种类型物流网络形式。

6. 物流系统网络规划设计的基本原则有:按照经济区域建设网络、以城市为中心布局网络、以厂商集聚形成网络、建设信息化的物流网络;规划设计的常用方法有德尔菲法、解析方法、模拟方法、启发式方法;通常要重点考虑的因素有产品数量、种类、供应地和需求地客户的地理分布、每一区域的顾客对各种产品的需求量等。

案 例 研 讨

TCL 的物流网络规划

案例 4-1

练习与思考

练习 4-1

第五章

物流系统节点选址规划与设计

本章学习目标:
1. 了解物流系统节点选址的重要性、影响因素、原则与步骤;
2. 掌握物流系统节点数量与库存成本、运输成本之间的关系;
3. 了解物流系统节点选址的问题分类与距离计算;
4. 掌握中值问题、中心问题、反中心问题的选址;
5. 掌握物流节点选址方法:交叉中值模型、重心法、微分法、覆盖模型、P-中值模型、CFLP 法、加权因素分析法;
6. 了解轴辐式网络枢纽站点选址的 LINGO 软件及方法。

本章核心概念:

物流系统节点　选址规划　模型方法

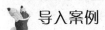导入案例

日本为何加紧投资物流配送中心

日本伊藤忠商事株式会社计划再投资 200 亿日元,主要用于建设物流配送中心。由于日本网上购物兴起,日本不少大型公司正在加紧投资物流设施建设,尤其在物流配送中心上花费较大。伊藤忠商事株式会社将在未来三年花费大约 1000 亿日元(9.42 亿美元),其中 200 亿日元用于 13 万平方米的工厂建设,可容纳 12 家企业的物流配送中心在 2016 年前完成。

该公司同时计划考虑打包多个房地产投资信托基金(REIT)并上市,用这笔资金发展仓库物业建设。考虑到仓库房地产可能会大幅增长,这个物流中心还有可能会吸引金融机构或个人的资金。中长期,该公司考虑 2015 年总共投资 500 亿日元,长期投资 1000 亿日元,主要用来增加仓库房地产数量,并成立了一个基金用于投资物流物业。随着需求增加,该公司加紧建设快速出货的小体积而更高频率的配送中心。高效配送中心越来越重要。以亚马逊在线日本零售为例,2015 年就在神奈川县小田原开了一个 20 万平方米的基地。

各个公司为了避免购买大量仓库物业可能拥有的风险,很多企业选择了租用方式。已经有物流业务的公司选择了增加一些设施,尽量产生更多协同效应,并且希望通过配送中心获得更多收入来源。过去两年,东京市场上房地产投资信托基金拥有的物流设施已经翻了两番,大约 1.2 万亿日元。除了伊藤忠商事,住友、三菱、三井等计划在未来几年投资 5000 亿日元,主要用在仓库物流房地产上。

除了日本,加拿大《商业周刊》上的一篇文章写道:根据独立研究机构 eMarketer 最新研究发现,越来越多的人在线购物,2017 年网上购物消费达到 2.3 万亿美元。亚马逊、沃尔玛等一些公司正在抢购仓库空间,网上购物热潮推动了仓库建设与房地产投资信托基金。城市繁华地段与交通便利地段周围的仓库需求正在增长。

日本、加拿大等都看好物流配送中心未来的盈利空间,并投资房地产信托基金主要用于仓储房地产上。物流配送中心或带动下一个房地产热点:仓储物业。

资料来源(有删改):日经亚洲商业评论 http://www.360doc.com/content/14/0909/10/11377839_408101377.shtml。

思考:结合案例资料,讨论物流配送中心的功能和作用。

第一节 物流系统节点选址的重要性与影响因素

一、物流系统节点选址的重要性

物流系统网络主要由运输线路和物流节点构成。物流节点选址指在一个具有若干供应点和若干需求点的区域内,选择一个地址设置物流节点的规划问题,涉及确定物流节点的数量、地址、功能、服务客户的分配方案等,目标是使物品通过物流节点的汇集、中转、分发、运输直至送到需求点的全过程效益最好。物流系统节点选址直接影响到企业的服务方式、服务质量、服务效率、服务成本等,影响到企业的利润和市场竞争力,甚至决定了企业命运。因此,物流系统节点选址在整个物流系统规划设计中占有非常重要的地位,属于物流管理战略层的研究问题,是企业重要的长期决策之一。

就单个企业而言,物流节点选址决策影响整个企业物流系统的结构及系统中库存、运输等其他物流要素的决策;反过来,该物流系统其他要素的决策也会影响物流节点的选址决策。因此,物流节点的选址与库存、运输成本之间有着密切联系。

物流系统中仓库、配送中心等物流节点的数量增加,往往可以提高服务及时率,降低缺货率,但库存及由此引起的库存成本往往增加,如图 5-1 所示。所以,在物流系统规划设计中,尽量合并减少物流节点数量、扩大物流节点规模是降低库存成本的一个重要措施。

节点数量与运输成本之间的关系,不同于其与库存成本之间的关系。伴随仓库、配送中心等物流节点的数量增加,运输距离减少,运输成本降低。然而,物流节点数量增加到一定程度,由于单个订单的数量过小,增加了运输频次,而且达不到运输批量,造成运输成本增加,如图 5-2 所示。所以,确定物流节点的合理数量,是物流节点选址的主要任务之一。

就供应链系统而言,一方面,物流节点选址决策对供应链的运营有着长远影响。因为物流节点建设

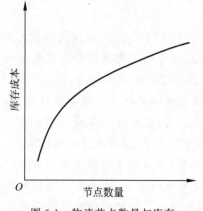

图 5-1 物流节点数量与库存成本之间的关系

涉及建筑物、储存设施设备、装卸搬运设施设备、收发货设施设备、内外道路等，投资规模大，需要较大固定投入，且建成后难以废弃或迁移。另一方面，核心企业的选址决策会影响所有供应商物流系统的选址决策。通常，供应链上的供应商尤其是核心供应商会围绕核心企业所选地址进行自身的生产工厂、供应仓库或配送中心的布局。例如，美的集团作为供应链里的核心企业："链主"，拥有居于产业链上游且较为稳定的供应商300多家。其中，60%的供应商的生产地是在美的总部顺德周围，还有部分供应商在三天以内车程，只有15%的供应商距离较远。对于15%的远程供应商，美的在顺德总部建立

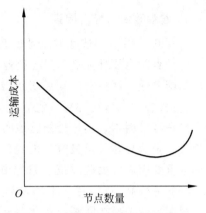

图 5-2 物流节点数量与运输成本之间的关系

了很多仓库，然后把仓库分成很多片。外地供应商可以在仓库里租赁一个片区，并把零配件放到片区里面储备。美的需要用到这些零配件时，就通知供应商，然后进行资金划拨、取货等工作。供应商这么接近美的集团，为美的推行"VMI"（供应商管理库存）、"零库存""JIT生产"创造了条件，也提高了美的供应链的效率和敏捷性。又如，摩托罗拉的气体供应总是由北方气体公司供给。这样，摩托罗拉在天津建立生产基地后，北方气体公司就相应在天津建立了自己的工厂及销售机构。

二、物流系统节点选址的影响因素

物流系统节点选址决策需要考虑众多复杂的影响因素，涉及许多方面。1987年，Chosh和Melafferty提出了影响地点选择较重要的一系列因素，如表5-1所示。

表 5-1 物流节点选址的影响因素

分　类	因　　素
费用结构	土地费用、建筑费用、税收、保险和其他
法律规定	分区规划、租借条款、地方商业规章
人口统计	人口基数、收入情况、劳动力供给
交通运输	运输类型及流量、运输方式、到达车站或港口的方便程度
竞争结构	竞争对手、类型
备选地点特征	停车的方便性、建筑物的状况、从其他主要街道到此地的能见度

节点选址的影响因素通常可分为外部因素和内部因素两大方面。外部因素包括宏观政治与经济因素、基础设施与环境因素、竞争对手等。内部因素包括企业的发展战略，如选择的产品或服务的特征、供应链的类型等。

（一）外部因素

外部因素包括宏观政治与经济因素、基础设施与环境因素、竞争对手等。

1. **宏观政治与经济因素**

宏观政治因素指选址候选地的政权是否稳定、法治是否健全、是否存在贸易禁运政策等。这一点的重要性显而易见。企业倾向于将设施布局在政局稳定的国家和地区，不愿在动乱的国家或地区投资。政局稳定、经贸规则完善、法制健全的国家或地区能为企业的正常运营提供外部保障。但是，政治因素往往是无法量化的指标，主要依靠主观评价来判断。

宏观经济因素包括选址候选地的税收政策、关税、汇率等，这些都与企业的选址决策直接相关。企业总是寻求最宽松的经济环境来经营。优惠的税收政策是吸引企业布局设施的一个重要因素。关税政策引起的市场壁垒也是企业选址的一个重要因素。如果一个目标市场的关税高，直接在该市场布局设施就可以规避关税。汇率的变化也会影响选址决策。很多企业选择在欧洲的爱尔兰建立生产工厂，一是由于当地低成本、高质量的劳动力及较低的企业税；二是由于爱尔兰是欧共体成员国，在爱尔兰生产的产品可以直接发往欧洲市场，无须缴纳增值税；三是爱尔兰属于欧元区，可以通过欧元的稳定性减少欧洲市场内的汇率风险。

2. **基础设施及环境因素**

基础设施包括交通设施、通信设施等。环境包括自然环境与社会环境。

现代企业运营中，物流成本往往超过制造成本。良好的交通运输、通信等基础设施对于降低物流成本是十分关键的。货物的快速运输和流转、信息的快速处理和传递对于降低需求扭曲、降低库存成本有重要影响。所以，基础设施在选址决策中占有重要地位，企业通常将设施布局在交通便利、通信便捷的地区。例如，Dell在田纳西州的工厂位置靠近骨干高速公路，同时靠近联邦快递的一个配送中心。我国近年来虽然人工成本上升，但仍吸引了大量跨国制造企业来建立生产工厂，甚至一些跨国企业将迁往东南亚国家的生产工厂重新迁回来，其中一个重要原因就在于我国完善的基础设施。

自然环境包括：①地形地貌条件。地形地貌和面积要能满足布局物流设施设备、开展物流作业的需要。物流节点对选址候选地的地形地貌和面积的要求，不仅因节点的性质和类别而不同，而且与节点的物流作业流程、机械化程度、建筑形式、建筑密度等相关。候选地应预留必要的发展余地，扩建用地应尽可能预留在场外，避免早征迟用。②气候条件。候选地应具备与物流节点作业相适应的气候条件，如温度、湿度、降雨量、风力风向变化等。尤其要考虑高温、高湿、云雾、风沙、雷电对物流节点作业的不良影响。③水文地质、工程地质条件。选址候选地的地下水位最好低于地下室或地下构筑物的深度，地下水对建筑物基础最好无侵蚀性，地下没有溶洞等。④给水排水条件。选址候选地靠近水源，保证供水的可靠性，水质、水温、水量应符合节点需求。同时，节点运营过程中产生的污水应便于经处理后排入附近的江河或城市排污系统。

社会环境包括节点候选地的劳动力供应情况，包括当地劳动力的素质、数量、使用成本、年龄构成、受教育程度等；交通运输、能源电力、公共设施等供应情况；产品销售市场或服务对象的分布情况；产业集聚、生产技术协作关系情况；当地的城乡建设和居民的生活习惯、消费水平、开放程度、宗教信仰等。对于技术密集型企业来讲，尤其要关注节点候选地的劳动力状况，重点考虑专业技术人员、熟练工人的来源及其数量、质量能否满足本企业的需要，要考虑当地的人事劳动工资政策能否吸引到满足数量和质量要求的劳动力，以及当地条件能否就近解决这些人员的生活供应和居住问题。

3. 竞争对手情况

知己知彼,百战不殆。节点选址必须考虑到竞争对手的发展和网络布局情况,进而根据自身的产品或服务特征,决定节点是靠近竞争对手还是远离竞争对手。

(二) 内部因素

在选址决策中,企业的内部因素往往是最主要的。节点选址要与企业的发展战略相适应。例如,对于制造企业来说,发展劳动密集型产品还是高技术密集型产品,发展功能性产品还是革新性产品,建立有效性供应链还是反应性供应链,这是企业综合内外环境和自身优劣势分析后得到的企业发展战略。

如果选择劳动密集型产品,则必然选择生产成本低的地区为选址的依据;选择高技术密集型产品,则必然选择生产劳动力素质高的地区来选址,而这些地方往往成本较高。

如果选择功能性产品,由于其需求较稳定且量大、产品生命周期长、利润率低,低成本运营是企业的发展战略,必然选择生产成本低的地区建立物流设施。如果选择革新性产品,由于这类产品的需求的不确定性较高,需要建立快速反应的物流系统,节点选址时往往考虑在交通发达便捷的地方建立物流设施,而这些地方往往地价较高、设施的建设与运营成本也较高。

有效性供应链主要体现供应链的物理功能,即以最低的成本将原材料转化成零部件、半成品、产品,以及在供应链中运输等。有效性供应链与功能性产品相匹配。功能性产品具有用户已接受的功能,寿命周期较长,需求具有稳定性,能够根据历史数据对未来需求做出较准确的预测,产品也比较容易被模仿,其边际利润较低。所以,有效性供应链的节点选址往往选择地价较低、设施运营成本低的地区。反应性供应链主要体现供应链的市场中介的功能,即把产品分配到满足用户需求的市场,对未预知的需求做出快速反应等。革新性产品供应链较少关注成本而更多地关注向客户提供所需属性的产品,重视客户需求并对此做出快速反应。这种情况下,只有反应性供应链才能抓住产品创新机会,以速度、灵活性和质量而获取高边际利润。所以,反应性供应链与革新性产品相匹配,节点选址往往选择地价较高、交通发达便利的地方。虽然这些地方的节点运营成本较高,但节点进行储存、配送、装卸搬运、流通加工等物流处理的革新性产品由于创新而不易被模仿,其边际利润也较高。

(三) 影响因素的权衡

影响节点选址决策的因素众多。要根据节点要求,针对几个主要因素进行分析。有时,经济因素可能是决定方案的关键,但也可能非经济因素起决定作用,成为方案取舍的关键。考虑节点选址的影响因素,需要注意以下几个方面。

首先,仔细权衡列出的影响因素,决定哪些因素是与节点选址紧密相关的,哪些因素虽然与企业经营或经营结果有关,但与节点位置的关系并不大,以便决策时分清主次,抓住关键。否则,有时列出的影响因素太多,在具体决策时容易分不清主次,难以做出最佳选择。

其次,在不同情况下,同一影响因素可能会有不同的影响作用。所以,决不可生搬硬套任何原则条文,也不可完全模仿照搬已有的经验。

最后,对于制造企业和非制造企业来讲,要考虑的影响因素以及同一因素的重要程度可能有很大的不同。

第二节　物流系统节点选址的原则与步骤

一、物流系统节点选址的原则

物流系统节点布局的最优方案,往往是在选定备选地址的基础上建立数学模型、进行优化计算完成的。备选地址的选择是否恰当,对最优方案和计算求解的过程以及运算成本有着直接影响。备选地址选得过多,会使模型变得十分复杂,计算工作量很大、成本很高。相反,如果备选地址选得过少,则可能会使方案偏离最优解太远,达不到合理布局的目的。所以,选择备选地址对于节点布局的合理与否是一个关键步骤。为使物流节点的备选地址选得合适,物流节点选址应遵循以下基本原则。

(一)有利于商品运输合理化

物流系统节点的选址是商品运输的起点、中转点、终点。节点布局的合理与否直接影响商品运输的效益。从运输系统的角度考虑,物流节点应选在交通便利的地方,一般应在交通干线上。

(二)有利于方便用户

物流系统节点的服务对象是商品的供需双方,且主要是商品的需求用户。所以,物流节点应尽量靠近用户,特别是在用户比较集中的地方设置节点。服务业的设施选址几乎无一例外都需要遵循这一原则,如银行储蓄所、邮政营业所、电影院、消防站、医院、学校、便利店、超市、百货商场、购物中心等。也有制造企业将生产工厂建到消费市场附近,以降低运费和损耗以及及时提供服务,如产品运输不方便的家具制造厂和预制板厂,产品容易变化或变质的制冰厂、食品厂等。

(三)有利于集聚人才

人才是企业最宝贵的资源。合适的节点选址有利于吸引人才。因企业搬迁造成员工生活不便而流失的现象时有发生。

(四)有利于节省基建投资

物流节点的基建费用是节点选址要考虑的主要费用之一。为了降低基础建设投资费用,物流节点应选择在地形环境比较有利的地方进行设施建设。

(五)能适应国民经济一定时期内的发展需要

国民经济的不断发展,必然产生生产力布局上的调整,生产结构和运输条件也随之发生变化。这些变化无疑将对物流系统的效益产生新的要求和影响。物流系统节点选址时，除了考虑当前状况外，还应对计划区域内的生产发展水平和建设规划进行预测，以使物流节点的布局方案对今后一定时期内的国民经济的发展有较好的适应能力。

二、物流系统节点选址的步骤

物流系统节点选址一般是通过成本计算，将运输费用、配送费用及物流设施费用模型化，采用约束条件及目标函数建立数学公式，从中寻求费用最小的方案。物流系统节点选址一般分为四个阶段，即准备阶段、地区选择阶段、地点选择阶段、编制报告阶段，如图5-3所示。

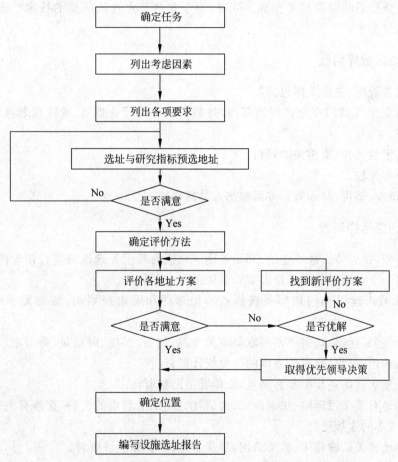

图 5-3　物流节点选址流程图

资料来源：齐二石，等.物流工程[M].天津：天津大学出版社，2001.

（一）准备阶段

准备阶段的主要工作内容是明确前期工作中对选址目标提出的要求。这些要求包括：

企业生产的产品品种及数量（生产纲领或节点规模）。

需要进行的生产、储存、维修、管理等方面的作业。

节点的组成、主要作业单位的概略面积及总平面草图。

计划供应的市场及流通渠道。

需要资源(包括原料、材料、能源、水等)的估算数量、质量要求及供应渠道；

产生的废物及其估算数量。

概略运输量及运输方式的要求。

所需职工的概略人数及等级要求。

外部协作条件。

信息获取方便与否等。

节点规划人员可以根据上述要求列出一些节点选址时应满足的具体要求，以确保这些有关的节点选址影响因素都考虑到。同时，对于某些节点选址需要的技术经济指标，应列出具体的数值要求。

（二）地区选择阶段

地区选择阶段，主要工作包括：

走访行业主管部门或地区规划部门，收集了解有关行业规划、地区规划对节点布局的要求和政策。

选择若干地区，收集相关的资料。

进行方案比较。

生产、供应、销售、财务等各方面参加人员的比较。

（三）地点选择阶段

这一阶段，组成节点选址小组，到初步确定地区的若干备选地点进行调查研究和勘测，比较选择出一个合适的节点选址方案。具体工作内容包括：

从当地城市建设部门取得备选地点的地形图和城市规划图，征询关于地点选择的意见。

从当地气象、地质、地震等部门取得有关气温、气压、湿度、降雨量、降雪量、日照、风向、风力、地质、地形、洪水、地震等方面的历史统计资料。

进行地质水文的初步勘察和测量，取得有关勘察资料。

收集当地有关交通运输、供水供电、通信、供热、排水节点的资料，交涉有关交通运输线路、公用管线等的连接问题。

收集当地有关运输费用、施工费用、建筑造价、税费等经济资料。

对各种资料和实际情况进行核对、分析，对各种数据进行测算，经比较选定一个合适的节点选址方案。

（四）编制报告阶段

这一阶段，主要工作包括：

对调查研究和收集的资料进行整理；

根据技术经济比较和统计分析的成果编制综合材料，绘制所选地点的节点位置图和初步的总平面布置；

编写节点选址报告,对所选场址进行评价,供决策部门审批。

节点选址报告通常包括以下内容:

厂址选择的依据,如批准文件等。

建设地区的概况及自然条件。

节点设施规模及概略技术经济指标,包括占地估算面积、区域位置、备用地、交通线路、各类管线走向、设施初步总平面布置图等。

各地址方案的比较,包括自然条件比较、建设费用及经营费用比较、环境影响比较、经济效益比较等。

对各地址方案的综合分析和结论。

当地有关部门的意见。

附件,具体包括各项协议文件的抄件;区域位置图,包括设施所选位置、备用地、交通线路、各类管线走向等;设施初步总平面布置图。

另外,节点选址时还要对节点选址的环境影响进行系统评价。建设物流系统节点设施,必然对周围环境产生影响,既有自然方面的影响,也有社会方面的影响。因此,开展节点选址项目的可行性研究,除了做市场研究、原料和工艺技术路线选择以及经济评价等工作外,还要做节点的环境影响评价工作,防患于未然。一是从环境保护出发,通过对水文、气象等资料的深入了解,结合拟建项目的三废排放情况,从根本上考虑所选场址的可行性。二是在项目规划与设计过程中,对拟建项目可能产生的环境污染做出充分的估计,制订出治理方案,做到化害为利、变废为宝。通过环境影响评价,把项目可能的污染量控制在环境容量的范围以内。环境容量包括能自然净化的数量和不构成危害的数量。

第三节　物流系统节点选址的问题分类与距离计算

一、物流系统节点选址的问题分类

物流系统节点选址决策通常需要建立模型来分析。建立选址模型,首先要明确几个问题:选址对象是什么?选址目标区域是怎样的?选址目标和成本函数是什么?有什么样的约束条件?根据这些问题的不同,选址模型可以被归为相应的类型。根据选址问题类型建立相应的选址数学模型,进而选择相应算法进行模型求解,就可得到选址问题的方案。

(一) 按选址设施的对象划分

不同的物流设施由于功能不同,选址时考虑的因素也不相同。在决定设施定位的因素中,通常某一个因素会比其他因素更加重要。例如,在工厂或仓库选址中,最重要的因素是经济因素;零售网点选址时,一般最重要的因素是零售服务的顾客的消费偏爱;医院、银行等服务设施选址时,顾客到达的容易程度则可能是首要的选址因素。

(二) 按选址设施的数量划分

按选址设施的数量,选址问题可以划分为单一设施选址问题和多设施选址问题。单一设施选址无须考虑竞争力、设施之间需求的分配、集中库存的效果、设施成本与数量之间的关系等,主要考虑运输成本,是比较简单的一类选址问题。

(三) 按选址目标区域的离散程度划分

按选址目标区域的离散程度,选址问题可以划分为连续选址问题和离散选址问题。连续选址问题指选址目标区域是一个连续空间,这个连续空间内的所有点都是候选点,要求从数量无限的候选点中选出一个最优点。这种方法称为连续选址法(continuous location methods),常用于设施的初步选址。离散选址问题指选址目标区域是一个离散的候选位置的集合,且候选位置的数量通常是有限的,可能事先已做了合理分析与筛选。这种方法较切合实际,称为离散选址法(discrete location methods),常用于设施的详细选址。

(四) 按选址的目标函数划分

按照选址问题追求的目标和要求不同,可将选址模型的目标函数分为以下几种。

1. 可行点和最优点

对于许多选址问题来说,首要的目标是得到一个可行的解决方案(feasible solution),即一个满足所有约束条件的解决方案。可行方案得到以后,第二步的目标是找到一个更好的解决方案(optimal solution)——目标函数的优化。

2. 中值问题

根据使得各个需求点到最近设施位置的距离和(或成本和)最小的原则,在区域中选择设施位置的方法称为中值问题(median problem)。中值问题是最小值问题(minimum problem),是 minimum 目标函数,其目标是优化全部或平均性能,常在超市、商店等设施的选址中使用。这种情况下,设施被定位在使设施点到最近需求点的距离和(或成本和)最小化的地方。这种目标通常在企业问题中应用,被称作"经济效益性"(economic efficiency)。这种问题也被称作网络上的中值问题。它的目标函数是:

$$\min_{X}\left\{\sum_{j} D_{j}(X)\right\} \tag{5.1}$$

式中:X 为新的待定设施的位置;

j:已存在且位置固定的需求点的编号;

$D_j(X)$:新设施在 X 位置时到需求点 j 的距离或成本。

在中值问题中,在数量预先确定的被选择设施位置集合中,选择其中 p 个设施并指派每个需求点到一个特定的设施,这个问题称为 p-中值问题(p-median problem)。

3. 中心问题

根据使得设施位置到最远需求点的距离(或成本)集合中取最小的原则,在区域中选择设施位置的方法称为中心问题(center problem)。中心问题的目标由已存在设施的单个成本或距离最大的部分组成。中心问题是最小-最大问题(min-max problem),是 minimax 目标函数,其目标是优化最坏的情况,使最坏的情况最优化,常在军队、紧急情况和公共部门选址中使用,如应急仓库、消防站的选址。这种情况下,设施被定位在使设施点到最远需求点的最大距离最小化的地方。这种目标也被称作"经济平衡性"(economic equity)。这种问题也被称作网络上的中心问题。它的目标函数是：

$$\min_X \{\max_j D_j(X)\} \tag{5.2}$$

式中：X 为新的待定设施的位置；

j：已存在且位置固定的需求点的编号；

$D_j(X)$：新设施在 X 位置时到需求点 j 的距离或成本。

4．反中心问题

根据使得设施位置到最近需求点的距离（或成本）集合中取最大的原则，在区域中选择设施位置的方法称为反中心问题（anti-center problem）。反中心问题的目标由已存在设施的单个成本或距离最小的部分组成。反中心问题是最大-最小问题（max-min problem），是 maximin 目标函数，其目标也是优化最坏的情况，使最坏的情况最优化，常在有害、危险的设施选址中使用，如垃圾回收站、污水处理厂、炸药厂、军工厂等的选址。这种情况下，设施被定位在使设施点到最近需求点的最小距离最大化的地方。这种目标也被称作"经济平衡性"（economic equity）。它的目标函数是：

$$\max_X \{\min_j D_j(X)\} \tag{5.3}$$

式中：X 为新的待定设施的位置；

j：已存在且位置固定的需求点的编号；

$D_j(X)$：新设施在 X 位置时到需求点 j 的距离或成本。

5．单纯选址问题和选址分配问题

如果新设施和已存在设施间的关系与新设施的位置无关，而且是固定的，则选址问题就是"单纯选址问题"（pure location problems），也称为具有固定权重的选址问题。如果新设施和已存在设施间的关系与新设施的位置有关，那么这些关系本身就成为变量，则选址问题就是"选址－分配问题"（location allocation problems）。例如，一个区域增设一个配送中心，不仅涉及新配送中心的选址，也涉及新旧配送中心之间服务客户上的重新分配。

（五）按选址的约束条件划分

按照选址问题的约束种类，可以分为有能力约束的选址问题和无能力约束的选址问题、有不可行区域约束的选址问题和无不可行区域约束的选址问题。

1．能力约束

如果新设施的能力没有约束，即可以充分满足需求点的需求，则选址问题就是无能力约束的选址问题。如果新设施的能力有约束，即有满足需求的上限，则选址问题就是有能力约束的选址问题。

2．不可行区域约束

如果在选址的目标区域内有些区域不适合作为选址地点，则选址问题就是有不可行区域约束的选址问题。例如，在美国大陆建设配送中心，五大湖区和墨西哥湾就是配送中心选址的不可行区域。如果在选址的目标区域内任意位置都可作为选址地点，则选址问题就是无不可行区域约束的选址问题。

二、选址问题中的距离计算

在选址问题模型中,最基本的一个参数是各个节点之间的距离。已知节点坐标,节点之间距离一般用两种方法来计算,如图5-4所示。一是直线距离,也叫欧几里得距离(Euclidean metric)。另一种是折线距离(rectilinear metric),也叫城市距离(metropolitan metric)。

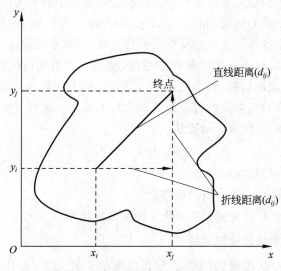

图 5-4 直线距离与折线距离示意

(一)直线距离

当选址区域的范围较大时,节点间的直线距离或直线距离乘以一个适当的迂回系数是可以接受的近似值。直线距离是平面上两点之间的距离。平面上两点的坐标分别是(x_i,y_i)、(x_j,y_j),两点之间的直线距离 d_{ij} 为:

$$d_{ij} = \beta_{ij} \sqrt{(x_i - x_j)^2 + (y_i - y_j)^2} \tag{5.4}$$

式中,β_{ij} 是节点 i、节点 j 之间的迂回系数。节点之间的运输总是在一定运输网络中进行,运输距离不可能完全是直线距离。所以,两点间的实际距离用两点间的直线距离乘以一个适当的迂回系数来近似代替。一般讲,$\beta_{ij} \geq 1$。$\beta_{ij} = 1$ 时,d_{ij} 为平面上的几何直线距离。β_{ij} 取值大小视区域内的交通情况而定。在交通发达地区,β_{ij} 取值较小;反之,β_{ij} 取值较大。例如,美国大陆的交通四通八达,β_{ij} 取值1.2;而南美洲地区交通落后,β_{ij} 取值1.26。

(二)城市距离

当选址区域的范围较小且区域内的道路比较规则时,如城市内的配送、具有直线通道的配送中心、工厂及仓库内的布置、物料搬运设备的顺序移动等问题,节点间的距离可用折线距离来近似代替。折线距离的计算公式为:$d_{ij} = |x_i - x_j| + |y_i - y_j|$。

第四节 物流系统节点选址的方法

一、物流系统节点选址的简单实例

在了解复杂的物流节点选址方法之前,先通过一个简单的一维的单一物流节点选址来理解节点选址问题。

假定在一条街道(看作直线)上选择合适位置建立一个超市,街道上各位置出现顾客的概率可能不一样。在不考虑其他因素情况下,为了使该街道上所有顾客到达超市的平均距离最短,如何选址?

这是一个中值问题选址,可以用以下目标函数来表示:

$$\min Z = \sum_{i=0}^{s} \omega_i (s - x_i) + \sum_{i=s}^{n} \omega_i (x_i - s) \tag{5.5}$$

或

$$\min Z = \int_{x=0}^{s} \omega(x)(s-x)\mathrm{d}x + \int_{x=s}^{L} \omega(x)(x-s)\mathrm{d}x \tag{5.6}$$

式中,ω_i 表示街道上第 i 个位置出现顾客的概率;x_i 表示街道上出现顾客的位置;s 表示超市选址的位置。

第一个式子(式5.5)适用于离散模型,第二个式子(式5.6)适用于连续模型。两个模型求解都属于无约束的极值问题。求解时,先对等式两边求微分,再令其微分值等于零,结果为:

$$\frac{\mathrm{d}z}{\mathrm{d}s} = \sum_{i=0}^{s} \omega_i - \sum_{i=s}^{n} \omega_i = 0 \tag{5.7}$$

或

$$\frac{\mathrm{d}z}{\mathrm{d}s} = \int_{x=0}^{s} \omega(x)\mathrm{d}x - \int_{x=s}^{L} \omega(x)\mathrm{d}x = 0 \tag{5.8}$$

计算结果说明,求中值问题选址时,新设施点需要设置在权重的中点,即新设施点左右两边的权重和都占50%。

例如,假定在一条直线(看作街道)上的位置 0、7、9、10 有四个点(看作居民区),如图5-5所示。为每个点(居民区)服务的成本与这些点(居民区)到新设施点的距离成比例,且权重相同。

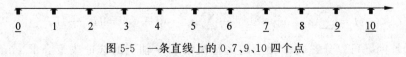

图 5-5　一条直线上的 0、7、9、10 四个点

对于中值问题,新设施点的最优位置是这些点(居民区)的中值点,即位置8,新设施点左边和右边有同样多的点。实际上,在点(居民区)7 和 9 之间的线段上包含了无数个其他中值位置,即选址区域是一条线段。如果最右边点定在 20 或 100、1000,而不是 10,最优中值位置不会改变。因此,对于中值问题,需求点固定位置的顺序比它们的实际位置更加重要。

对于中心问题(min-max 问题),新设施点的最优位置是这些点的中心点,即位置 5,该位置到最左边点和到最右边点的距离是相等的。如果在位置 7 和位置 9 之间再增加 20 或 100、1000 个点(居民区),最优中心点选址的位置不会改变。因此,中心问题的选址是由那些极端位置点决定的,而其他内部的位置点对它不起作用。

对于反中心问题(max-min 问题),新设施点的最优位置是这些点的反中心点,即位置 3.5,该位置是相邻点间距离最大的两点的中心。如果点 7 和点 9 间增加 20 或 100、1000 个点(居民区),反中心点选址的位置同样不会改变。对于反中心问题,新址位置是由相邻点间距离最大的两点位置决定的,而其他点内部的位置对它不起作用。

中值点、中心点、反中心点的位置,如图 5-6 所示。

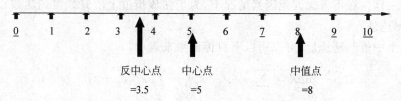

图 5-6 中值点、中心点、反中心点的位置示意

二、连续选址法

连续选址法解决的是连续选址问题,即选址目标区域是一个连续空间,这个连续空间内的所有点都是候选点,要求从数量无限的候选点中选出一个最优点。连续选址法主要有交叉中值模型、重心法、微分法等。

(一)交叉中值模型

交叉中值模型是利用城市距离来进行距离计算,用来解决连续点选址问题的一种十分有效的模型。它可以对单一节点的选址问题在一个平面上的加权的城市距离和进行最小化,其相应的目标函数为:

$$\min H = \sum_{i=1}^{n} \omega_i (|x_i - x_0| + |y_i - y_0|) \tag{5.9}$$

式中,ω_i 表示第 i 个需求点的权重,如需求量、人数或重要性等;x_i 和 y_i 表示需求点的坐标;x_0 和 y_0 表示设施点的坐标;n 表示需求点的数量。

由于是城市距离,这个目标函数可以用两个互不相干的部分来表述,如下式所示:

$$H = \sum_{i=1}^{n} \omega_i |x_i - x_0| + \sum_{i=1}^{n} \omega_i |y_i - y_0| = H_x - H_y \tag{5.10}$$

这个选址问题可以分解成 x 轴上的选址决策和 y 轴上的选址决策。求 $\min H$ 的最小值等同于求 $\min Hx$ 的最小值和 $\min Hy$ 的最小值。要找的设施点位置是所有需求点到设施点的绝对距离总和最小的点,即中值点。这样,这个选址问题就转化为求所有需求点 x 轴上的中值点和 y 轴上的中值点,即设施点的最优位置是由如下坐标组成的点:x_0 是在 x 方向的所有需求点的权重 ω_i 的中值点;y_0 是在 y 方向的所有需求点的权重 ω_i 的中值点。由于 x_0 和 y_0 可能是唯一值或某一范围内的值,相应设施点的最优位置也可能是一个点、一条线段或一个区域。

[例题 5.1] 大华快递公司拟在一个地区开设一个新的收件派件营业点，主要服务于附近五个居民小区的居民，他们是新开设收件派件营业点的主要顾客源。表 5-2 为五个居民小区的坐标以及对应的权重。权重代表每个月潜在的顾客收件派件需求总量，大致可以用小区中总的居民数量来近似。公司希望通过这些信息来确定一个合适的收件派件营业点的位置，要求每个月顾客到收件派件营业点所行走的距离总和最小。

表 5-2　五个居民小区的坐标及对应权重

居民小区编号	X 坐标	Y 坐标	权　重
1	3	2	7
2	4	3	4
3	5	1	3
4	1	4	1
5	2	4	5

解：根据题意，这个选址问题可以用交叉中值选址模型解决。

首先，确定五个居民小区需求点的中值，中值 $W=(7+4+3+1+5)/2=10$。

其次，分析横坐标中值点。为了找到中值点，先从左到右逐一叠加各个居民小区的权重直到达到了中值点，再从右到左逐一叠加各个居民小区的权重直到达到了中值点。居民小区在 X 方向从左到右排序是 4、5、1、2、3，考虑 4、5 两个小区后，权重和为 6，没有达到中值 10。继续叠加，加上小区 1 后，权重和达到 13，超过了中值 10。因此，从左往右看，收件派件营业点不会超过小区 1，在 X 方向上不会大于刻度 3，在居民小区 1($x=3$)或左边的位置。同样，再从右往左计算权重，考虑 3 和 2 两个小区后，权重和为 7，没有达到中值点 10；同样再加上小区 1 后，权重和为 14，超过了中值点 10。所以，从右往左看，收件派件营业点也不会超过小区 1($x=3$)，在居民小区 1($x=3$)或右边的位置。因此，在 X 方向上，结合两方面的限制，只能选择一个有效的中值点，即居民小区 1($x=3$)的位置。

再次，分析纵坐标中值点。居民小区在 Y 方向从上到下排序是 5、4、2、1、3，考虑 5、4 两个小区后，权重和为 6，没有达到中值 10；继续叠加，加上小区 2 后，权重和达到 10，刚好达到中值 10。故纵坐标上，从上到下看，五个居民小区权重的中值点在小区 2($y=3$)。同样，再从下往上叠加计算权重，考虑 3($y=1$)和 1($y=2$)两个小区后，权重和为 10，达到中值点 10。故纵坐标上，从上到下看，五个居民小区权重的中值点在小区 1($y=2$)。因此，在 Y 方向上，中值点在小区 2($y=3$)和小区 1($y=2$)之间的位置，即 y 轴刻度 2、3 之间的位置。

综合考虑 x 和 y 方向的中值点，收件派件营业点最后位置应在(3,2)、(3,3)之间线段上的任意一点，如图 5-7 所示。

答：收件派件营业点的位置可以选在(3,2)到(3,3)线段中的任意一个位置。

（二）重心法

重心法(the centre-of-gravity method)是一种模拟方法。这种方法将物流系统中的需求点和资源点看成是分布在某一平面范围内的物流系统，各点的需求量和资源量分别看成是物体的重量，物体系统的重心作为物流网点的最佳设置点，利用求物体系统重心的方法

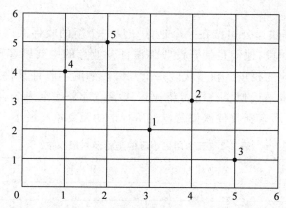

图 5-7 居民小区分布及收件派件营业点选址最后方案

来确定物流网点的位置。重心法是单设施选址最为常用的方法,可解决连续区域直线距离的单点选址问题。它将运输成本作为唯一的选址决策依据,是一种静态的选址方法。

1. 基本假设

(1) 需求量集中于某一点(市场需求的重心)上。市场需求的重心通常被看作需求的聚集地,实际上需求来自分散于选址区域内的多个需求点。这会导致某些计算误差,因为计算的运输成本是选址的物流网点到需求聚集地(重心)的成本,而不是到每个实际需求点的成本。

(2) 不同地点选址的物流网点的建设费用和运营费用相同。忽略不同地点选址可能产生的物流网点土地成本等固定投资成本、劳动力成本及库存成本的差异。

(3) 运输费用随运输距离呈正比增加,且呈线性关系,不考虑将来运输费率的变化和不满载情况下增加的特殊运输费用。实际运费是与运输距离、装载率、路况、基础设施和市场情况相关的。多数运费由不随运输距离变化的固定运费(起步价)和随运输距离变化的分段可变费率组成。起步运费和运价分段扭曲了运价的线性特征。

(4) 运输线路为空间直线或引入迂回系数基本按直线考虑。实际上,完全直线的运输情况很少,因为运输总是在一定的运输网络中进行的。

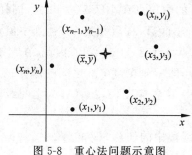

图 5-8 重心法问题示意图

2. 问题描述和模型建立

如图 5-8 所示,假设有 n 个货物需求点,各自坐标是 $(x_j, y_j)(j=1,2,3,\cdots,n)$,即需求点坐标分别是 $(x_1, y_1), (x_2, y_2), \cdots, (x_n, y_n)$,物流设施的坐标是 (x, y),h_j 为从物流设施到需求点 j 的发送费率(即单位吨公里的发送费),w_j 为从物流设施向需求点 j 的发送量。

根据求平面中物体系统重心的方法则有:

$$\begin{cases} x \sum_{j=1}^{n} h_j w_j = \sum_{j=1}^{n} h_j w_j x_j & (5.11) \\ y \sum_{j=1}^{n} h_j w_j = \sum_{j=1}^{n} h_j w_j y_j & (5.12) \end{cases}$$

整理后可得重心坐标：

$$\begin{cases} x = \sum_{j=1}^{n} h_j w_j x_j / \sum_{j=1}^{n} h_j w_j & (5.13) \\ y = \sum_{j=1}^{n} h_j w_j y_j / \sum_{j=1}^{n} h_j w_j & (5.14) \end{cases}$$

代入数字，实际求得的坐标(x,y)即为重心法下所求物流设施的位置坐标。

[例 5.2] 大华超市要在广州建立一所中央配送中心，要求其覆盖广州五个连锁分店，分店坐标及每月销售量数据如表 5-3 所示，用重心法求出一个理论上的配送中心位置。

表 5-3 各分店地理位置坐标及月销售量

位 置	坐标 x	坐标 y	月销售量(TEU)
连锁一分店	325	75	1500
连锁二分店	400	150	250
连锁三分店	450	350	450
连锁四分店	350	400	350
连锁五分店	25	450	450

解：根据重心坐标公式，可计算出配送中心位置的 X 和 Y 坐标如下：

$X = (325 \times 1500 + 400 \times 250 + 450 \times 450 + 350 \times 350 + 25 \times 450)/$
$(1500 + 250 + 450 + 350 + 450) = 307.9$

$Y = (75 \times 1500 + 150 \times 250 + 350 \times 450 + 400 \times 350 + 450 \times 450)/$
$(1500 + 250 + 450 + 350 + 450) = 216.7$

所以，配送中心理论位置在原坐标系里是$(307.9, 216.7)$。

重心法最大特点是计算方法简单，但必须指出的是，通过上述方法求得的配送中心坐标还不是最优的，不是精确的最佳网点位置。当然，这种精确位置有时可能是没有实用价值的。因为所选位置可能在河流湖泊上或街道中间，或因自然地质条件不允许等而变得不可行。而且，它将纵向和横向的距离看作互相独立的量，与实际是不相符的，往往其结果在现实环境中不能实现，因此只能作为一种参考。所以，必须将方法加以优化。

（三）微分法

微分法也称"精确重心法"，是为了克服重心法的缺点而提出的，其假设前提条件与重心法一样。

1. 问题描述和模型建立

假设某区域内有 n 个收货点 p_j，坐标分别为(x_j, y_j)，各点资源量或需求量为 w_j，准备设置一个配送中心 p_0 位置为(x_0, y_0)，使总运输费用最小。a_j 为配送中心到收货点 p_j 每单位运量单位距离所需运费，d_j 为 p_0 到 p_j 直线距离。以总运费最小为目标，求配送中心的最佳位置。

配送中心到 n 个收货点的总运输费用用 H 表示，则

$$H = \sum_{j=1}^{n} a_j \omega_j d_j = \sum_{j=1}^{n} a_j \omega_j \sqrt{(x_0 - x_j)^2 + (y_0 - y_j)^2} \tag{5.15}$$

以总运费 H 最小为目标，则求 H 的极小值点 (x_0^*, y_0^*)。

2. 模型求解

总运费 H 是一个双变量的系统，分别对 x_0，y_0 进行偏微分，并且令其为零，即：

$$\frac{\partial H}{\partial x_0} = \sum_{j=1}^{n} \frac{a_j \omega_j (x_0 - x_j)}{d_j} = 0, \quad \frac{\partial H}{\partial y_0} = \sum_{j=1}^{n} \frac{a_j \omega_j (y_0 - y_j)}{d_j} = 0$$

对上式进行整理，得到如下式子：

$$x_0^* = \frac{\sum_{j=1}^{n} a_j \omega_j \frac{x_j}{d_j}}{\sum_{j=1}^{n} a_j \frac{\omega_j}{d_j}}, \quad y_0^* = \frac{\sum_{j=1}^{n} a_j \omega_j \frac{y_j}{d_j}}{\sum_{j=1}^{n} a_j \frac{\omega_j}{d_j}} \tag{5.16}$$

x_0^*, y_0^* 因式中还含有 d_j，即还含有要求的未知数 x_0 和 y_0，而要从两式右边完全消去 x_0 和 y_0，计算起来很复杂，采用迭代法进行计算。

迭代算法步骤：

(1) 设初始解 $(x_0^{(0)}, y_0^{(0)})$，计算 d_j，H^0。初始解坐标可以选择一般重心法下计算出来的设施点坐标，也可以选择任何与需求点坐标值不同的坐标，如选择需求点坐标的均值。

$$x_0^{(0)} = \frac{1}{n} \sum_{j=1}^{n} x_j, \quad y_0^{(0)} = \frac{1}{n} \sum_{j=1}^{n} y_j$$

$$d_j = [(x_0^0 - x_j)^2 + (y_0^0 - y_j)^2]^{\frac{1}{2}}, \quad H^0 = \sum_{j=1}^{n} a_j w_j d_j$$

(2) 根据初始解 $(x_0^{(0)}, y_0^{(0)})$ 计算出的 d_j，代入 x_0^* 和 y_0^* 的求解公式，计算出修正的 $(x_0^{(1)}, y_0^{(1)})$，再计算 d_j，H^1。

$$x_0^{(1)} = \frac{\sum_{j=1}^{n} \frac{a_j w_j x_j}{d_j^{(0)}}}{\sum_{j=1}^{n} \frac{a_j w_j}{d_j^{(0)}}}, \quad y_0^{(1)} = \frac{\sum_{j=1}^{n} \frac{a_j w_j y_j}{d_j^{(0)}}}{\sum_{j=1}^{n} \frac{a_j w_j}{d_j^{(0)}}}$$

根据修正的 $(x_0^{(1)}, y_0^{(1)})$，再计算 d_j，H^1。

$$d_j = [(x_0^1 - x_j)^2 + (y_0^1 - y_j)^2]^{\frac{1}{2}}$$

$$H^1 = \sum_{j=1}^{n} a_j w_j d_j$$

(3) 比较 H^0，H^1，若 $H^0 \leqslant H^1$，运费已无法减少，输出最优解 $(x_0^{(0)}, y_0^{(0)})$，最小运输总费用为 H^0。否则，转下一步。

(4) 令 $x_0^{(0)} = x_0^{(1)}$，$y_0^{(0)} = y_0^{(1)}$，$H^0 = H^1$，转第二步，一直到 H 无法再减小为止。

[例 5.3] 假设物流设施选址范围内有 5 个需求点，其坐标、需求量和运输费率如表 5-4 所示。现要设置一个物流设施向各个需求点送货，问物流设施的最佳位置为何处？运输路线的迂回系数 K 为 10。

表 5-4 需求点的坐标、需求量和运输费率

需求点编号	坐标(x,y)	需求量(w_j)	运输费率(h_j)	综合权重(w_j*h_j)
P1	(3,8)	2000	0.4	800
P2	(8,2)	3000	0.4	1200
P3	(2,5)	2500	0.6	1500
P4	(6,4)	1000	0.6	600
P5	(8,8)	1500	0.6	900

解：微分法求解可用 Excel 软件进行，如表 5-5 所示。

表 5-5 微分法用 Excel 软件迭代计算过程和结果

	A	B	C	D
1	迭代轮次	X 坐标	Y 坐标	总运输费 H
2	0	5.160	5.180	171 768.02
3	1	5.038	5.057	171 449.73
4	2	4.990	5.031	171 416.88
5	3	4.966	5.032	171 409.12
6	4	4.951	5.037	171 405.49
7	5	4.940	5.042	171 403.52
8	6	4.932	5.046	171 402.43
9	7	4.927	5.049	171 401.83
10	8	4.922	5.051	171 401.50
11	9	4.919	5.053	171 401.32
12	10	4.917	5.054	171 401.21
13	11	4.915	5.055	171 401.16
14	12	4.914	5.056	171 401.13
15	13	4.913	5.056	171 401.11
16	14	4.912	5.057	171 401.10
17	15	4.912	5.057	171 401.10

第一步：在 Excel 表中 B2 和 C2 单元格输入迭代初始解坐标。这里选择一般重心法下计算出来的设施点坐标值作为迭代初始解坐标。

$$x_0^{(0)} = (3 \times 800 + 8 \times 1200 + 2 \times 1500 + 6 \times 600 + 8 \times 900)/$$
$$(800 + 1200 + 1500 + 600 + 900) = 5.16$$

$$y_0^{(0)} = (8 \times 800 + 2 \times 1200 + 5 \times 1500 + 4 \times 600 + 8 \times 900)/$$
$$(800 + 1200 + 1500 + 600 + 900) = 5.18$$

第二步：在 Excel 表中 D2 单元格中输入总运输费 H 计算公式：

=10×(800×SQRT((C2−3)^2+(D2−8)^2)+1200×SQRT((C2−8)^2+(D2−2)^2)+1500×SQRT((C2−2)^2+(D2−5)^2)+600×SQRT((C2−6)^2+(D2−4)^2)+900×SQRT((C2−8)^2+(D2−8)^2))。

第三步：在 Excel 表中 B3 单元格中输入修正的 $(x_0^{(1)}, y_0^{(1)})$ 的计算公式，计算修正的 $(x_0^{(1)}, y_0^{(1)})$。

$$x_0^{(1)} = (3 \times 800/\text{SQRT}((C2-3)^2+(D2-8)^2)+8 \times 1200/\text{SQRT}((C2-8)^2+$$
$$(D2-2)^2)+2 \times 1500/\text{SQRT}((C2-2)^2+(D2-5)^2)+6 \times 600/\text{SQRT}((C2-6)^2+$$

(D2−4)^2)+8×900/SQRT((C2−8)^2+(D2−8)^2))/(800/SQRT((C2−3)^2+(D2−8)^2)+1200/SQRT((C2−8)^2+(D2−2)^2)+1500/SQRT((C2−2)^2+(D2−5)^2)+600/SQRT((C2−6)^2+(D2−4)^2)+900/SQRT((C2−8)^2+(D2−8)^2))

$y_0^{(1)}$=(8×800/SQRT((C2−3)^2+(D2−8)^2)+2×1200/SQRT((C2−8)^2+(D2−2)^2)+5×1500/SQRT((C2−2)^2+(D2−5)^2)+4×600/SQRT((C2−6)^2+(D2−4)^2)+8×900/SQRT((C2−8)^2+(D2−8)^2))/(800/SQRT((C2−3)^2+(D2−8)^2)+1200/SQRT((C2−8)^2+(D2−2)^2)+1500/SQRT((C2−2)^2+(D2−5)^2)+600/SQRT((C2−6)^2+(D2−4)^2)+900/SQRT((C2−8)^2+(D2−8)^2))

第四步：其他单元格按列进行公式复制，即可进行迭代计算。

经过15次迭代计算后，$H^{14}=H^{15}$，运费已无法减少，输出最优解($x_0^{(14)}$，$y_0^{(14)}$)，最小运输总费用为H^{14}。即物流设施的最佳位置为(4.91,5.06)，最小总运输费为171 401.10。

微分法求解也可利用Excel软件中"规划求解"工具，得到物流设施的最佳位置坐标。

3. 优缺点

微分法选址计算速度快，能快速找到使运输总成本最低的最优位置点。而且，不限于在特定的备选地点进行选择，灵活性较大。但由于自由度较大，由迭代法计算求得的最佳地点实际上往往很难找到，有的地点很可能在河流湖泊上或街道中间等而变得不可行。从模型本身及建立的假设条件看，还存在以下一些缺陷：

(1) 只考虑了可变的运输成本，没有考虑在不同地点建立设施点所需的固定成本及设施运营费用的差异。

(2) 假设运输成本与运距呈线性关系，而实际上呈非线性关系。

(3) 模型将待设施点与各仓需求点之间的路线假设为一条直线，实际上两点之间不可能总是直线距离。

(四) 多重心法

重心法可以用于单一物流节点的选址，也可以在多个物流节点选址时使用。多个物流节点选址时使用的重心法，称为多重心法。多重心法是聚类分析和重心法的结合使用。这时，需要将服务对象预先分成若干群组，群组的数量等于拟定的物流节点数量。然后，按照精确重心法找出每个群落的精确重心点，作为每个群落的物流节点。接着，按照运输费用最低原则调整群组成员，直到群组成员无变化为止。

具体步骤如下：

(1) 初步分组。确定分组原则，通常是相互之间空间距离近的服务对象组成一组。将服务对象按一定原则分成若干群组，组数等于拟设立的物流节点数。每个群组由一个物流节点负责，确定初步分配方案，转化为多个单一物流节点选址问题。

(2) 选址计算。用精确重心法确定每一个群组的单一物流节点选址位置。

(3) 计算运输费用并调整分组。计算每个服务对象到所有群组每个物流节点的运输费用，并按照运输费用最低原则调整分组方案，形成新的群组分配方案。

(4) 重复步骤(2)和(3)，直到群组分配方案(群组成员)无变化为止。此时，物流节点分配方案是最佳方案，物流节点的位置是最佳地址。

[例 5.4] A 公司计划建立两个物流配送点向 10 个居民小区送货,各居民小区的地址坐标和每日需求量如表 5-6 所示,物流配送点和居民小区之间的运价均为 1。用精确重心法如何确定两个物流配送点地址,使物流配送点和居民小区之间的送货费用最低。

表 5-6　居民小区地址坐标及每日需求量

居民小区编号	1	2	3	4	5	6	7	8	9	10
X 坐标	70	95	80	20	40	10	40	75	10	90
Y 坐标	70	50	20	60	10	50	60	90	30	40
每日需求量	8	10	6	5	7	8	12	5	11	9

解:(1) 初步分组。10 个居民小区分成(12345)、(6789 和 10)两组,每组由一个配送点送货。

(2) 选址计算。用精确重心法确定每组的配送点位置。第一组居民小区(12345),精确重心点为 $D_1(X_1,Y_1)=(74.342,46.147)$;第二组居民小区(6789 和 10),精确重心点为 $D_2(X_2,Y_2)=(40,60)$。

(3) 计算运输费用并调整分组。计算每个组内居民小区到所有配送点的运输费用,将计算结果列表,如表 5-7 所示。按照运输费用最低的配送点送货原则调整分组方案,形成新的群组分配方案,调整后分组为第一组(12358 和 10)、第二组(4679)。

表 5-7　第一次迭代的选址分配方案及运输费用

小区编号	1	2	3	4	5	6	7	8	9	10
X 坐标	70	95	80	20	40	10	40	75	10	90
Y 坐标	70	50	20	60	10	50	60	90	30	40
日需求量	8	10	6	5	7	8	12	5	11	9
到 $D_1(X_1,Y_1)$ 运费	193.9598	210.1425	160.513	280.3997	349.0171	515.6581	444.3693	219.2897	729.7087	151.3924
到 $D_2(X_2,Y_2)$ 运费	252.9822	559.017	339.4113	100	350	252.9822	0	230.4886	466.6905	484.6648

(4) 再次用精确重心法确定新的分组中每组配送点位置,即第一组为 $D_1(X_1,Y_1)=(87.144,44.292)$,第二组为 $D_2(X_2,Y_2)=(17.676,49.679)$。

(5) 重新计算新方案每个居民小区到所有配送点的运输费用,将计算结果列表,如表 5-8 所示。按照运输费用最低的配送点送货原则重新调整分组方案,调整后分组为第一组(1238 和 10)、第二组(45679)。

表 5-8　第二次迭代的选址分配方案及运输费用

小区编号	1	2	3	4	5	6	7	8	9	10
X 坐标	70	95	80	20	40	10	40	75	10	90
Y 坐标	70	50	20	60	10	50	60	90	30	40
日需求量	8	10	6	5	7	8	12	5	11	9
到 $D_1(X_1,Y_1)$ 运费	247.201	97.107 16	151.9242	344.7846	408.0765	618.8761	596.3044	236.4687	863.024	46.398 47

续表

小区编号	1	2	3	4	5	6	7	8	9	10
到$D_2(X_2,Y_2)$运费	252.9822	773.2476	414.1793	52.89707	318.6949	61.46167	295.1327	350.422	232.3538	656.7191

（6）再次用精确重心法确定每组的配送点位置，即第一组为$D_1(X_1,Y_1)=(90.063,47.843)$，第二组为$D_2(X_2,Y_2)=(19.906,45.474)$。

第一组（1238和10），精确重心法的迭代计算，如表5-9所示。

表5-9　第一组居民小区（1238和10）配送点的精确重心法迭代计算

	A	B	C	D
1	迭代轮次	X坐标	Y坐标	总运输费H
2	0	83.5526	52.3684	2076.71128661
3	1	86.91684	50.18257	778.65363405
4	2	88.63207	48.77224	768.06578728
5	3	89.46747	48.14234	765.54912693
6	4	89.81992	47.91183	765.12995195
7	5	89.95795	47.84113	765.07211803
8	6	90.01269	47.82517	765.06405465
9	7	90.0361	47.82546	765.06260659
10	8	90.04727	47.82939	765.06221012
11	9	90.05322	47.83325	765.06206241
12	10	90.05668	47.83624	765.06200021
13	11	90.05883	47.83836	765.06197307
14	12	90.0602	47.83982	765.06196111
15	13	90.06109	47.84081	765.06195582
16	14	90.06168	47.84147	765.06195349
17	15	90.06207	47.84191	765.06195246
18	16	90.06233	47.8422	765.06195200
19	17	90.0625	47.8424	765.06195180
20	18	90.06261	47.84253	765.06195171
21	19	90.06269	47.84261	765.06195167
22	20	90.06274	47.84267	765.06195165
23	21	90.06277	47.84271	765.06195164
24	22	90.06279	47.84274	765.06195164

在Excel表中B2和C2单元格输入的迭代初始解坐标，这里选择的是一般重心法下计算出来的设施点坐标值。

$$x_0^{(0)}=(70\times8+95\times10+80\times6+75\times5+90\times9)/(8+10+6+5+9)=83.5526$$

$$y_0^{(0)}=(70\times8+50\times10+20\times6+90\times5+40\times9)/(8+10+6+5+9)=52.3684$$

（7）重新计算新方案每个居民小区到所有配送点的运输费用，将计算结果列表，如表5-10所示。按照运输费用最低的配送点送货原则确定分组方案，分组情况没有变化，仍为第一组（1238和10）、第二组（45679）。

表 5-10　第三次迭代的选址分配方案及运输费用

小区编号	1	2	3	4	5	6	7	8	9	10
X 坐标	70	95	80	20	40	10	40	75	10	90
Y 坐标	70	50	20	60	10	50	60	90	30	40
日需求量	8	10	6	5	7	8	12	5	11	9
到 $D_1(X_1,Y_1)$ 运费	239.126	53.87636	177.6341	355.5495	439.2965	640.7364	618.2151	223.8362	902.2989	70.58928
到 $D_2(X_2,Y_2)$ 运费	446.2059	752.3027	391.6219	72.63152	285.3883	87.12786	297.5355	354.1862	202.1049	632.7668

因此，第一组（1238 和 10），第二组（45679）。这一分组方案即为最佳方案，两个配送点的位置坐标分别为：$D_1(X_1,Y_1)=(90.063,47.843)$，$D_2(X_2,Y_2)=(19.906,45.474)$，分别服务于 1、2、3、8 和 10 居民小区和 4、5、6、7、9 居民小区，最低总运费为 1709.85。

多重心法计算时，初始分组方案的正确性高低，直接影响计算的收敛性。如图 5-9 所示，观察十个居民小区的空间位置。按照相互之间空间距离近的点组成一组原则，如果初次分组就为（1238 和 10）和（45679），那么经过一次迭代计算就可得出最佳分组方案和两个物流配送点的位置坐标。

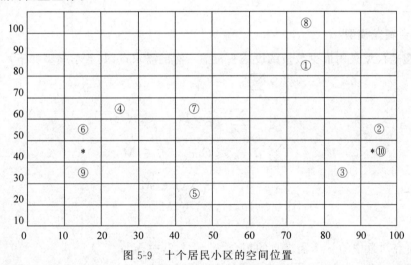

图 5-9　十个居民小区的空间位置

二、离散选址法

离散选址法（discrete location methods）解决的是离散选址问题，即选址目标区域是一个离散的候选位置的集合，且候选位置的数量通常是有限的，目标是在有限的候选位置里，选择最为合适的若干位置为最优方案。这种方法的候选方案只有有限个元素，需要对这几个有限的位置进行分析，比较切合实际，常用于设施的详细选址。离散选址法主要有覆盖模型（covering）、P-中值模型、CFLP 法、加权因素分析法等。

（一）覆盖模型

覆盖模型（covering），指对于需求已知的一些需求点，如何确定一组服务设施来满足这些需求点的需求。该模型需要确定服务设施的最小数量和合适位置,适用于商业物流系统,如零售点、加油站、配送中心等的选址;公用事业系统中急救中心、消防站等的选址;计算机与通信系统中有线电视网的基站、无线通信网络的基站、计算机网络中的集线器设置等的选址。

根据解决问题的方法的不同,覆盖模型可以分为两种主要模型。一是集合覆盖模型(set covering location),用最少数量的设施去覆盖所有的需求点,如图 5-10 所示;二是最大覆盖模型(maximum covering location),在给定数量的设施下,覆盖尽可能多的需求点,如图 5-11 所示。两种模型的区别在于:集合覆盖模型的目标是覆盖所有的需求点,而最大覆盖模型的目标是覆盖尽可能多的需求点。两种模型的应用取决于服务设施的资源是否充足。

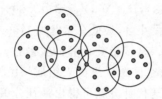
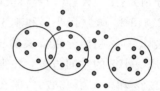

图 5-10　集合覆盖模型　　　　图 5-11　最大覆盖模型

1. 集合覆盖模型

集合覆盖模型是用最少数量的设施去覆盖所有的需求点,其数学模型如下:

$$\min \sum_{j \in N} x_j \tag{5.17}$$

$$\text{s.t.} \quad \sum_{j \in B(i)} y_{ij} = 1, \quad i \in N \tag{5.18}$$

$$\sum_{i \in A(j)} d_i y_{ij} \leqslant C_j x_j, \quad j \in M \tag{5.19}$$

$$y_{ij} \geqslant 0, \quad i \in N, j \in M \tag{5.20}$$

$$x_j \in \{0, 1\}, \quad j \in M \tag{5.21}$$

式中,

N:研究对象中的 n 个需求点的集合,$N = (1, 2, \cdots, n)$;

M:研究对象中的 m 个设施节点候选点的集合,$M = (1, 2, \cdots, m)$;

d_i:第 i 个需求点的需求量;

C_j:设施节点 j 的容量;

$A(j)$:设施节点 j 所覆盖的需求点的集合;

$B(i)$:可以覆盖需求点 i 的设施节点 j 的集合;

y_{ij}:需求点 i 的需求中被分配给设施节点 j 服务的部分,$y_{ij} \leqslant 1$;

x_j:节点候选点 j 是否被选中成为设施节点,如选中为 1,未被选中为 0。

式(5.17)是目标函数,被选中成为设施节点的数量最小化。式(5.18)保证每个需求点的需求都得到完全满足。式(5.19)对每个设施节点的服务能力的限制,即每个设施节点提供给其覆盖的各个需求点的需求量之和不超过其自身的容量。式(5.20)允许一个设施节点为某个需求点提供部分需求。式(5.21)保证一个节点候选点只能被选中一次,即只能建设一个设施节点。

对于此类带有约束条件的极值问题,有两大类方法可以进行求解。一是精确算法(Exact Methods),应用分枝界定求解的方法能够找到小规模问题的最优解,由于运算量方面的限制,一般也只适用于小规模问题求解,可用 LINGO 软件求解。二是启发式算法(Heuristic Methods),所得到的结果不能保证是最优解,但是可以保证是较满意的可行解,可以对大型问题进行有效的分析、求解,显著减少运算量。

集合覆盖模型的一种启发式算法的求解步骤,如下面例题 5.5 所示。

[例 5.5] 某团购企业拟建立若干提货点,为九个居民小区提供提货服务。提供点的服务半径为 3 公里。其中,第六个居民小区不适合建立提货点,其他八个居民小区均可作为提货点候选地。居民小区位置与相对距离,如图 5-12 所示,圆圈中数字 1,2,…,9 为居民小区编号,圆圈之间连线旁数字为两个居民小区之间的距离,单位为公里。请对该团购企业至少建设几个提货点和相应位置进行决策分析。

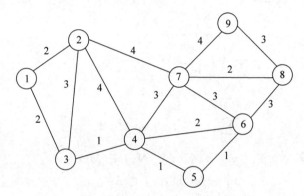

图 5-12 居民小区位置及相对距离(公里)

解:(1)根据约束条件:提供点的服务半径为 3 公里和第六个居民小区不适合建立提货点,每个提货点候选地能服务的居民小区集合为 $A(j)$,可以给每个居民小区提供服务的提货点候选地集合为 $B(i)$。例如,如果在居民小区 1 候选地建立提货点,其服务的居民小区集合 $A(1)$ 为{1,2,3,4};如果给居民小区 1 提供提货服务,可以选择的提货点候选地集合 $B(i)$ 为{1,2,3,4}。具体分析结果,如表 5-11 所示。

表 5-11 提货点候选地的服务范围

居民小区编号	提货点候选地能服务的居民小区集合 $A(j)$	给居民小区提供提货服务的提货点候选地集合 $B(i)$
1	1,2,3,4	1,2,3,4
2	1,2,3	1,2,3
3	1,2,3,4,5,6	1,2,3,4,5
4	1,3,4,5,6,7	1,3,4,5,7
5	3,4,5,6	3,4,5
6		3,4,5,7,8
7	4,6,7,8	4,7,8
8	6,7,8,9	7,8,9
9	8,9	8,9

(2) 在提货点候选地能服务的居民小区集合 A(j) 中,找出可以成为其他候选地服务范围的子集,将其省去,可以简化问题。由表 5-7 可知,提货点候选地 1 和 2 的服务范围都是候选地 3 服务范围的一个子集,提货点候选地 5 服务范围是候选地 4 服务范围的一个子集,提货点候选地 9 服务范围是候选地 8 服务范围的一个子集,将其略去。简化后,{3,4,7,8} 是提货点候选地的集合。

(3) 确定合适解。在剩下的提货点候选地集合中,显然任何一个候选地建提货点都不能覆盖所有居民小区,故考虑建两个提货点。经过组合穷举,发现 {3,8} 是可以覆盖所有居民小区的一个数量最少的提货点组合解。因此,该团购企业需要建立 2 个提货点,位置分别在 3 和 8 居民小区所在地,分别服务于 1、2、3、4、5、6 居民小区和 6、7、8、9 居民小区。

2. 最大覆盖模型

最大覆盖模型是在给定数量的设施下,覆盖尽可能多的需求点,但可能不能满足所有需求点的服务,其数学模型如下:

$$\max \sum_{j \in M} \sum_{i \in A(j)} d_i y_{ij} \tag{5.22}$$

$$\text{s.t.} \sum_{j \in B(i)} y_{ij} \leqslant 1, \quad i \in N \tag{5.23}$$

$$\sum_{i \in A(j)} d_i y_{ij} \leqslant C_j x_j, \quad j \in M \tag{5.24}$$

$$\sum_{j \in M} x_j = p, \quad j \in M \tag{5.25}$$

$$y_{ij} \geqslant 0, \quad i \in N, j \in M \tag{5.26}$$

$$x_j \in \{0,1\}, \quad j \in M \tag{5.27}$$

式中,

N:研究对象中的 n 个需求点的集合,$N=(1,2,\cdots,n)$;

M:研究对象中的 m 个设施节点候选点的集合,$M=(1,2,\cdots,m)$;

d_i:第 i 个需求点的需求量;

C_j:设施节点 j 的容量;

p:允许建设的设施节点数目;

$A(j)$:设施节点 j 所覆盖的需求点的集合;

$B(i)$:可以覆盖需求点 i 的设施节点 j 的集合;

y_{ij}:需求点 i 的需求中被分配给设施节点 j 服务的部分,$y_{ij} \leqslant 1$;

x_j:节点候选点 j 是否被选中成为设施节点,如选中为 1,未被选中为 0。

式(5.22)是目标函数,可以提供服务的需求点最大化,即为尽可能多的需求点提供服务。式(5.23)需求点的需求有可能得不到满足。式(5.24)对每个设施节点的服务能力的限制,即每个设施节点提供给其覆盖的各个需求点的需求量之和不超过其自身的容量。式(5.25)是允许建设的设施节点数的限制。式(5.26)允许一个设施节点为某个需求点提供部分需求。式(5.27)保证一个节点候选点只能被选中一次,即只能建设一个设施节点。

同集合覆盖模型一样,最大覆盖模型也可采用精确算法和启发式算法求解。最常用的启发式方法是 1974 年理查德·丘奇(Richard Church)和查尔斯·维勒(Charles Re Velle)设计的贪婪启发式方法。该方法是首先求出可以作为设施节点候选点的集合,并以一个空集合作为原始中的解集合；然后，在剩下的所有其他候选点中选择一个最大满足能力的候选点加入到原始解集合，作为二次解；如此往复，直到解集合中设施节点的数目满足要求为止。

[例 5.6] 某团购企业拟建立两个提货点，为九个居民小区提供提货服务。提供点的服务半径为 3 公里。其中，第六个居民小区不适合建立提货点，其他八个居民小区均可作为提货点候选地。居民小区位置与相对距离，如图 5-13 所示，圆圈中数字 1,2,…,9 为居民小区编号，圆圈之间连线旁数字为两个居民小区之间的距离，单位为公里。请对该团购企业两个提货点的服务对象和相应位置进行决策分析。

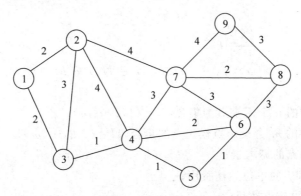

图 5-13　居民小区位置及相对距离（公里）

解：(1) 首先求出提货点候选地的集合是{3,4,7,8}（例题 5.5 已经求出），并令初始解 $S=$ 空集；

(2) 二次解，比较 3、4、7、8 提货点的服务范围。最大覆盖能力的候选点有 3 和 4 两个，都能覆盖 6 个居民小区。因此，分别将 3 和 4 加入解集 S，即 $S=\{3\}$，或 $S=\{4\}$。

(3) 重复(2)，除去候选点 3，将能覆盖剩下的居民小区能力最大的提货点候选点加入解集 S，即 $S=\{3,8\}$；除去候选点 4，将能覆盖剩下的居民小区能力最大的提货点候选点加入解集 S，即 $S=\{4,8\}$。至此，已经达到两个提货点的数量要求。比较两个解，发现 $S=\{3,8\}$ 可以满足 9 个居民小区的提货需求，而 $S=\{4,8\}$ 只能满足 8 个居民小区的提货需求。所以，因此，该团购企业建立 2 个提货点的位置分别在 3 和 8 居民小区所在地，分别服务于 1、2、3、4、5、6 居民小区和 6、7、8、9 居民小区。

（二）P-中值模型

P-中值模型指在一个给定数量和位置的需求集合和一个候选设施位置集合下，分别为 P 个设施找到合适的位置，并指派每个需求点被一个特定的设施服务，使之达到在各设施点和需求点之间的运输费用之和最低。

P-中值模型的原理，用图形表达如图 5-14 所示。图中圆圈表示需求点及相应位置，共 20 个需求点；三角形表示候选设施及相应位置，共 6 个候选设施点及位置；P 等于 3。

P-中值模型的原理，用数学模型表示如下：

$$\min \sum_{i \in N} \sum_{j \in M} d_i C_{ij} y_{ij} \tag{5.28}$$

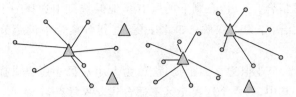

图 5-14 P-中值模型的图形表达(P=3)

$$s.t. \sum_{j \in M} y_{ij} = 1, \quad i \in N \tag{5.29}$$

$$y_{ij} \leqslant x_j, \quad i \in N, j \in M \tag{5.30}$$

$$\sum_{j \in M} x_j = p \tag{5.31}$$

$$x_j, y_{ij} \in \{0,1\}, \quad i \in N, j \in M \tag{5.32}$$

式中，

N：研究对象中的 n 个需求点的集合，$N=(1,2,\cdots,n)$；

M：研究对象中的 m 个设施点候选点的集合，$M=(1,2,\cdots,m)$；

d_i：第 i 个需求点的需求量；

C_{ij}：从地点 i 到 j 的单位运输费用；

p：允许建设的设施点数目（$p<m$）；

y_{ij}：需求点 i 的需求是否被分配给设施节点 j 来提供服务，0-1 决策变量，需求点 i 由设施节点 j 来服务为 1，否则为 0；

x_j：设施候选点 j 是否被选中成为设施点，0-1 决策变量，选中为 1，未被选中为 0。

式(5.28)是目标函数，表示各需求点到服务它的设施点之间的运输费用之和最低。式(5.29)保证每一个需求点只有一个设施点来提供服务。式(5.30)保证未被选中的设施候选点不能为需求点提供服务。式(5.31)是允许建设的设施点数目为 p 个。式(5.32)保证一个设施候选点只能被选中一次，即只能建设一个设施点，且一个需求点只有一个设施点来提供服务。

求解 P-中值模型，需要解决两个方面问题：(1)选择合适设施位置，即模型中的 x 决策变量；(2)指派需求点到相应的设施中，即模型中的 y 决策变量。

一旦设施位置确定之后，由于设施服务能力在模型中没有限制，再指派每个需求点被一个特定的设施点服务，达到在各设施点和需求点之间的运输费用之和最低就十分简单了。

与覆盖模型相似，求解 P-中值模型的设施选址问题主要有两种主要方法，即精确算法和启发式算法。下面介绍一种求解 P-中值模型的启发式算法——贪婪取走启发式算法 (greedy dropping heuristic algorithm)。

贪婪取走启发式算法的步骤如下：

(1) 初始化，令循环参数 $K=m$，即所有的 m 个候选设施点位置都选中，将每个需求点指派给 k 个设施点中距离最近的一个设施点服务，求出总运输费用。

(2) 从 k 个设施点中选择并取走一个设施点，满足以下条件：将它取走，并将它服务的需求点重新指派给其他的最近设施点后，总运输费用的增加量最小，然后令 $K=K-1$。

(3) 重复(2),直至 $K = P$。

[**例 5.7**] 某公司在华南地区有 6 个零售客户 A1～A6,公司拟在该地区新建 2 个仓库,用最低的运输成本来满足这 6 个零售客户的送货需求。经实地考察后,公司确定了 5 个仓库候选地 D1～D5,从候选地到零售客户的单位运输成本、各零售客户的需求量已经确定,如表 5-12 所示。试确定新建 2 个仓库的位置和客户分派情况。

表 5-12　从候选地到客户的单位运输成本和客户需求

	D1	D2	D3	D4	D5	需求量(吨)
A1	8	9	25	6	11	45
A2	4	11	28	2	24	20
A3	5	8	12	20	13	50
A4	8	6	10	25	5	100
A5	15	10	8	28	10	80
A6	18	3	5	27	2	40

解:(1) 对表 5-12 单位运输成本进行比较,按距离最近进行分派,得到初始化结果:即 A1 由 D4 服务,A2 由 D4 服务,A3 由 D1 服务,A4 由 D5 服务,A5 由 D3 服务,A6 由 D5 服务。总运输费用 $=250+640+270+40+500+80=1780$,$K=4$。注意:在初始化结果中,仓库候选地 D2 不涉及,直接淘汰。

(2) 分别移走仓库候选地 D1、D3、D4、D5,按照距离最近,将受影响的客户重新指派给其他的最近设施点,计算各自运输费用增量。

移走 D1,受影响的是 A3,将 A3 指派给 D3,增量 $=(12-5)\times50=350$;

移走 D3,将 A5 指派给 D5,运输费用增量 $=(10-8)\times80=160$;

移走 D4,将 A1 指派给 D1,将 A2 指派给 D1,增量 $=(8-6)\times45+(4-2)\times20=130$;

移走 D5,将 A4 指派给 D1,将 A6 指派给 D3,增量 $=(8-5)\times100+(5-2)\times40=420$;

移走 D4 的费用增量最低,所以移走 D4,将 A2 指派给 D1,将 A2 指派给 D1,$K=3$。

(3) 分别移走 D1、D3、D5,按照距离最近,将受影响的客户重新指派给其他的最近设施点,计算各自运输费用增量。

移走 D1,将 A1 指派给 D5,将 A2 指派给 D5,将 A3 指派给 D3,

运输费用增量 $=(11-8)\times45+(24-4)\times20+(12-5)\times50=885$;

移走 D3,将 A5 指派给 D5,运输费用增量 $=(10-8)\times80=160$;

移走 D5,将 A4 指派给 D1,将 A6 指派给 D3,增量 $=(8-5)\times100+(5-2)\times40=420$;

移走 D3 的增量成本最低,所以移走 D3,将 A5 指派给 D5,$K=2$,循环结束。

所以,在 D1、D5 两地设立仓库,D1 服务于 A1、A2、A3,D5 服务于 A4、A5、A6,总运输费用 $=8\times45+4\times20+5\times50+5\times100+10\times80+2\times40=690+1380=2070$。

最终方案的运输费用也可以按照初始化运输费用加上分析过程中移走仓库候选地带来的运输费用增量来计算,如总运输费用 $=1780+130+160=690+1380=2070$。

(三) CFLP 法

CFLP(capacitated facility location problem)法也称"灵活配置法",主要针对一大片具

有若干居民小区的经济区域,准备在这些居民小区中找几个居民小区设立为物流配送中心,分别为其周围的居民小区提供物流配送服务。CFLP法研究这些物流配送中心的位置如何确定、服务范围如何确定等问题。由于这种物流配送中心的位置可以在区域内各个居民小区中灵活选择,因此称为灵活配置法。

1. 问题描述和模型建立

CFLP法针对网点规模有限的情况提出,解决的是带容量限制的多设施选址问题,其问题描述如下:某公司有 n 个销售地区,每个销售地区的需求量已知。公司拟建立若干个物流配送中心,负责向各个销售地区配送物资。经考察分析,确认物流配送中心候选地点有 m 个,每个候选地点都有容量限制,并且有建造成本或租赁成本等固定成本。如何从 m 个候选地点中选择 k 个地点修建物流配送中心,使物流费用达到最低。

CFLP问题的数学模型为:

$$\min Z = \sum_{i=1}^{m}\sum_{j=1}^{n} C_{ij} X_{ij} + \sum_{i=1}^{m} F_i Y_i \tag{5.33}$$

$$\text{s.t.} \quad \sum_{i=1}^{m} X_{ij} = D_j, \quad j=1,2,3,\cdots,n \tag{5.34}$$

$$\sum_{j=1}^{n} X_{ij} \leqslant W_i Y_i, \quad i=1,2,3,\cdots,m \tag{5.35}$$

$$\sum_{i=1}^{m} Y_i \leqslant k \tag{5.36}$$

$$Y_i \in \{0,1\} \tag{5.37}$$

$$X_{ij} \geqslant 0$$

式中,

i:物流配送中心候选地点,$i=1,2,\cdots,m$;

j:销售地区,$j=1,2,\cdots,n$;

k:物流配送中心拟建个数;

D_j:销售地 j 的物资需求量;

F_i:物流配送中心候选地点 i 的建设固定成本;

W_i:物流配送中心 i 的容量;

C_{ij}:从物流配送中心 i 到销售地 j 的单位运输费用;

X_{ij}:从物流配送中心 i 到销售地 j 的物资运输量(决策变量);

Y_i:物流配送中心候选地 i 被选中时取 1,否则为 0(0-1 决策变量)。

式(5.33)为目标函数,由物流配送中心的外向运输成本和建设固定成本两部分成本组成。这里没有考虑物流配送中心候选地的进货成本,是假定物流配送中心候选地的进货成本均相等。如果考虑物流配送中心候选地的进货成本,则问题变为运输中的转运问题。解转运问题模型,除了得到物流网点与需求地之间的供货范围外,同时还确定了物流网点与供应地(资源地)之间的供货关系。式(5.34)表示所有销售地的需求都得到满足。式(5.35)表示被选中的每个物流配送中心候选地向销售地的送货量之和不能超过它的容量限制。式(5.36)表示被选中的物流配送中心候选地的总数不能超过拟建个数。式(5.37)保证一个物流配送中心候选地只能被选中一次,即只能建设一个设施点。

2. 求解的基本思想

CFLP 问题的求解，需要从 m 个候选地中选出 k 个地点修建物流设施，整个问题变为运输规划问题的求解。这只需要运用运输规划方法来求解，计算工作大为简化。

CFLP 问题求解的基本思想：首先，假定节点选址方案已经确定，即给出一组初始网点设置地址。其次，根据初始选址方案按运输规划模型求出初始网点的供货范围。然后，在各供货范围内分别移动网点到其他备选地址上，以使各供货范围内的总成本下降，找到各供货范围内总成本最小的新地址设置网点。最后，再将新网点设置地址方案代替初始方案，重复上述过程直至各供货范围内总成本不能再下降时为止。

3. 求解的基本步骤

(1) 确定物流网点地址的初始方案

定性分析，根据备选网点中转能力和需求分布情况，选择 q 个地点作为设置网点初始方案。初始方案选择是否恰当，直接影响整个计算过程的收敛速度。

(2) 确定各网点供货范围

用求解运输问题的方法确定暂定物流网点的供货范围。

设暂定物流网点为 $D_k(k=1,2,\cdots,q)$，物流网点的固定成本为 $F_k(k=1,2,\cdots,q)$，网点的最大规模为 d_k。如果有 n 个需求用户，各用户的需求量为 $b_j(j=1,2,\cdots,n)$。以运输成本 F' 最低为目标，即可构成运输规划模型。

$$\min F' = \sum_{k=1}^{q}\sum_{j=1}^{n} C_{kj} X_{kj}$$

$$\begin{cases} \sum_{j=1}^{n} X_{kj} \leqslant d_k & (5.38) \\ \sum_{k=1}^{q} X_{kj} \geqslant b_j & (5.39) \\ X_{kj} \geqslant 0 & (5.40) \end{cases}$$

该模型中，$k=1,2,\cdots,q$；$j=1,2,\cdots,n$。

求解出运输问题，即可求得各暂定物流网点的供货范围（子区域）。求解出的运输问题的结果可能出现一个用户同属于不同的子区域，但对整个问题的解决并无影响，因为只需要在不同子区域的用户集合中重复考虑即可。

(3) 寻找物流网点地址的新方案

在各供货子区域内移动网点到其他备选地址上，并按以下费用函数计算子区域内的区域总费用：

$$F_{ki} = \sum_{j \in J_k} C_{ij} X_{ij} + f_{ki} \quad k=1,2,\cdots,q; \; i \in I_k \tag{5.41}$$

式(5.41)中，f_{ki} 为网点设置的固定成本，I_k 为各供货子区域内的网点备选地址，J_k 为用户集合。在此基础上，找出各供货范围内使区域总费用最小的网点设置点，即满足：$F_k = \min_{j \in J_k}\{F_{ki}\}$ $k=1,2,\cdots,q$ 的网点地址 D_k，对所有 q 个子区域可得到新的网点设置方案 $\{D_k\}$，$k^q=1$。

(4) 新旧方案比较

为便于区别，引进迭代次数的上角标 n，$n=0$ 为初始方案。对于 $\{D_k^1\}$ 和 $\{D_k^0\}$ 新旧两个方案，分析不等式：

$$\sum_{k=1}^{q} F_k^1 \leqslant \sum_{k=1}^{q} F_k^0$$

如果$\{D_k^1\}$和$\{D_k^0\}$完全相同,则公式中必有等式成立,说明已找到最终解,即$\{D_k^1\}$即是满意的网点选址方案。否则,将新方案代替旧方案,重复步骤(2)至步骤(4),直至$\{D_k^n\}$和$\{D_k^{n-1}\}$完全相同时为止。

按以上步骤求得的最终解,虽然在理论上没有证明是最优解,但从上面公式可以看出,系统的总费用为:$F = \sum_{k=1}^{q} F_k^n$。

对$\{D_k^0\}_{k=1}^{q}$是单调下降的,因此可以认为所得到的解是满意解。

[例 5.8] 在某区域内,物流网络结构如图 5-15 所示。其中,有 12 个需求点,"△"中的数字为各点需求量,弧线旁的数字为运价系数。现需要从 12 个需求点的位置上选择 3 个点作为物流网点设置地址。假定物流网点的最大规模为 13,每个物流网点的固定成本为 10。用 CFLP 法确定 3 个物流网点的设置地址,使系统总费用最低。

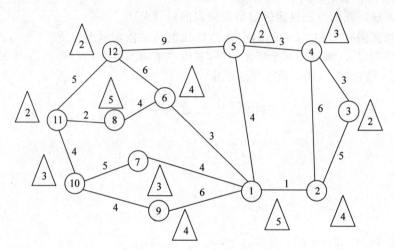

图 5-15 物流网络结构图

解:由题目可知,物流网点备选地址有 12 个,选择 3 个作为物流网点设置地址。

(1) 确定物流网点地址的初始方案。根据图 5-13 备选网点中转能力和需求分布情况,选定备选地址中的 4,6,9 点组成初始方案,即$\{D_k^0\}$为(4,6,9)。

(2) 确定各网点供货范围。用求解运输问题的方法确定暂定物流网点的供货范围。

以 4,6,9 为发货点,各点发货量均为 13;以需求点为收货点,需求量已知;收、发货点之间的费用系数用最短路径法求得,构成运输规划模型,如表 5-13 所示。

表 5-13 运 输 模 型

	1	2	3	4	5	6	7	8	9	10	11	12	供应量
4	7	6	3	0	3	10	11	14	13	16	15	12	13
6	3	4	9	10	7	0	6	4	9	10	6	6	13
9	6	7	12	13	10	9	9	10	0	4	8	13	13
需求量	5	4	2	3	2	4	3	5	4	3	2	2	

注:第一列 4,6,9 为供应点,第一行 1,2,3,…,12 为需求点,行列相交处数字为供应点到需求点的最小运价系数。

求解此运输问题,即可求得最优解,如表 5-14 所示,即为最始网点选址方案。

表 5-14 初 始 方 案

	1	2	3	4	5	6	7	8	9	10	11	12	供应量
4	2	4	2	3	2								13
6						4	2	5				2	13
9	3						1		4	3	2		13
需求量	5	4	2	3	2	4	3	5	4	3	2	2	

注:第一列 4,6,9 为供应点,第一行 1,2,3,…,12 为需求点,行列相交处数字为供应点到需求点的运输量。

根据表 5-14 初始网点选址方案,初始网点(4,6,9)的供货子区域的用户集合为:

$$J_4=(1,2,3,4,5)$$
$$J_6=(6,7,8,12)$$
$$J_9=(1,7,9,10,11)$$

(3) 寻找各子区域内使区域总费用最小的网点设置方案。

初始网点 4 的供货子区域:$J_4=(1,2,3,4,5)$。在供货子区域内移动网点到其他备选地址上,并按以下费用函数计算子区域内的区域总费用:

$$F_{ki}=\sum_{j\in J_k}C_{ij}X_{ij}+f_{ki} \quad k=1,2,\cdots,q;\ i\in I_k$$

移动网点到 1,$F_{4,1}= 0+1\times4+6\times2+7\times3+4\times2+10=55$
移动网点到 2,$F_{4,2}= 1\times2+0+5\times2+6\times3+5\times2+10=50$
移动网点到 3,$F_{4,3}= 6\times2+5\times4+0+3\times3+6\times2+10=63$
原初始网点 4,$F_{4,4}= 7\times2+6\times4+3\times2+0+3\times2+10=60$
移动网点到 5,$F_{4,5}= 4\times2+5\times4+6\times2+3\times3+0+10=59$

$F_{4,2}$ 最小,在初始网点 4 的供货子区域(1,2,3,4,5)内,在备选地址 2 设置网点时区域总费用最低,故网点设置由需求点 4 调整到需求点 2。

同样,初始网点 6 的供货子区域(6,7,8,12)内,还是网点设置在需求点 6 时区域总费用最低,总费用为:$0+7\times2+4\times5+6\times2+10=56$;

初始网点 9 的供货子区域(1,7,9,10,11)内,网点设置在需求点 10 时总费用最低,故网点设置由需求点 9 调整到需求点 10,总费用为:$0+9\times3+5\times1+4\times4+0+4\times2+10=66$。新的网点设置方案$\{D_k^1\}$为(2,6,10),总费用为 $50+56+66=172$。

(4) 新旧方案比较

旧网点设置方案$\{D_k^0\}$的总费用为 $60+56+ F_{9,9}=116+6\times3+9\times1+0+4\times3+8\times2+10=175$。

新旧网点设置方案不一样,必有:新网点设置方案总费用<旧网点设置方案总费用,返回步骤(2),重复步骤(2)、(3)、(4)。

第二次迭代所得新方案$\{D_k^2\}$为(2,6,10),与前一次方案$\{D_k^1\}$完全一样,说明不能继续改进,已经获得最终解(满意解)。

所以,最佳物流网点选址地址为(2,6,10),网点规模为 13,这样设置物流网点的系统总费用为 172。

上面讨论的是物流网点数目有限的情况。如果设置的物流网点数目没有限制,则只需对网点数目为 1,2,3,…,12 诸情况分别进行讨论,找出使系统总费用最低的网点数目作为最佳方案即可。

(四) 加权因素分析法

加权因素分析法既可考虑影响节点选址的定量因素,也可考虑定性因素,但在分析前先要确定一系列的候选点,具体步骤如下:

(1) 确定一组相关的选址影响因素。
(2) 对每一因素赋以一个权重,反映这个因素在所有因素中的重要性。
(3) 对所有因素确定一个共同的打分标准和打分范围,一般是 1~10。
(4) 对每一个候选点的所有因素按照打分标准和范围打分。
(5) 对每一个候选点所有因素的打分与对应的权重相乘,并把所有因素的权重值相加,得到每一个候选点的综合加权分值。
(6) 选择综合加权分值最高的候选点作为最佳选址。

加权因素分析法的计算公式:

$$A_i = \sum W_j \cdot S(i,j), \quad i=1,2,3,\cdots,m; W_j \geqslant 0, j=1,2,3,\cdots,n \quad (5.42)$$

式中,i 表示候选点,有 $1,2,3,\cdots,m$ 共 m 个。
j 表示影响因素,有 $1,2,3,\cdots,n$ 共 n 个。
A_i 表示候选点 i 在所有因素上的综合加权分值。
W_j 表示因素的权重。
$S(i,j)$,表示候选点 i 在因素 j 上的打分。
满意方案 $A^* = \{A_i | \max |[A_i]\}, 1 \leqslant i \leqslant m$。

[例 5.9] 某配送中心有 A、B、C 三个候选地址,选址影响因素有 10 个,各因素重要性权重如表 5-15 所示,问最优选址在哪个候选地?

解:配送中心的 A、B、C 三个候选地址的加权因素计算,如表 5-15 所示。

表 5-15 加权因素分析评价

影响因素	权重	候选地址 A		候选地址 B		候选地址 C	
		评分	加权得分	评分	加权得分	评分	加权得分
劳动条件	7	2	14	3	21	1	7
地理条件	5	4	20	2	10	2	10
气候条件	6	4	24	4	24	2	12
资源供应	4	4	16	4	16	3	12
基础设施	3	1	3	1	3	5	15
产品销售	2	4	8	2	4	4	8
生活条件	6	1	6	1	6	2	12
环境保护	5	2	10	3	15	1	5
政治文化	3	3	9	3	9	3	9
扩展条件	1	4	4	4	4	2	2
总计			114		112		92

根据表 5-15,候选地址 A、B、C 的综合加权分值分别为 114、112、92。候选地址 A 的分值最高,故该配送中心最优选址在 A 候选地。

三、轴辐式网络的枢纽站点选址方法

前面讲的几种物流节点选址问题与方法，其货物运输都是单向的，即从一个地方运送到另一个地方，没有考虑车辆返回的空载率。为了提高物流系统的效率，必须建立一种双向运输的物流网络。轴辐式或中枢辐射式网络就是通过中转进行双向运输的物流网络，是干线运输与地方支线运输相结合的物流网络。所以，轴辐式网络选址是研究有双向物流运输的设施节点选址问题，主要考虑网络节点中的枢纽站点如何选址。

轴辐式物流网络形式根据枢纽节点的多少，可以分为单一枢纽站轴辐式物流网络和多枢纽站轴辐式物流网络。单一枢纽站轴辐式物流网络根据站点之间连接关系，可进一步分为单一枢纽站纯轴辐式物流网络和单一枢纽站复合轴辐式物流网络。多枢纽站轴辐式物流网络根据枢纽节点与站点之间连接关系，可进一步分为多枢纽站单一分派轴辐式物流网络和多枢纽站多分派轴辐式物流网络。下面，主要介绍多枢纽站单一分派轴辐式物流网络和多枢纽站多分派轴辐式物流网络两种情况下的网络枢纽站点选址方法。

（一）多枢纽站单一分派轴辐式网络的枢纽站点选址方法

1. 问题描述

多枢纽站单一分派轴辐式网络的结构如图 5-16 所示，其枢纽站点选址的问题描述如下：在一个有 n 个节点的物流网络中，每个节点都可能是货物的起始点或终止点，货物从起始地（origin）经若干个节点到达目的地（destination）的流通量称为 OD 量，经过的节点链称为 OD 流；根据多枢纽站轴辐式网络组织模式要求，每条 OD 流汇聚于一个或两个枢纽站（hub）后到达目的地，由于枢纽站之间的运输是干线运输，具有规模效益，从而节约了整个系统的物流成本。问题是如何从 n 个网络节点中选择 p 个节点作为枢纽站点，以使整个物流网络的物流成本最小。这个问题又称为 p-hub 选址分配问题。

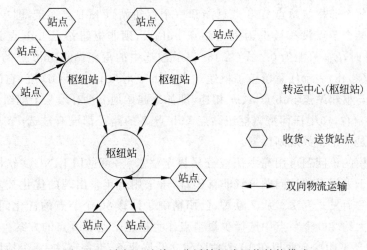

图 5-16 多枢纽站单一分派轴辐式网络结构模式

2. 模型建立

N：网络中所有节点的集合；

H:网络中所有潜在枢纽站点 hub 点集合,$H \subseteq N$;

i,j:起始地与目的地,$i,j \in N$;

k,m:候选的枢纽站点 hub 点,$k,m \in H$;

p:设置为枢纽站点 hub 点的数目;

W_{ij}:节点 $i \in N$ 到节点 $j \in N$ 的 OD 量;

C_{ij}:节点 $i \in N$ 到节点 $j \in N$ 的单位运输成本;

α:枢纽站点 hub 点间的干线运输的折扣率;

X_{ijkm}:0-1 决策变量,值为 1 时,路径(i,k,m,j)被选为 OD 流(i,j)的路径,表示货物从节点 i 经过枢纽站点 hub 点 k 和 m 到达节点 j;值为 0 时,表示此路径没被选中;

F_{ijkm}:OD 流(i,j)间经过路径(i,k,m,j)的货物运输总成本;

Z_{ik}:0-1 决策变量,值为 1 表示节点 $i \in N$ 与枢纽站点 hub 点 $k \in H$ 相连接;

Z_{kk}:0-1 决策变量,值为 1 表示节点 $k \in N$ 为一个枢纽站点 hub 点。

$$\min \sum_i \sum_{j \neq i} \sum_k \sum_m F_{ijkm} X_{ijkm} \tag{5.43}$$

$$\text{s.t.} \quad \sum_k Z_{ik} = 1, \quad \forall i, \tag{5.44}$$

$$Z_{ik} \leqslant Z_{kk} \quad \forall i,k, \tag{5.45}$$

$$\sum_k Z_{kk} = p, \tag{5.46}$$

$$\sum_m X_{ijkm} = Z_{ik} \quad \forall k,i,j \neq i, \tag{5.47}$$

$$\sum_m X_{ijkm} = Z_{jm} \quad \forall m,i,j \neq i, \tag{5.48}$$

$$i,j,m,k \in N$$

式(5.43)是目标函数,表示使所有 OD 流按选中的路径进行运输的运输总成本最低;式(5.44)保证每个非枢纽站点 hub 点只能跟一个枢纽站点 hub 点连接,即单一分派性质。式(5.45)如果某个节点没有被选为枢纽站点 hub 点,则非枢纽站点 hub 点就不能与它相连,即 Z_{kk} 为 0 时,Z_{ik} 只能为 0。式(5.46)表示被选中的枢纽站点 hub 点的总数为 p 个。式(5.47)和式(5.48)表示任意覆盖了枢纽站点 hub 点对(k,m)的 OD 流,它的起始地和目的地必须分别与枢纽站点 hub 点 k、m 相连,即如果起始地 i 没有跟某个枢纽站点 hub 点 k 相连的话,OD 流(i,j)中任何覆盖枢纽站点 hub 点 k 的路径都没有被选中,对目的地 j 也一样。该模型是一个整数规划模型。

对于小规模的该问题可用穷举法或分枝界定法求解,可选用 LINGO 软件等一些优化软件求解。对于大规模的该问题求解非常困难,可采用近年来出现的优化技术和一些针对特殊问题特征的启发式算法。从文献看,已用精确法计算 80 个节点的优化问题,已用启发式算法计算出大约 200 个节点中选择少量节点作为枢纽站点 hub 点的方案。

[例 5.10] 某团购企业拟在 10 个地区建立开展业务,准备在这 10 个地区中选择 3 个建立枢纽站,并采用单一分派的方式进行货物运输。这 10 个地区之间的单位运输成本,如表 5-16 所示,各地区之间的 OD 量如表 5-17 所示。假设枢纽站之间的单位运输成本是原来的 80%。请决策适合在哪些地区建立枢纽站以及分派方案。

表 5-16 10 个地区之间的单位运输成本

起始地	目的地									
	1	2	3	4	5	6	7	8	9	10
1	0	6	19	9	10	10	5	13	7	14
2	6	0	13	3	15	4	7	7	9	16
3	19	13	0	10	28	15	20	4	22	29
4	9	3	10	0	18	5	10	7	12	19
5	10	15	28	18	0	16	8	19	10	7
6	14	4	15	5	16	0	8	3	10	12
7	5	7	20	10	8	8	0	11	2	9
8	13	7	4	7	19	3	11	0	13	20
9	7	9	22	12	10	10	2	13	0	10
10	14	16	29	19	7	12	9	20	10	0

表 5-17 10 个地区之间的 OD 量

起始地	目的地									
	1	2	3	4	5	6	7	8	9	10
1	40	130	151	210	37	130	230	60	37	20
2	117	98	156	341	194	175	94	231	110	119
3	119	85	150	421	432	129	325	156	455	205
4	53	78	321	692	324	460	210	146	375	423
5	82	156	143	333	288	192	424	450	410	199
6	69	179	210	452	134	176	423	211	218	145
7	104	165	98	326	278	423	55	375	220	501
8	132	234	108	324	529	76	312	265	274	198
9	93	482	65	248	527	123	399	332	165	329
10	177	423	195	625	398	185	267	385	132	23

用 LINGO 软件求解，其程序如下所示：

```
MODEL:
sets:
  depot/1..10/;
  Routes(depot,depot):c,w,z;
  Paths(depot,depot,depot,depot):x;
endsets
data:
  w =
40,130,151,210,37,130,230,60,37,20,117,98,156,341,194,175,94,231,110,119,119,85,150,
421,432,129,325,156,455,205,53,78,321,692,324,460,210,146,375,423,82,156,143,333,288,
192,424,450,410,199,69,179,210,452,134,176,423,211,218,145,104,165,98,326,278,423,55,
375,220,501,132,234,108,324,529,76,312,265,274,198,93,482,65,248,527,123,399,332,165,
329,177,423,195,625,398,185,267,385,132,23;
  c = 0,6,19,9,10,10,5,13,7,14,6,0,13,3,15,4,7,7,9,16,
      19,13,0,10,28,15,20,4,22,29,9,3,10,0,18,5,10,7,12,19,
      10,15,28,18,0,16,8,19,10,7,14,4,15,5,16,0,8,3,10,12,
      5,7,20,10,8,8,0,11,2,9,13,7,4,7,19,3,11,0,13,20,
      7,9,22,12,10,10,2,13,0,10,14,16,29,19,7,12,9,20,10,0;
```

```
enddata
min = @SUM(Paths(i,j,k,m)| j #NE# i: w(i,j) * (c(i,k) + 0.8 * c(k,m) + c(m,j)) * x
    (i,j,k,m));
@for(Paths(i,j,k,m)| j #EQ# i:x(i,j,k,m) = 0);
@for(depot(i):
    @sum(depot(k): z(i,k)) = 1 ;
    @for(depot(k): z(i,k)<= z(k,k));
    @for(depot(j) | j#NE# i:
        @for(depot(k):
            @sum(depot(m):x(i,j,k,m)) = z(i,k);
        );
        @for(depot(m):
            @sum(depot(k):x(i,j,k,m)) = z(j,m);
        );
    );
);
@sum(depot(k): z(k,k))<= 3 ;
@for(Paths(i,j,k,m)| j #NE# i:@BIN(x(i,j,k,m)));
@for(depot(i):
    @for(depot(k):
        @BIN(z(i,k))
    );
);
END
```

运行 LINGO 软件求解,其结果如下所示(部分):

Global optimal solution found:找到全局最优解;
Objective value:最优解,253929.8;
Total solver iterations:总共迭代运算次数,3403;
Total variables:总的变量数,9100;
Integer variables:整数变量数,9100.

Variable	Value
C(1, 1)	0.000000
C(1,2)	6.000000
C(1, 3)	19.00000
C(1,4)	9.000000
C(7, 10)	9.000000
W(3, 10)	205.0000
W(4, 2)	78.00000
Z(1, 6)	0.000000
Z(1, 7)	1.000000
Z(2, 2)	1.000000
Z(3, 7)	0.000000
Z(3, 8)	1.000000
Z(7, 6)	0.000000
Z(7, 7)	?
Z(8, 8)	?
X(1, 2, 7, 1)	0.000000
X(1, 2, 7, 2)	1.000000
X(1, 3, 7, 8)	1.000000
X(1, 4, 7, 2)	1.000000
X(1, 5, 7, 7)	1.000000
X(1, 7, 7, 7)	1.000000

上面展示的是部分输出结果。根据 X(1,3,7,8)=1.000 000,判断出节点 1 与枢纽站点 7 连接,节点 3 与枢纽站点 8 连接,根据 X(1,4,7,2) = 1.000 000,判断出节点 1 与枢纽站点 7 连接,节点 4 与枢纽站点 2 连接,根据 X(1,5,7,7)=1.000 000,判断出节点 1 与枢纽站点 7 连接,节点 5 与枢纽站点 7 连接。

根据运行 LINGO 软件求解的全部输出结果,可以判断:全局最优解是将 2、7、8 三个节点设置为枢纽站点 hub 点;其中,节点 4 和 6 与枢纽站点 2 相连,节点 1、5、9 和 10 与枢纽站点 7 相连,节点 3 与枢纽站点 8 相连;该分派方案下最小运输总成本为 253 929.8。具体分派方案,如图 5-17 所示。

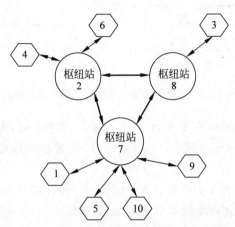

图 5-17 节点与枢纽站点之间的分派方案

(二)多枢纽站多分派轴辐式网络的枢纽站点选址方法

1. 问题描述

多枢纽站多分派轴辐式网络允许收发货站点根据枢纽站拥挤程度、交货期要求等实际情况,选择其与多个枢纽站相连接,从而提高整个网络的转运效率,缩短运输时间,降低物流成本。多枢纽站多分派轴辐式网络的结构如图 5-18 所示,其枢纽站点选址的问题描述如下:在一个有 n 个节点的物流网络中,按照多分派原则,如何从 n 个网络节点中选择 p 个节点作为枢纽站点,以使整个物流网络的物流成本最小。

2. 模型建立

N:网络中所有节点的集合;

H:网络中所有潜在枢纽站点 hub 点集合,$H \subseteq N$;

i,j:起始地与目的地,$i,j \in N$;

k,m:候选的枢纽站点 hub 点,$k,m \in H$;

p:设置为枢纽站点 hub 点的数目;

W_{ij}:节点 $i \in N$ 到节点 $j \in N$ 的 OD 量;

C_{ij}:节点 $i \in N$ 到节点 $j \in N$ 的单位运输成本;

α:枢纽站点 hub 点间的干线运输的折扣率;

X_{ijkm}:0-1 决策变量,值为 1 时,路径(i,k,m,j)被选为 OD 流(i,j)的路径,表示货

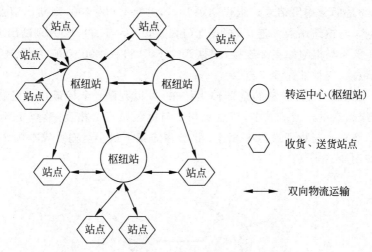

图 5-18 多枢纽站多分派轴辐式网络结构模式

物从节点 i 经过枢纽站点 hub 点 k 和 m 到达节点 j；值为 0 时，表示此路径没被选中；

F_{ijkm}：OD 流 (i,j) 间经过路径 (i,k,m,j) 的货物运输总成本，$F_{ijkm}=W_{ij}(C_{ik}+\alpha C_{km}+C_{mj})$；

Z_k：0-1 决策变量，值为 1 表示节点 $k\in N$ 为一个枢纽站点 hub 点。

多枢纽站多分派轴辐式网络的数学模型，如下所示：

$$\min \sum_i \sum_{j\neq i} \sum_k \sum_m F_{ijkm} X_{ijkm} \tag{5.49}$$

$$\text{s.t.} \sum_k \sum_m X_{ijkm}=1 \quad \forall i,j \tag{5.50}$$

$$\sum_k Z_k = p, \tag{5.51}$$

$$\sum_m X_{ijkm} - Z_k \leqslant 0, \quad \forall k,i,j, \tag{5.52}$$

$$\sum_k X_{ijkm} - Z_m \leqslant 0, \quad \forall m,i,j, \tag{5.53}$$

$$Z_k \in \{0,1\}, \quad \forall k$$

$$i,j,m,k \in N$$

式(5.49)是目标函数，表示使所有 OD 流按选中的路径进行运输的运输总成本最低；式(5.50)保证每条 OD 流只有一条路径，由于每个非枢纽站点 hub 点可以与多个枢纽站点 hub 点连接，每条 OD 流可能有多条路径，这里做了一个限制。式(5.51)表示被选中的枢纽站点 hub 点的总数为 p 个。式(5.52)和式(5.53)表示如果某个节点没有被选为枢纽站点 hub 点，则覆盖此节点的路径都不能选为 OD 流的路径。Z_k 为 (1,1) 决策变量，即 Z_k 为 1 时，k 为枢纽站点；Z_k 为 0 时，k 为非枢纽站点。

对于小规模的该问题可用穷举法或分枝界定法求解，可选用 LINGO 软件等一些优化软件求解。对于大规模的该问题求解非常困难，可采用近年来出现的优化技术和一些针对特殊问题特征的启发式算法。从文献看，已用精确法计算 80 个节点的优化问题，已用启发式算法计算出大约 200 个节点中选择少量节点作为枢纽站点 hub 点的方案。

[**例 5.11**] 对于例 5.9 的数据,按照多分派原则进行分析。请决策适合在哪些地区建立枢纽站以及 OD 流的路径。

解:用 LINGO 软件求解,其程序如所示:

```
MODEL:
sets:
  depot/1..10/:z;
  Routes(depot,depot):c,w;
  Paths(depot,depot,depot,depot):x;
endsets
data:
  w = 40,130,151,210,37,130,230,60,37,20,117,98,156,341,194,175,94,231,110,119,119,85,
      150,421,432,129,325,156,455,205,53,78,321,692,324,460,210,146,375,423,82,156,143,333,
      288,192,424,450,410,199,69,179,210,452,134,176,423,211,218,145,104,165,98,326,278,423,
      55,375,220,501,132,234,108,324,529,76,312,265,274,198,93,482,65,248,527,123,399,332,
      165,329,177,423,195,625,398,185,267,385,132,23;
  c = 0,6,19,9,10,10,5,13,7,14,6,0,13,3,15,4,7,7,9,16,
      19,13,0,10,28,15,20,4,22,29,9,3,10,0,18,5,10,7,12,19,
      10,15,28,18,0,16,8,19,10,7,10,4,15,5,16,0,8,3,10,12,
      5,7,20,10,8,8,0,11,2,9,13,7,4,7,19,3,11,0,13,20,
      7,9,22,12,10,10,2,13,0,10,14,16,29,19,7,12,9,20,10,0;
enddata
min = @SUM(Paths(i,j,k,m)| j #NE# i: w(i,j) * (c(i,k) + 0.8 * c(k,m) + c(m,j)) * x
    (i,j,k,m));
@for(Paths(i,j,k,m)| j #EQ# i:x(i,j,k,m) = 0);
@for(depot(i):
    @for(depot(j) | j#NE# i:
        @sum(Routes(k,m): x(i,j,k,m)) = 1;
            @for(depot(k):
                @sum(depot(m):x(i,j,k,m)) <= z(k);
            );
            @for(depot(m):
                @sum(depot(k):x(i,j,k,m)) <= z(m);
            );
    );
);
@sum(depot(k): z(k))<= 3 ;
@for(Paths(i,j,k,m)| j #NE# i:@BIN(x(i,j,k,m)));
@for(depot(k):@BIN(z(k)));
END
```

运行 LINGO 软件求解,其结果如下所示:

```
Global optimal solution found:找到全局最优解;
Objective value:最优解,240632.4;
Total solver iterations: 总共迭代运算次数,465;
Total variables:总的变量数,9010;
Integer variables: 整数变量数,9010.
Variable          Value
  Z( 1)           0.000000
  Z( 2)           1.000000
  Z( 6)           0.000000
  Z( 7)           1.000000
```

```
Z( 8)                1.000000
Z( 9)                0.000000
C( 1, 2)             6.000000
C( 1, 4)             9.000000
C( 10, 8)            20.00000
W( 1, 4)             210.0000
W( 1, 5)             37.00000
X( 1, 2, 2, 2)       1.000000
X( 1, 2, 2, 3)       0.000000
X( 1, 3, 2, 8)       1.000000
X( 1, 3, 2, 9)       0.000000
X( 1, 4, 2, 2)       1.000000
X( 1, 4, 3, 5)       0.000000
```

上面展示的是部分输出结果。根据 $Z(2)=1$、$Z(7)=1$、$Z(8)=1$,判断 2、7、8 三个节点设置为枢纽站点 hub 点;$X(1,3,2,8)=1.000000$,判断出节点 1 与枢纽站点 2 连接,节点 3 与枢纽站点 8 连接,根据 $X(1,4,2,2)=1.000000$,判断出节点 1 与枢纽站点 2 连接,节点 4 与枢纽站点 2 连接。

根据运行 LINGO 软件求解的全部输出结果,可以判断:全局最优解是将 2、7、8 三个节点设置为枢纽站点 hub 点;其中,节点 1 与枢纽站点 2 和 7 相连,节点 3 与枢纽站点 8 相连,节点 4 与枢纽站点 2 和 8 相连,节点 5、9、10 与枢纽站点 7 相连,节点 6 与枢纽站点 2、7、8 相连;该分派方案下最小运输总成本为 240 632.4,比例题 5.9 节省成本 5.24%。枢纽站点设置和其他节点分派方案,如图 5-19 所示。每条 OD 流经过的枢纽站点和流向,如表 5-18 所示。

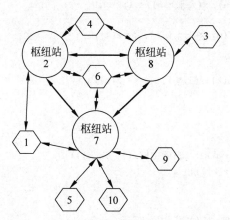

图 5-19 枢纽站点设置和其他节点分派方案

表 5-18 每条 OD 流经过的枢纽站点和流向

起始地	目的地									
	1	2	3	4	5	6	7	8	9	10
1		2	2,8	2	7	2	7	2,8	7	7
2	2		2,8	2	2,7	2	2,7	2,8	2,7	2,7
3	8,2	8,2		8	8,7	8	8,7	8	8,7	8,7
4	2	2	8		2,7	2	2,7	8	2,7	2,7

续表

起始地	目的地									
	1	2	3	4	5	6	7	8	9	10
5	7	7,2	7,8	7,2		7	7	7,8	7	7
6	2	2	8	2	7		7	8	7	7
7	7	7,2	7,8	7,2	7	7		7,8	7	7
8	8,2	8,2	8	8	8,7	8	8,7		8,7	8,7
9	7	7,2	7,8	7,2				7,8		7
10	7	7,2	7,8	7,2	7	7	7	7,8	7	

本 章 小 结

1. 物流节点选址指在一个具有若干供应点和若干需求点的区域内,选择一个地址设置物流节点的规划问题,涉及确定物流节点的数量、地址、服务客户的分配方案等,在整个物流系统规划设计中占有非常重要的地位,属于物流管理战略层的研究问题。

2. 物流系统节点选址决策需要考虑众多复杂的影响因素,通常可分为外部因素和内部因素两大方面。外部因素包括宏观政治与经济因素、基础设施与环境因素、竞争对手等。内部因素包括企业的发展战略,如选择的产品或服务的特征、供应链的类型等。

3. 物流节点选址应遵循有利于商品运输合理化、方便用户、集聚人才、节省基建投资、能适应国民经济一定时期内的发展需要等基本原则,一般分为准备、地区选择、地点选择、编制报告四个阶段。

4. 物流节点选址问题,按选址设施的数量,划分为单一设施选址问题和多设施选址问题;按选址目标区域的离散程度,划分为连续选址问题和离散选址问题;按选址的目标函数划分,划分为可行点和最优点选址问题、中值问题、中心问题、反中心问题、单纯选址问题和选址分配问题;按照选址问题的约束种类,划分为有能力约束的选址问题和无能力约束的选址问题、有不可行区域约束的选址问题和无不可行区域约束的选址问题。

5. 选址问题模型中各节点之间的距离一般用直线距离和折线距离两种方法来计算。

6. 连续选址法解决的是连续选址问题,即选址目标区域是一个连续空间,这个连续空间内的所有点都是候选点,要求从数量无限的候选点中选出一个最优点。连续选址法主要有交叉中值模型、重心法、微分法等。

7. 离散选址法解决的是离散选址问题,即选址目标区域是一个离散的候选位置的集合,且候选位置的数量通常是有限的,目标是在有限的候选位置里,选择最为合适的若干位置为最优方案。这种方法常用于设施的详细选址,主要有覆盖模型、P-中值模型、CFLP法、加权因素分析法等。

8. 轴辐式网络的枢纽站点选址可用 LINGO 软件求解。

案例研讨

| 家乐福选址实例 |
案例 5-1 |

练习与思考

练习 5-1

第六章

物流系统运输规划与设计

本章学习目标：
1. 掌握运输的概念、原理、功能，了解运输生产的特征；
2. 掌握物流系统运输规划的概念和主要内容；
3. 了解各种运输方式的优缺点，掌握运输方式选择的因素和方法；
4. 了解运输路线规划的三种类型和表上作业法；
5. 掌握运输路线规划的动态规划法、标号法、最近邻点法、最近插入法、图上作业法、扫描法、节约法。

本章核心概念：
物流系统运输　运输方式　运输路线　方法模型

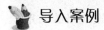导入案例

完善现代综合交通运输体系

国民经济和社会发展"十三五"规划对完善现代综合交通运输体系做出战略规划：坚持网络化布局、智能化管理、一体化服务、绿色化发展，建设国内国际通道联通、区域城乡覆盖广泛、枢纽节点功能完善、运输服务一体高效的综合交通运输体系。

（1）构建内通外联的运输通道网络。构建横贯东西、纵贯南北、内畅外通的综合运输大通道，加强进出疆、出入藏通道建设，构建西北、西南、东北对外交通走廊和海上丝绸之路走廊。打造高品质的快速网络，加快推进高速铁路成网，完善国家高速公路网络，适度建设地方高速公路，增强枢纽机场和干支线机场功能。完善广覆盖的基础网络，加快中西部铁路建设，推进普通国省道提质改造和瓶颈路段建设，提升沿海和内河水运设施专业化水平，加强农村公路、通用机场建设，推进油气管道区域互联。提升邮政网络服务水平，加强快递基础设施建设。

（2）建设现代高效的城际城市交通。在城镇化地区大力发展城际铁路、市域（郊）铁路，鼓励利用既有铁路开行城际列车，形成多层次轨道交通骨干网络，高效衔接大中小城市和城镇。实行公共交通优先，加快发展城市轨道交通、快速公交等大容量公共交通，鼓励绿色出行。促进网络预约等定制交通发展。强化中心城区与对外干线公路快速联系，畅通城市内外交通。加强城市停车设施建设。加强邮政、快递网络终端建设。

（3）打造一体衔接的综合交通枢纽。优化枢纽空间布局，建设北京、上海、广州等国际性综合交通枢纽，提升全国性、区域性和地区性综合交通枢纽水平，加强中西部重要枢纽建

设,推进沿边重要口岸枢纽建设,提升枢纽内外辐射能力。完善枢纽综合服务功能,优化中转设施和集疏运网络,强化客运零距离换乘和货运无缝化衔接,提升物流整体效率。

资料来源:新华每日电讯,http://news.xinhuanet.com/mrdx/2016-03/18/c_135200350.htm。

思考:1. 完善的综合交通运输体系有什么特点?
2. 完善的综合交通运输体系对物流发展具有什么积极作用?

第一节　物流系统运输概述

一、运输的内涵

运输(transportation)指使用一定的运输工具,按一定的运输线路,实现物质资料的空间移动,解决物质资料的生产与消费在地域上的矛盾,创造商品的场所效用。与搬运不同,运输的活动范围一般较大,而搬运往往发生在同一区域内。运输是一项极为重要的物流活动,在物流活动中处于中心地位,是物流的一个支柱。正是由于运输在物流活动中具有的这种重要地位,不少人将运输等同于物流,甚至今天持此观点者仍不乏其人。

《中华人民共和国国家标准物流术语》(GB/T 18354—2006)对运输的定义是:"运输是用运输设备将物品从一个地点向另一个地点运送。其中包括集货、分配、搬运、中转、装入、卸下、分散等一系列操作。"

对运输问题进行研究,内容主要有运输方式及其运输工具的选择、运输线路的确定以及为了实现运输安全、迅速、准时、价廉的目的所施行的各种技术措施和合理化问题的研究等。

二、运输的原理

运输的原理指一次运输活动中如何降低成本、提高经济效益的途径和方法,是指导运输管理和营运的最基本的原理,主要包括规模原理、距离原理和速度原理。

(一) 规模原理

规模原理指随着一次装运量的增大,每单位重量的运输成本下降,如图 6-1 所示。运输规模经济之所以存在,是因为有关的固定费用可以按整批货物的重量分摊。规模经济使得货物的批量运输显得更加合理。此外,规模运输还可以获得运价折扣,也会使单位货物的运输成本下降。

(二) 距离原理

距离原理指运输成本与一次运输的距离有关,随着一次运输距离的增加,运输费用的增加会变得越来越缓慢,或者说单位运输距离的费用在减少,如图 6-2 所示。距离经济的合理性类似于规模经济,尤其体现在运输装卸固定费用的分摊上。运输距离越远,可以使一次运输装卸的固定费用分摊给更多的运输距离上,带来单位距离运输成本的降低。

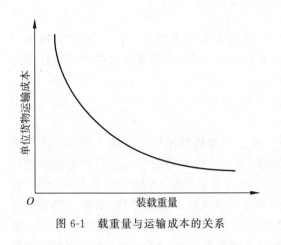
图 6-1 载重量与运输成本的关系

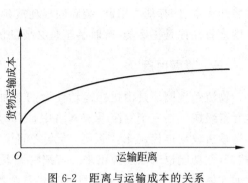
图 6-2 距离与运输成本的关系

(三) 速度原理

速度原理是指完成特定的运输所需的时间越短,其效用价值越高。一方面,运输时间缩短,使单位时间内的运输量增加,与时间有关的固定费用分摊到单位运量上的费用减少,如运输管理人员的工资、固定资产的使用费、运输工具的租赁费等;另一方面,由于运输时间缩短,物品在运输工具中停滞的时间缩短,从而使到货提前期变短,有利于减少库存、降低存储费用。当然,速度快的运输方式其成本一般也较高。因此,应综合权衡运输速度与运输成本。在运输方式一定的情况下,尽可能加快运输各环节的速度,并使各环节更好地衔接。

三、运输的功能

(一) 产品转移

运输的主要功能就是实现产品在价值链中的来回移动,即通过改变产品的地点与位置,消除产品的供应与需求之间在空间位置上的脱节,或将产品从效用价值低的地方转移到效用价值高的地方,创造出产品的空间效用。所谓空间效用,或称"场所效用",是指物品在不同的位置其使用价值实现的程度是不同的,即效用价值是不同的。

另外,运输还能实现产品在需要的时间内运到目的地,创造出产品的时间效用。所谓时间效用,是指物品在不同的时刻其使用价值的实现程度是不同的,效用价值是不一样的。

运输在实现产品空间转移的过程中,扩大了商品的销售范围,使人们可以购买到本地没有生产的产品,丰富人们的物质生活。同时,也有助于平抑各地的商品供求波动,维持商品价格稳定,提高人民生活水平。

(二) 产品存储

对产品进行临时储存是一个不太寻常的运输功能,即将运输车辆临时作为相当昂贵的储存设施。然而,如果转移中的产品需要储存,但在短时间内(如几天后)又将重新转移的话,那么,将产品在仓库卸下来和再装上去的成本也许会超过储存在运输工具中每天支付的费用。另外,在仓库空间有限的情况下,利用运输车辆储存也不失为一种可行的选择,即将运输车辆用作一种储存设施。

当然,选择运输工具储存产品可能是昂贵的,但当需要考虑物流总成本,包括运输途中的装卸成本、储存能力限制、装卸的损耗或延长的时间时,那么从物流总成本或完成任务的角度来看往往是正确的,有时甚至是必要的。

(三)节点衔接

物流系统网络是由执行运动使命的各种运输方式和执行停顿使命的各种节点两种基本元素组成。在一个物流系统网络中,不同层级、不同类型的物流节点之间的衔接必须通过运输有效地连接起来。否则,节点之间没有有效的运输衔接,各个节点就是一个个"孤岛",节点功能也难以发挥出来。若把物流系统网络看作人体的生理系统,则各个物流节点就如人体的各个器官,而运输则是连接各个器官的血液系统。没有运输系统的有效参与,整个物流系统就会如人体缺乏血液供应一样,最终导致整个系统的衰亡、坏死。物流系统网络各种运输方式与节点相互联系、相互匹配,通过不同的连接方式与结构组成,形成不同的物流系统网络。物流运输系统的合理规划,对整个物流系统网络的目标实现有重要支撑作用。

四、运输生产的特征

运输是现代物流的一项重要职能,与物流其他职能相比,具有自身的一些特征。

(一)运输生产在流通过程中完成

运输为了完成商品交换的任务而发生,与商品交换相伴而生。只有商品的工业生产完成之后,运输才能发生。运输活动的组织者通常是生产企业的销售部门、商业流通企业或者是下游生产企业的采购部门。运输的发生,往往是为了完成一笔商品交换,或者为未来的商品交易做准备。这个过程中更多考虑的是商品交换的目的,而不是生产的目的。因此,运输生产是在流通过程中完成的。

(二)运输不产生新的实物形态产品

商品从生产地运往消费地之后,其物理、化学性质等同运输前相比并未发生变化,只是其所在的空间位置发生了变化,因而运输不产生新的实物形态产品。同时,运输的目的也不是创造新的实物形态产品,而是为了创造商品的空间效用。

(三)运输产品采用特殊的计量方法

商品的计量通常采用数量(个、箱、筒)、重量(吨、千克)或者体积(m^3)等,而由于运输过程中不产生新的商品,所以运输活动量不能采用以上计量方法,而是采用运输量与运输距离进行复合计量的,如吨×公里或吨×海里等。

(四)运输生产的劳动对象比较复杂

随着现代物流业的发展,越来越多的运输活动由第三方物流企业完成。这样运输活动中的劳动对象(商品)在运输活动中的管理由物流企业实施,但其所有权却非物流企业。而且，由于一家物流企业同时为多家生产企业提供物流服务，运输商品种类繁多，各种商品物理化学性能千差万别，进一步增大了运输管理的难度。

五、运输规划的内容

运输规划是为了完成物流系统目标，在一定区域范围内对物流运输系统进行的总体战略部署，主要体现为运输模式、运输方式、运输路线等的规划。

运输规划主要包括以下内容：

（一）运输业务模式选择

运输模式指自营运输和外包运输。如何选择？一般说来，通过比较企业内外的运输资源、运输成本、运输质量以及自身核心竞争力等因素来选择。

（二）运输方式的选择

企业根据运输需要和竞争对手服务水平，考虑公路、铁路、水路、航空、管道等各种运输方式的优缺点和运营情况以及国家政策、环保等因素，决定选用何种运输方式来满足运输需求。

（三）运输路线的选择

确定了运输方式，企业还要考虑运输费用高低、运输时间多少、运输速度快慢、运输距离远近、运输物品性质、竞争对手运输服务水平以及运输路线状况等，规划选择合理的运输路线。运输路线的规划选择一般分为点点之间的运输路线、多点之间的运输路线和回路运输路线三种类型。

（四）运输批量与运输时间的选择

运输批量大，物品单位运输成本就较低，但运输批量大小往往与企业的库存管理目标和客户服务水平紧密相关，二者往往是"二律背反"的关系。例如，目前很多企业追求高频度、短周期、小批量的配送运输。运输时间要保证交货时间，与运输方式紧密相关。水路运输时间长，但运输成本低。航空运输时间短，但运输成本高。

（五）运输车辆的配载与调度

企业要根据运输物品的先后顺序和相容性、紧迫性等，合理安排车辆配载与调度，尽量充分利用车辆运力，避免车辆闲置和运力浪费。

第二节　运输方式规划与设计

一、各种运输方式及其特点

根据运输工具的不同，现代运输方式有铁路运输、公路运输、水路运输、航空运输和管道运输五种单一运输方式和多种运输方式有机结合、连接贯通形成的综合运输方式。

(一) 铁路运输(railway transportation)

铁路运输是一种重要的现代陆地运输方式,在干线运输中起主力运输作用,在国际货运中的地位仅次于海洋运输。铁路运输是利用铁路设施、设备运送旅客和货物的一种运输方式。铁路运输的特点:

1. 适应性强

铁路运输受地理、气候条件的限制较少,基本可以实现全年和全天候运行。铁路列车在轨道上沿轨道运行,只要铁轨不被掩埋,基本不会影响列车的运行。

2. 运输能力大

铁路的运输能力通常以铁路通过能力和铁路输送能力来表达。铁路通过能力指一条铁路线路在单位时间(一昼夜或一小时)内所能通过的最大行车量(列车数或列车对数)。铁路输送能力指一条线路一年内所能完成的最大货运量(以百万吨计)。通常,复线铁路每昼夜通过货物列车的数量可达百余对,每年单方向的货物运输能力可超过1亿吨。

3. 运输速度快

铁路运输速度的快慢决定于牵引动力的种类和型号、列车重量、列车全阻力及运行区段的线路断面、停站时间等情况。严格地讲,列车运行速度又与列车组成的车辆种类(客车、货车、超长、超限、集重等)和辆数、车载货物品种、空重车情况以及司机操纵方法等有关。一般来说,由于铁路运输基本可以走直线,且现代机车的速度提高了很多,货运火车速度一般都能达到100公里小时左右。目前国际上最高的铁路持续运行时速是320公里,而我国修建的总长1318公里的京沪高速铁路的持续运行时速达到350公里,比法国的TGV和日本的新干线的运行速度都要高,是世界上速度最快的铁路线。我国修建的青藏铁路的客车时速也达到了100公里,创造了世界冻土铁路列车运行速度最高纪录。

4. 安全程度高

铁路运输由于具有高度计划性,列车按照事前制定的行车计划行驶,因此可以采用列车自动控制方式控制列车行驶,实现车辆自动驾驶,减轻司机劳动强度。而列车自动停车、自动控制、自动操纵、设备故障和道口故障报警等先进技术在铁路运输中的应用,进一步有效防止了列车运行事故,大大提高了运输安全。在各种运输方式中,按所完成的货物吨公里计算的事故率,铁路运输是最低的。

5. 环境污染小

铁路的污染性比公路低。在噪声方面,铁路所带来的噪声污染,不仅比公路低,而且是间断性的,而城市道路则是持续性的高噪声污染;铁路机车由于功率大,对能源的消耗量少,而且燃烧充分,因此带来的废气及烟尘污染也少,尤其是电力机车根本不排放废气及烟尘。

6. 灵活性差

铁路运输的灵活性差表现在:一是火车的运行时刻、配车、编列等都是事先规定好的;

二是铁路线路及其货站分布是固定的,铁路列车只能沿着固定的轨道行驶,在固定的铁路货站装卸货;三是对于大多数没有专用铁路线的客户,则无法直接实现"门到门"运输,需要使用汽车进行二次运输。

7. 货损较高

铁路由于列车行驶时的振动,容易造成货物损坏。而且由于铁路运输量大,运输过程需经多次中转之故,也常造成货物遗失或损坏,这就使得货主不敢将贵重或者易碎货物交铁路承运。

8. 短途运输费用高

铁路运输的费用依照距离的不同而有所不同。一般说来,距离越远费用越低,短途运输费用较高。铁路运输的经济里程一般在200公里以上。

(二)公路运输(road transportation)

公路运输是以公路为运输线,利用汽车等陆路运输工具,完成货物位移的运输方式。它是陆上运输的两种基本运输方式之一,既是独立的运输体系,也是车站、港口和机场物资集散的重要手段。公路运输的特点:

1. 机动灵活,适应性强,可实现"门到门"运输

公路运输网一般比铁路、水路网的密度要大很多,分布面也广,因此公路运输车辆可以"无处不到、无时不有"。由于汽车体积较小,中途一般也不需要换装,除了可沿分布较广的路网运行外,还可离开路网深入到工厂企业、农村田间、城市居民住宅等地,即可以把货物从始发地门口直接运送到目的地门口,实现"门到门"直达运输。公路运输在时间方面的机动性也比较大,车辆可随时调度、装运,各环节之间的衔接时间较短。公路运输对货运量的多少具有很强的适应性,汽车的载重吨位有小(0.25~1吨)、有大(200~300吨),既可以单个车辆独立运输,也可以由若干车辆组成车队同时运输。

2. 全程速度快,货损小,对包装要求低

由于公路运输可实现"门到门"运输,故可减少转换运输工具所需要的等待时间与装卸时间。对于限时运送货物,或为适应市场临时急需货物,公路运输服务优于其他运输工具,尤其是短途运输,其整个运输过程的速度,较任何其他运输工具都为迅速、方便。并且随着我国高速公路网的普及,汽车运输时速普遍可以达到120公里以上,这也提高了公路运输的速度。由于没有中途换装的麻烦,以及汽车加速减速平稳,减少了碰撞带来货损的可能,因此对货物包装要求较低。

3. 原始投资少,资金周转快,技术改造容易

从事公路运输服务,只需要拥有汽车和停车场所即可,而每辆货运汽车的购置费用从十几万到几十万不等,与铁路运输和水路运输的巨额投资相比,这些投资要小得多。美国有关资料表明,公路货运企业每收入1美元,仅需投资0.72美元,而铁路则需投资2.7美元。另外,公路运输原始投资回收期短,资金周转快。按照我国法律规定,每辆汽车的折旧期限为7~10年。公路运输的资本年可周转3次,而铁路则需3~4年周转1次。这样,如果认为现有车辆不适应运输需要,可以很容易地更换新车。

4. 运量小，运输成本高，适合中短途运输

常规货运汽车载货量为 5~10 吨。虽然集装箱运输车功率较大，单车载运量也仅可达 30 吨左右。目前，世界上最大的汽车是美国通用汽车公司生产的矿用自卸车，长 20 多米，自重 610 吨，载重 350 吨左右，但其同动辄上千吨的火车、上万吨的轮船运能相比，这个运力仍然小多了。而且，由于汽车运输载重量小，行驶阻力比铁路大 9~14 倍，能源消耗多，所消耗的燃料又是价格较高的液体汽油或柴油，造成汽车长途运输成本较高，适合 50~200 公里的中短途运输。

5. 安全性差，污染环境较大

汽车沿公路行驶，由司机完全控制行车。由于司机的疏忽，容易造成交通事故；路面上车种复杂，普通道路上路面状况参差不齐，偶尔还有行人穿越马路等，这些因素都会造成公路交通事故，因此公路运输安全性最差。据历史记载，自汽车诞生以来，已经吞掉 3000 多万人的生命。美国密歇根大学运输研究所 2009 年的研究结果显示，美国车祸每年造成超过 4 万人死亡，是 1 岁至 34 岁年龄段人的头号杀手。2009 年 7 月举行的非洲道路安全会议公布的数据表明，非洲每年死于道路交通事故的人数超过 20 万人，到 2020 年这一数字至少增长 80%。据中国公路学会 2007 年的统计，十多年来中国交通事故死亡人数一直位居全球首位，2006 年死亡人数攀升到 8.9 万人。此外，汽车所排出的尾气和引起的噪声也严重地威胁着人类的健康，是大城市环境污染的最大污染源之一。

（三）水路运输（waterway transportation）

水路运输是利用船舶等水上运载工具，在江、河、湖泊、人工水道以及海洋等水路上运送货物的一种运输方式。水路运输由船舶、航道、港口所组成，是历史悠久的运输方式。从石器时代的独木舟到现代的运输船舶，大体经历了 4 个时代：舟筏时代、帆船时代、蒸汽机船时代和柴油机船时代。水路运输的特点：

1. 运输能力大

超过 20 万吨的油轮被称为超大型油轮。VLCC 是超大型油轮"very large crude carrier"的英文缩写，载重量一般为 20 至 30 万吨，相当于 200 万桶原油的装运量，全世界有 400 多条。中远(Cosco)的超大型油轮总载重接近 30 万吨，而其超巴拿马型集装箱船可载 10 000TEU。在海洋运输中，超巨型油轮的载重量可达 55 万吨，矿石船的载重量可达 35 万吨，集装箱船可达 7 万吨，这么大的运输能力是火车、汽车没法比的。

2. 单位运输成本低

水路运输由于船舶航行速度低，因而受到阻力较小；运行速度小，对于内燃机转速没有过高要求，可以提高燃油燃烧率；轮船的自重与货物重量之比最小，使得动能利用效率较高；而且轮船可以使用劣质柴油，加之运输能力大，所以水路运输的单位运输成本是所有运输方式中最低廉的，适合于大宗货物远距离运输。据美国测算，美国沿海运输成本仅为铁路运输的 1/8，密西西比河干流的运输成本只有铁路运输的 2/5。

公路运输需要修公路，铁路运输需要修铁路，而轮船行驶在大海上，大海则天然存在；即使内河航道需要时常疏浚维护，但其维护成本远低于铁路、公路的建设维护成本。据测

算,开发内河航道每公里投资仅为铁路旧线改造投资的 1/5 或新线建设的 1/8。

3. 运输速度慢,且航行时间无保证

水路运输是所有运输方式中速度最慢的。轮船中,运行速度最快的集装箱船最大速度为 25 节,约合 45km/h;杂货船的最大速度约为 15 节,比汽车与火车运输慢得多。而且,轮船加速慢,需要较长时间才能达到最大航行速度。

由于运输能力,轮船在码头装船卸船时间较长;由于轮船发船时间间隔较长,造成货物在码头等候时间较长;遇到台风等恶劣天气,轮船就要靠港躲避,也会延长航行时间;各种原因造成水路运输的运输周期长且不确定。因此,在中短途运输中,水路运输比重很小,且呈日益萎缩之势。

4. 投资额大,回收期长

航运企业订造或购买船舶需巨额资金,10 000TEU 的超大型集装箱船造价约为 1 亿美元。船舶作为固定资产,折旧期较长,一般多以 20 年为准。购置船舶投资额巨大,回收期长,且船舶没有移作其他用途的可能,增加了投资风险。

5. 受自然条件的限制与影响大,运输风险大

水路运输受海洋与河流的地理分布及其地质、地貌、水文与气象等条件和因素的明显制约与影响。远洋运输行驶在大海上,有时遇到台风或者暴雨等恶劣天气,又暂时无处躲避,就会造成货物被水泡坏的风险,甚至为了保证轮船的安全而将货物抛入水中;内河航运中,时常会遇到因为水位下降引起的航道阻塞,造成货物长时间无法交付而影响生产经营。而这些损失都属于自然不可抗力因素,船公司不需赔付,由货主自行承担损失。

(四) 航空运输(air transportation)

商业航空是人类交通运输历史上继水运(包括海运)、公路、铁路之后的第四次产业革命。航空运输是利用飞机运送货物的现代化运输方式。航空运输始于 1871 年的法国,当时普法战争中的法国人用气球把政府官员和物资、邮件等运出被普军围困的巴黎。1918 年 5 月 5 日,飞机运输首次出现,航线为纽约—华盛顿—芝加哥。同年 6 月 8 日,伦敦与巴黎之间开始定期邮政航班飞行。20 世纪 30 年代出现了民用运输机,各种技术性能不断改进,航空工业的发展促进航空运输的发展。第二次世界大战结束后,大批军用飞机转入民用运输,西方发达资本主义国家开始大力发展航空工业,开辟国际航线,在世界范围内逐渐建立了全球性的航空运输网络,以各国主要城市为起讫点的世界航线网遍及各大洲。

随着战后国际贸易的迅速发展,航空运输作为国际贸易运输的一种方式被越来越广泛地采用,在国际贸易运输中所占的比重越来越大。根据国际民航组织统计,从 1962 年至 1973 年,国际航空货运量平均每年增长 17%,几乎每 4 年增长 1 倍。20 世纪 70 年代以来,航空运输仍然以相当快的速度发展着。据不完全统计,至 2000 年,世界上的喷气式货机数量已经超过 1500 架,是 1985 年的 3 倍,货运量也从 1985 年的 430 亿吨公里增加到 2000 年的 1250 亿吨公里,年平均增长率为 7.5%。国际民航组织(ICAO)统计数字显示,2016 年全球航空货物运输量 5300 万吨,国际货物运输量 3430 万吨,国际贡献率 65%;世界定期航班运输总周转量(RTK)达到 8723.61 亿吨公里,国际航空运输总周转量(RTK)6042.27 亿吨公里,国际贡献 69.3%。

就我国来说,航空运输发展迅速。根据我国民航行业发展统计公报,截至 2023 年底,我国共有运输航空公司 66 家,其中全货运航空公司 13 家;运输机场(不含香港、澳门和台湾地区)259 个,比上年底净增 5 个;民航全行业运输飞机期末在册架数 4270 架,比上年底增加 105 架;定期航班航线 5206 条,其中国内航线 4583 条,国际航线 623 条;定期航班国内通航城市(或地区)255 个(不含香港、澳门和台湾地区),国际定期航班通航 57 个国家的 127 个城市;按重复距离计算的航线里程为 1227.81 万公里,按不重复距离计算的航线里程为 875.96 万公里;民航运输机场完成货邮吞吐量 1683.31 万吨,比上年增长 15.8%。其中,2023 年东部地区完成货邮吞吐量 1206.79 万吨,比上年增长 12.8%;中部地区完成货邮吞吐量 151.54 万吨,比上年增长 20.3%;西部地区完成货邮吞吐量 266.75 万吨,比上年增长 24.0%;东北地区完成货邮吞吐量 58.22 万吨,比上年增长 37.8%。

航空运输的特点:

1. 速度快,时间效益好

从航空业诞生之日起,航空运输就以快速而著称。到目前为止,飞机仍然是最快捷的交通工具,常见的现代喷气式运输机巡航速度可以达到 900km/h,比汽车、火车快 5~10 倍,比轮船快 20~25 倍。而且,在长距离国际运输中,减少了水运与铁(公)路运输两种方式之间的转换,进一步节省了时间。

2. 机动性好,不受地形限制

飞机在空中飞行,受地形、山川、河流等因素的限制很少,受航线条件限制的程度也远比汽车运输、铁路运输和水运小得多。如果用直升机运输,机动性更强。它可以将地面上任何距离的两个地方连接起来,可以定期或不定期飞行。对于救援、供应、边远地区的急救等紧急任务,航空运输已成为必不可少的手段。

3. 安全性高,对包装要求低

航空运输平稳、安全,货物在运输中受到的震动、撞击等小于其他运输方式,尤其当飞机在 10 000m 以上高空飞行时,不受低空气流的影响,更加平稳舒适。现代科技在通信导航、气象、机场及航行控制等航空运输中的应用和民航飞机适航性的严格要求,航空运输的安全性比以往已大大提高,成为最安全的运输方式。目前,在人类的各种交通方式中,航空运输的安全统计还是最安全的,出事的概率最低。航空运输的平稳、安全对货物的保护较好,加之航空运输操作流程环节比较严格,管理制度比较完善,货损货差较少,包装可相应简化,从而降低包装费用和保险费用。

4. 投资大,运量小,运输成本高

航空运输涉及飞机购置、机场建设等,所需投资较大。航空运输中飞机机舱容积和载重量都比较小,造成单位成本上升;高速飞行所受阻力远大于地面低速飞行,造成运输吨公里消耗燃油较多;航空运输对燃油质量要求较高。以上各种原因造成航空运输成本远高于地面运输,限制了航空货运的发展,适合于运输价值高、体积小、运费承担能力强或者急需的物品。

(五)管道运输(pipeline transportation)

管道运输是通过一定的压力差以管道输送流体货物的一种现代运输方式,而货物通常是液体和气体,是统一运输网络中干线运输的特殊组成部分。就液体与气体而言,凡是在化学上稳定的物质都可以用管道运送。因此,废水、泥浆、水甚至啤酒都可以用管道传送。另外,管道对于运送石油与天然气十分重要。管道运输的特点:

1. **运量大,耗能少,运输费用低**

由于管道能够进行不间断的输送,输送连续性强,不产生空驶,运输量大。管径 529mm 的一条输油管道,可年输已凝高粘原油 1000 万吨以上;630mm 的输油管道,可年输已凝高粘原油 1500 万吨以上;720mm 的输油管道,可年输已凝高粘原油 2000 万吨以上,相当于一条铁路的运量;管径 1220mm 的管道,年输量可达一亿吨以上。而且,管道运输费用很低。输送每吨公里轻质原油的能耗大约只有铁路的 1/17～1/2,成品油运费仅为铁路的 1/6～1/3,接近于海运,且无须装卸、包装、无回程空驶问题。

2. **占地少,损耗低,对环境保护影响小**

运输管道可以通过河流、湖泊、铁路、公路甚至翻越高山、横跨沙漠、穿过海底走捷径,从而缩短起讫点的运输距离。例如,我国西气东输管道途经戈壁、沙漠、干旱半干旱、黄土高原、草原林地、晋豫土石山区及黄淮、江淮平原耕地,共穿越大中型河流 68 次,其中三次穿越黄河,1 次穿越长江,1 次穿越淮河,12 次穿越古长城。除泵站、首末站占用一些土地外,运输管道多埋于地下,其埋入地下部分通常占管道总长度的 95% 以上,其永久占用土地很少。同时,管道运输不产生噪声,输送的油、气等密闭于管道中,损耗少,货物漏失污染小。据西欧石油管道的统计,漏失污染量仅为输送量的 4%。

3. **稳定性强,便于管理**

管道埋于地下,不受外界气候变化的影响,并且很少出现故障,可以长期稳定运行。管道运输自动化运行,易于远程监控,维修量小,劳动生产率较高。

4. **投资大,灵活性差,对输送货物有特定要求**

初期管道建设投资较大,且只能输送气态、液态或浆状的物品,只有接近管道的用户才能使用,输送量范围狭窄,适用于长期定向、定点输送。若输送量变化幅度过大,则管道的优势难以发挥。

(六) 综合运输

五种基本运输方式各有自己的适用领域,也存在着各自的缺陷,其技术经济特性比较如表 6-1 所示。如果能将各种运输方式加以协调和优化,就会发挥更大的效益,这就是综合运输。具体说,综合运输就是指综合集成各种运输方式的功能,一体化高效率地完成人与货物的空间位移。综合运输体系就是指铁路、公路、水运、航空和管道等各种运输方式在社会化的运输范围内和统一的运输过程中,按其技术经济特点组成分工协作、有机结合、连接贯通、布局合理的交通运输综合体。

表 6-1 五种运输方式的运作特性对比

	铁路	公路	航空	水路	管道
成本	中	中	高	低	很低
速度	快	快	很快	慢	快

续表

	铁路	公路	航空	水路	管道
频率	高	很高	高	有限	连续
可靠性	很好	好	好	有限	很好
可用性	广泛	有限	有限	有限	专业化
距离	长	中，短	很长	很长	长
规模	大	小	小	大	大
能力	强	强	弱	强	强

综合运输是运输发展到一定阶段的产物。一方面，各种运输方式在生产过程中有一种协助配合、优势互补的需要，客观上要求在运输的各个环节上连接贯通；另一方面，运输也是企业竞争的一个重要方面，货主在选择运输方式上要求速度、时间和方便，这样就要求各种运输方式联合起来，以满足需要。综合运输的表现形式主要有复合运输、多式联运、大陆桥运输。

二、运输方式选择的考虑因素

各种运输方式都有其优缺点。企业规划选择运输方式，一般考虑以下因素：

（一）商品性能

商品性能是影响企业选择运输方式的重要因素。例如，粮食、煤炭、矿石等大宗货物适宜选择水路运输；海鲜、鲜花等鲜活商品和宝石等贵重物品及节令性商品适宜选择航空运输；石油、天然气等商品适宜选择管道运输。

（二）运输速度和距离

运输速度的快慢、运输距离的远近决定了商品运输时间的长短。而运输时间长短直接影响到在途货物占用资金的时间和满足销售需要的及时性。所以，运输速度和距离也是选择运输方式的重要考虑因素。一般讲，对运输速度要求不高、运输距离较长的批量大、价值低商品宜选择水路运输或铁路运输；而运输速度要求高、运输距离较长的批量小、价值高商品宜选择航空运输；批量小、运输距离近的商品宜选择公路运输。

（三）运输能力和密度

运输能力大小对企业分销影响大。尤其是一些节令性商品，旺季时运输达到高峰状态。若运输能力小，会造成商品不能及时运往销地而错失销售机会，导致商品积压。运输密度包括各种运输工具的班次和各班次的间隔时间。运输密度对于商品能否及时运送、使其在顾客需要的时间到达顾客手中、争取顾客、及时满足顾客需要和扩大销售至关重要。

（四）运输费用

选择运输方式必然受到企业或商品能承受的运输费用的制约。如果企业经济实力弱，就不可能使用运输费用高的运输方式，也不可能自设一套运输机构来进行商品运输工作。如果商品价值低，承受运输费用的能力弱，也不可能使用运输费用高的运输方式来运输，如铁矿石、粮食等。

（五）运输期限

运输期限必须与交货日期相联系，应保证运输时限。运输期限除了实际的运输时间，还要加上两端及中转的作业时间。要根据企业和商品所要求的运输时间，合理选择运输方式。运输期限长的粮食、矿石等商品，可以选择运输速度慢、运输费用低的运输方式，如水路运输。运输期限短的海鲜、鲜花等商品，则需要选择运输速度快、运输费用高的运输方式，如航空运输。

（六）运输批量

运输批量也是选择运输方式的一个因素。小批量商品，一般选择公路运输。大批量商品，一般选择铁路运输或水路运输。

（七）商品市场需求的缓急程度

商品市场需求的缓急程度也是选择运输方式的一个重要考虑因素。如果是市场急需的商品，必须选择速度快的运输方式，如航空运输或公路直达运输。反之，则选择速度慢、费用低的运输方式，如水路运输。

需要注意的是，企业选择运输方式往往是综合考虑各种因素后做出的决策，而不是单一考虑某种因素。在绿色发展理念下，企业也越来越重视选择环保低碳的运输方式。而且，具体选择何种运输方式，企业还需要做进一步的各种运输方式的定量分析。在满足其他运输需求的前提下，选择运输费用低的运输方式。

三、运输方式选择的方法

（一）单一运输方式的选择方法

对于单一运输方式的选择，往往需要综合考虑运输方式的选择因素而决策，常用方法有因素分析法、加权因素分析法、总成本分析法、竞争因素分析法、层次分析法等。

1. 因素分析法

应用因素分析法时，首先，确定选择运输方式要考虑的一些重要因素和标准，一般为运输速度、运输费用、运输安全性、运输可达性等；其次，对所有因素按照 1~10 的标准进行评分；再次，对可选择的各种运输方式合并所有评价因素评分；最后，选择综合评分高的运输方式作为选择结果来实施运输。

因素分析法的计算公式如下：

$$V(j) = \sum_{i=1}^{n} s(i,j) \tag{6.1}$$

式中，$V(j)$ 表示运输方式 j 的综合评价得分；$s(i,j)$ 表示第 i 个因素上运输方式 j 的评价得分；n 表示评价因素的个数。

［例6.1］ 畅达物流公司拟完成某企业的货物运输任务，有公路、铁路、水路、航空四种运输方式选择。根据货物特性、运输批量、运输距离、运输特殊要求等因素，对四种运输方

式的评价如表 6-2 所示。为完成该货物运输任务,畅达物流公司应选择哪种运输方式?

表 6-2 四种运输方式的各评价因素评分

运输方式	评价因素				
	运输速度	运输费用	运输可达性	运输安全性	特殊要求满足性
公路运输	7	7	9	7	9
铁路运输	8	8	6	8	7
水路运输	5	9	6	6	7
航空运输	9	5	7	8	6

注:10 表示最好,1 表示最差。

解:用因素分析法评分,各运输方式如下:

$$V(公路) = 7+7+9+7+9 = 39$$
$$V(铁路) = 8+8+6+8+7 = 37$$
$$V(水路) = 5+9+6+6+7 = 33$$
$$V(航空) = 9+5+7+8+6 = 35$$

公路运输的综合评分最高,故畅达物流公司应选择公路运输方式。

2. 加权因素分析法

运输方式的各个评价因素的重要性可能是不一样的。所以,需要考虑各个评价因素的重要程度,分别给予其相应的权重,以得到更准确的评价结果。

加权因素分析法的计算公式如下:

$$V(j) = \sum_{i=1}^{n} \omega(i) s(i,j) \tag{6.2}$$

式中,$V(j)$ 表示运输方式 j 的综合评价得分;$s(i,j)$ 表示第 i 个因素上运输方式 j 的评价得分;$w(i)$ 表示第 i 个因素的权重;n 表示评价因素的个数。

3. 总成本分析法

由于物流系统的运输、储存、包装、装卸搬运等功能要素之间存在广泛的"效益背反"现象,处于一个相互矛盾的系统中,单独考虑时往往存在着目标冲突。降低运输成本,往往带来系统库存量的增加和仓储成本的上升。所以,应以总成本分析为基础来选择运输方式。最佳运输方式是既能满足运输服务需求,又能使系统总成本最低的运输方式。这是运用总成本分析法来选择运输方式的基本思想。

[例 6.2] 畅达物流公司拟将某企业物品由 A 地工厂运往 B 地仓库,年运输量 D 为 350 000 个,产品出厂价格为 50 元/个,每个产品的年存货成本费率 I 为产品存货价格 C 的 20%。现有公路、铁路、航空三种运输方式选择,运输方式的相关参数如表 6-3 所示。一年为 365 天。为完成该物品运输任务,畅达物流公司应合理选择哪种运输方式?

表 6-3 三种运输方式的相关参数

运输方式	相关参数				
	运输费率 R(元/个)	运输时间 T(天)	年运送批次 (次)	运输批量 Q(个)	平均库存量 Q/2(个)
公路运输	0.2	5	10	35 000	17 500

续表

运输方式	相关参数				
	运输费率 R(元/个)	运输时间 T(天)	年运送批次 (次)	运输批量 Q(个)	平均库存量 Q/2(个)
铁路运输	0.1	20	5	70 000	35 000
航空运输	1	2	20	17 500	8750

解：用总成本分析法、以总成本最低为原则来选择合适的运输方式。

$$总成本 = 运输成本 + 库存成本$$

式中，运输成本 = 运输量 × 运输费率 = $D \cdot R$；

库存成本 = 在途运输库存成本 + 工厂库存成本 + 仓库库存成本；

在途运输库存成本 = $I \cdot C \cdot (D/365) \cdot T$；

工厂库存成本 = $I \cdot C \cdot (Q/2)$；

仓库库存成本 = $I \cdot (C+R) \cdot (Q/2)$。

需要注意的是，产品存货价格 C 在分拨渠道的不同地点是不同的。在 A 地工厂，C 就是出厂价格。在 B 地仓库，C 是出厂价格加上运输费率。

代入三种运输方式的成本计算相关参数数据，总成本计算和比较结果如表 6-4 所示。

表 6-4 三种运输方式的总成本比较

成本类型	计算公式	三种运输方式		
		公　路	铁　路	航　空
运输成本	1 $D \cdot R$	350 000×0.2 =70 000	350 000×0.1 =35 000	350 000×1 =350 000
在途库存	2 $I \cdot C \cdot (D/365) \cdot T$	0.2×50×(350 000/365)×5 =47 945.205	0.2×50×(350 000/365)×20 =191 780.822	0.2×50×(350 000/365)×5 =19 178.082
工厂库存	3 $I \cdot C \cdot (Q/2)$	0.2×50×17 500 =175 000	0.2×50×35 000 =350 000	0.2×50×8750 =87 500
仓库库存	4 $I \cdot (C+R) \cdot (Q/2)$	0.2×(50+0.2)×17 500 =175 700	0.2×(50+0.1)×35 000 =350 700	0.2×(50+1)×8750 =89 250
总成本	1+2+3+4	468 194.205	927 480.822	545 928.082

从表 6-4 的计算结果可知，三种运输方式中公路运输的总成本最低，其次是航空运输，铁路运输的总成本最高。因此，按照总成本分析法的选择原则，该公司应选择公路运输方式。

需要注意的是，该案例中存货成本是按存货价格的 20% 考虑的，存储费率较高。对这类存储费率较高的产品，不能忽视产品在渠道中的库存成本对总成本的影响，因而加快库存周转对这类产品是非常重要的。比较表 6-4 的原始数据中的前两项，即运输费率和运输时间。虽然公路运输费率较高，是铁路运输费率的两倍，但公路运输的速度较快，运输时间仅为铁路运输的 1/4，在途库存成本低，也有利于加快产品库存周转而降低渠道两端的库存成本，最终导致年总成本最低，低于铁路运输总成本。航空运输与此类似，虽然航空运输运输费率远远高于铁路运输，是铁路运输费率的十倍，但航空运输的速度更快，运输时间仅为铁路运输的 1/10,在途库存成本和渠道两端的工厂库存成本及仓库库存成本都远远低于铁路运输的成本,最终导致航空运输的年总成本也低于铁路运输总成本。当然,如果改变产品的存储费率或各种运输方式的运输费率或运输时间,各种运输方式下的产品运输成本和库存成本又会发生变化,可能会改变运输方式的选择结果。

4．竞争因素分析法

运输方式的选择如果涉及竞争优势,则应采用竞争因素分析法。当下游的买方通过供应渠道从若干个供应商处购买产品时,运输服务和价格会影响买方对供应商的选择。而供应商也可以通过供应渠道运输方式的选择来控制运输服务和价格,进而影响买方的选择。

就买方讲,运输时间短、速度快、可靠性高等良好的运输服务意味着买方可以保持较低的库存水平和较确定的运作时间表。为了获得期望的运输服务而降低成本,买方对供应商提供唯一的鼓励,即将更多订单交给提供良好运输服务的供应商。供应商业务的扩大将带来利润的增加,弥补由于选择快速运输服务而带来的成本增加,进而鼓励供应商提供吸引买方的运输服务形式,而不是单纯地降低运输服务价格。这样,运输服务方式的选择就成了买方和供应商双方共同的决策。当然,当一个供应商为了争取买方而选择最佳运输方式时,参与竞争的其他供应商也可能做出竞争反应。因此,下面的例子假设竞争对手在运输服务方面没有反击手段,且由于供应商提供的运输服务很有吸引力,购买量的增加额是已知的情况。

[例 6.3] 某制造商分别从供应商 A 和供应商 B 购买了 6000 吨原材料,每吨原材料的单价 P 是 1000 元。现在 6000 吨原材料是由 A、B 供应商平均供应的。如果某个供应商缩短送达时间,则可以多获得订单。每缩短一天,可从总交易量中多得 5% 的份额,即 300 吨原材料订单。供应商从每吨原材料中可获得占原材料价格(不包括运输费用)15% 的利润。假设供应商 A 考虑将运输方式从铁路运输转为卡车运输或航空运输,分析是否合理?三种运输方式的运输费率和送达时间等相关参数,如表 6-5 所示。

表 6-5 三种运输方式的相关参数

运输方式	相关参数	
	运输费率 R(元/吨)	送达时间 T(天)
铁路运输	11	10
卡车运输	25	6
航空运输	45	4

解：用竞争因素分析法来选择合适的运输方式。

供应商 A 根据其能获得的潜在利润大小来选择运输方式。供应商 A 选择不同运输方式时可能获得的潜在利润,计算分析如表 6-6 所示。

表 6-6 供应商 A 选择不同运输方式的利润比较

运输方式	原材料销售量(吨)S	毛利润(元)(S·P·15%)	运输费用(元)(S·R)	净利润(元)毛利润−运输费用
铁路运输	3000	450 000	33 000	417 000
卡车运输	4200	630 000	105 000	525 000
航空运输	4800	720 000	216 000	504 000

根据表 6-6 计算结果,假定供应商 B 在运输服务方面无力变化,制造商对提供良好运输服务供应商的承诺"每缩短一天,可从总交易量中多得 5%的份额,即 300 吨原材料"能兑现,则供应商 A 应选择从铁路运输转为卡车运输。当然,与此同时,供应商 A 要密切留意供应商 B 在运输服务上做出的竞争反应。

5. 层次分析法

层次分析法简称 AHP,是美国著名运筹学家匹兹堡大学教授萨蒂(T. L. Saaty)1973 年提出的一种定性和定量分析相结合的层次权重决策分析方法。该方法将与问题决策有关的元素进行分组,每一组作为一个层次,按照最高层(目标层)、若干中间层(准则层、子准则层)以及最低层(措施层或方案层)的层次形式排列起来,然后用求解判断矩阵特征向量的办法,求得每一层次的各元素对上一层次某元素的优先权重,最后再用加权和的方法递阶归并各备择方案对总目标的最终权重,此最终权重最大者即为最优方案。具体层次分析法的分析计算,在物流系统评价一章中详细介绍。

例如,某行业核心企业欲寻找合适的运输方式来承担其产品送达经销商的运输业务。现有铁路 A、公路 B、航空 C 三种运输方式可选择。该企业根据自身和行业情况,决定采用时间(T)、质量(Q)、成本(C)、服务(S)、柔性(F)五项作为评估运输方式的准则,层次结构图如图 6-3 所示。

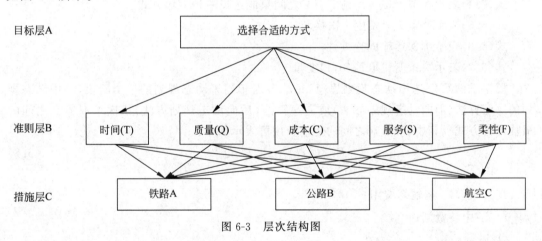

图 6-3　层次结构图

(二) 多式联运运输方式的选择方法

多式联运(intermodality)是以至少两种不同的运输方式相互衔接、转运而共同完成货物从接收地运至交付地的运输过程。确定多式联运的运输方式时,除了考虑货物性能、运输费用、运输能力、运输速度等因素外,还要考虑多式联运中不同运输方式之间的中转费用、中转时间、服务水平等因素。为此,可以根据运输的总时间、总费用等目标函数建模。

下面以运输总费用最小为目标函数,假定一对运输节点之间只能选择一种运输方式为例,介绍多式联运运输方式的选择问题。

目标函数:
$$\min Z = \sum_i \sum_j X_{i-1,i}^j C_{i-1,i}^j + \sum_i \sum_j \sum_l r_i^{jl} t_i^{jl} \tag{6.3}$$

约束条件：

$$\sum_j X_{i-1,i}^j = 1 \tag{6.4}$$

$$\sum_j \sum_l r_i^{jl} = 1 \tag{6.5}$$

$$X_{i-1,i}^j + X_{i,i+1}^l \geqslant 2r_i^{jl} \tag{6.6}$$

$$r_i^{jl}, X_{i-1,i}^j \in \{0,1\} \tag{6.7}$$

式中各变量的含义如下：

$C_{i-1,i}^j$：从节点$(i-1)$到节点i选择第j种运输方式的费用；

t_i^{jl}：在节点i从第j种运输方式换装成第l种运输方式的换装费用；

$X_{i-1,i}^j = \begin{cases} 1 & \text{在节点}(i-1)\text{和节点}i\text{之间选择第}j\text{种运输方式；} \\ 0 & \text{其他；} \end{cases}$

$r_i^{jl} = \begin{cases} 1 & \text{在节点}i\text{从第}j\text{种运输方式转换为第}l\text{种运输方式；} \\ 0 & \text{其他。} \end{cases}$

式(6.3)为目标函数，表示多式联运中各种运输方式的运输总成本和换装总成本之和的最小化为目标，这是一个整数规划模型。

式(6.4)表示在节点$(i-1)$到节点i之间只能选择一种运输方式。

式(6.5)表示节点i只发生一次换装。

式(6.6)表示确保运输的连续性。

式(6.7)表示决策变量取值(0,1)变量。

模型求解可以选用动态规划思想，每个节点相当于动态规划的一个阶段，利用动态规划的顺序算法(前向动态规划方法)或逆序算法(后向动态规划方法)依次求取节点之间的最佳运输方式。其中，节点对之间的运输费用可表示如下：

$$P_{i-1}(j,l) = t_{i-1}^{jl} + Q c_{i-1,i}^l \tag{6.8}$$

式中，

$P_{i-1}(j,l)$：运输总费用；

t_{i-1}^{jl}：中转费用；

Q：运量；

$c_{i-1,i}^l$：从节点$(i-1)$到节点i选用第l种运输方式的单位运价。

[**例6.4**] 大华公司拟从城市A，经城市B、城市C，向城市D运输100吨货物。城市A到B、B到C、C到D之间分别有公路、铁路、航空三种运输方式可选择，城市之间相对应的单位运输费用、运输中转费用如图6-4、表6-7和表6-8所示。

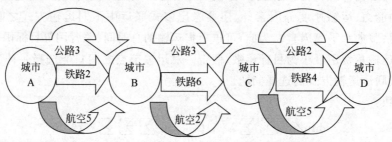

图6-4 城市之间的单位运输费用(元)

表 6-7 城市之间的单位运输费用　　　　　　　　　　　　　　　　　　　单位：元

运输方式	城市间		
	A—B	B—C	C—D
公路	3	3	2
铁路	2	6	4
航空	5	2	5

表 6-8 运输批量中转总费用　　　　　　　　　　　　　　　　　　　　　单位：元

运输方式转换	公路转			铁路转			航空转		
	公路	铁路	航空	公路	铁路	航空	公路	铁路	航空
中转费用	0	3	2	3	0	3	2	3	0

解：(1) 第三个城市 C

① 若城市 C 是公路运输方式到达，则城市 C 与 D 之间选择三种运输方式的费用如下：

$P_C(公,公)=0+100×2=200$

$P_C(公,铁)=3+100×4=403$

$P_C(公,航)=2+100×5=502$

因此，若城市 C 是公路运输方式到达，则城市 C 与 D 之间公路运输方式最佳，费用最低为 200 元。

② 若城市 C 是铁路运输方式到达，则城市 C 与 D 之间选择三种运输方式的费用如下：

$P_C(铁,公)=3+100×2=203$

$P_C(铁,铁)=0+100×4=400$

$P_C(铁,航)=3+100×5=503$

因此，若城市 C 是铁路运输方式到达，则城市 C 与 D 之间公路运输方式最佳，费用最低为 203 元。

③ 若城市 C 是航空运输方式到达，则城市 C 与 D 之间选择三种运输方式的费用如下：

$P_C(航,公)=2+100×2=202$

$P_C(航,铁)=3+100×4=403$

$P_C(航,航)=0+100×5=500$

因此，若城市 C 是航空运输方式到达，则城市 C 与 D 之间公路运输方式最佳，费用最低为 202 元。

(2) 第二个城市 B

① 若城市 B 是公路运输方式到达，则城市 B 与 C 之间选择三种运输方式的费用如下：

$P_B(公,公)=0+100×3+200=500$

$P_B(公,铁)=3+100×6+203=806$

$P_B(公,航)=2+100×2+202=404$

因此，若城市 B 是公路运输方式到达，则城市 B 与 C 之间航空运输方式最佳，费用最低为 404 元。

② 若城市 B 是铁路运输方式到达，则城市 B 与 C 之间选择三种运输方式的费用如下：

$P_B(铁,公)=3+100\times 3+200=503$

$P_B(铁,铁)=0+100\times 6+203=803$

$P_B(铁,航)=3+100\times 2+202=405$

因此,若城市 B 是铁路运输方式到达,则城市 B 与 C 之间航空运输方式最佳,费用最低为 203 元。

③ 若城市 B 是航空运输方式到达,则城市 B 与 C 之间选择三种运输方式的费用如下:

$P_B(航,公)=2+100\times 3+200=502$

$P_B(航,铁)=3+100\times 6+203=806$

$P_B(航,航)=0+100\times 2+202=402$

因此,若城市 B 是航空运输方式到达,则城市 B 与 C 之间航空运输方式最佳,费用最低为 202 元。

(3) 第一个城市 A

城市 A 分别选择公路、铁路、航空三种运输方式,则城市 A 与 B 之间运输费用如下:

$P_A(公)=Q\cdot C_{12}^{公}+P_B(公,航)=100\times 3+404=704$

$P_A(铁)=Q\cdot C_{12}^{铁}+P_B(铁,航)=100\times 2+405=605$

$P_A(航)=Q\cdot C_{12}^{航}+P_B(航,航)=100\times 5+402=902$

因此,城市 A 应选择铁路运输方式。四个城市之间的最佳组合运输方式如表 6-9 所示,最低总费用是 605 元。

表 6-9 城市 ABCD 之间的运输方式选择

城市间	A—B	B—C	C—D
运输方式	铁路	航空	公路

第三节 运输路线规划与设计

运输路线规划主要是确定从运输起点到终点的最短路线。最短路线的度量单位可能是距离最短、时间最少或费用最小等。运输路线规划是继运输方式选择之后的又一项重要运输决策,两者之间紧密相连。最好是将运输方式和路线规划结合在一起进行,因为路线选择的可能性在很大程度上取决于运输方式。运输路线规划问题主要分为三种类型:一是点点间运输,即单一起讫点的运输路线规划问题;二是多点间运输,即多起讫点的运输路线规划问题;三是回路运输,即起讫点重合的运输路线规划问题。

一、单一起讫点的运输路线规划

单一起讫点指分离的单个起点、单个终点。例如,大华物流公司从 A 地送往 J 地一批货物,两地之间的公路路网如图 6-5 所示。图中,圆圈代表节点,表示两地间运输经过的站点;箭线代表路线和方向,表示两点间是连通的;箭线上的数字表示两点间的运输单价,可以是时间、距离或费用等。公司应如何选择从起点 A 地到终点 J 地的最短运输路线。

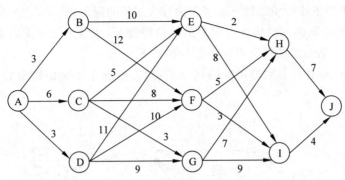

图 6-5 A 地到 J 地的运输网络

要确定 A 地到 J 地的最短运输路线,最直接的方法就是穷举法。将从 A 地到 J 地的所有运输路线找出来,再计算每条路线的运输距离,经过比较选出最短距离的运输路线。分析可知,从 A 地到 J 地的运输路线共有 16 条,逐一计算每条路线的运输距离,比较可得出 "A→C→E→H→J" 路线的运输距离 20 为最短,是最短路线。穷举法适用于网络节点数不多、可行路线数较少的情况。当网络节点数较多时,可行路线数会呈指数形态而急剧增加,穷举法的分析和计算量会剧增。这时,需要应用一些其他的方法,如动态规划(Dynamic Programming)法、迪杰斯特拉(Dijkstra)算法、逐次逼近算法、弗洛伊德(Floyd)算法等。下面主要介绍动态规划法和迪杰斯特拉算法。

(一) 动态规划法

现实生活中有一类活动的过程,由于其特殊性,可将其过程分成若干互相联系的阶段。在它的每一阶段都需要作出决策,从而使整个过程达到最好的活动效果。因此,各个阶段决策的选取不能任意确定。它依赖于当前面临的状态,又影响以后的发展。当各个阶段决策确定后,就组成一个决策序列,因而也就确定了整个过程的一条活动路线。这种把一个问题看作是一个前后关联具有链状结构的多阶段过程就称为多阶段决策过程,这种问题称为多阶段决策问题。在多阶段决策问题中,各个阶段采取的决策一般来说是与时间有关的。决策依赖于当前状态,又随即引起状态的转移,一个决策序列就是在变化的状态中产生出来的,故有"动态"的含义,称这种解决多阶段决策最优化的过程为"动态规划法"。

动态规划是运筹学的一个分支,是求解决策过程最优化的过程。20 世纪 50 年代初,美国数学家贝尔曼(R. Bellman)等人在研究多阶段决策过程的优化问题时,提出了著名的最优化原理,从而创立了动态规划。动态规划在经济管理、生产调度、工程技术和最优控制等方面得到了广泛应用。例如,最短路线、库存管理、资源分配、设备更新、排序、装载等问题,用动态规划法比用其他方法求解更为方便。

虽然动态规划主要用于求解以时间划分阶段的动态过程的优化问题,但一些与时间无关的静态规划(如线性规划、非线性规划),只要人为地引进时间因素,把它视为多阶段决策过程,也可以用动态规划法方便地求解。

动态规划对于解决多阶段决策问题的效果是明显的,但也有一定的局限性。首先,它没有统一的处理方法,必须根据问题的各种性质并结合一定的技巧来处理。其次,当变量的维数增大时,总的计算量及存贮量急剧增大。因而,受计算机的存贮量及计算速度的限制,当今的计算机仍不能用动态规划法来解决较大规模的问题,这就是"维数障碍"。

前面图 6-5 的运输路网结构具有明显的多阶段特征,适合采用多阶段动态规划法求解从 A 地到 J 地的最短运输路线。具体分析步骤如下。

首先,根据从 A 地到 J 地的运输路网结构特征,将整个运输路网划分为四个阶段,如图 6-6 所示。

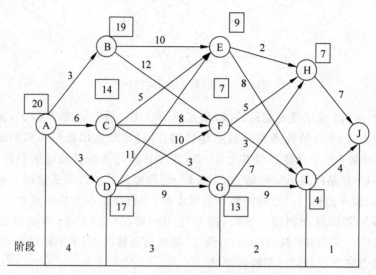

图 6-6　从 A 地到 J 地的运输路网多阶段划分

其次,对每个阶段的决策问题求解。一般采用从终点到起点的逆序算法进行决策。因此,决策阶段编号按照逆序进行。每一阶段以初始状态为基础确定下一阶段的可选状态,并计算各状态的代价(这里指的是各状态点到终点 J 的距离),然后从中选择代价最小的状态。

阶段 1:有两个可选状态点 H 和 I,到终点 J 的距离分别为 7 和 4,记为:$P_1(H)=7$,$P_1(I)=4$,将距离标在状态点 H 和 I 旁的小方框中。

阶段 2:有三个可选状态点 E、F、G,从中选择每一个状态点,使其经过一个中途点 H 或 I 到达终点 J 的距离最短。

从 E 到 J 有两条路径,需加以比较,取其中最短路径,即:

$$P_2(E) = \min\{l_{EH} + P_1(H), l_{EI} + P_1(I)\} = \min\{2+7, 8+4\} = 9$$

这说明从 E 经过 H 到终点 J 的最短距离为 9,路径为 E-H。同理,分析可知,F 经过 I 到达终点 J 的距离最短,$P_2(F)=7$,路径为 F-I;G 经过 I 到达 J 的距离最短,$P_2(G)=13$,路径为 G-I。将从 E、F、G 点到终点 J 的最短距离标在状态点旁的小方框中。

阶段 3:这一阶段有三个可选状态点 B、C、D,选择每一个状态点,使其经过 E 或 F 或 G 到达 J 的距离最短。

从 B 到终点 J 有两条路径 B-E 和 B-F 需加以比较,取其中最短路径,即:

$$P_3(B) = \min\{l_{BE} + P_2(E), l_{BF} + P_2(F)\} = \min\{10+9, 12+7\} = 19$$

这说明从 B 经过 E 或 F 到终点 J 的最短距离都为 19,路径为 B-E 和 B-F。

同理,分析可知,C 经过 E 到达终点 J 的距离最短,$P_3(C)=14$,路径为 C-E;D 经过 F

到达 J 的距离最短，$P_3(D)=17$，路径为 D-F。将从 B、C、D 点到终点 J 的最短距离标在状态点旁的小方框中。

阶段 4：这一阶段只有一个可选状态点，即起点 A，使其经过 B 或 C 或 D 到达终点 J 的距离最短。

$$P_1(A) = \min\{l_{AB}+P_3(B), l_{AC}+P_3(C), l_{AD}+P_3(D)\}$$
$$= \min\{3+19, 6+14, 3+17\} = \min\{22, 20, 20\} = 20$$

这说明从 A 经过 C 或 D 到终点 J 的最短距离都为 20，路径为 A-C 和 A-D。最短距离 20 标在状态点 A 旁的小方框中。

最后，从阶段 4 开始，将每阶段决策的距离最短状态点依次连接起来，就是从起点 A 到终点 J 的最短路线，即 A→C→E→H→J 和 A→D→F→I→J，两条路线的最短距离为 6+5+2+7 和 3+10+3+4，均为 20。所以，从 A 地到 J 地有两条最佳路线，最短距离都是 20。

上述动态决策过程，也可用表 6-10 和表 6-11 分析。

表 6-10　多阶段决策过程表

阶段序号	输入节点	决策路线	输出节点	到终点 E 最短距离
1	H	HJ	J	7
	I	IJ	J	4
2	E	EH	H	9
	F	FI	I	7
	G	GI	I	13
3	B	BE、BF	E、F	19
	C	CE	E	14
	D	DF	F	17
4	A	AC、AD	C、D	20

表 6-11　最佳决策路线

阶段	4	3	2	1
决策路线	A→C	C→E	E→H	H→J
	A→D	D→F	F→I	I→J

（二）迪杰斯特拉算法

迪杰斯特拉算法是由荷兰计算机科学家 E. W. Dijkstra 于 1959 年提出的，又叫狄克斯特拉算法，是从一个顶点到其余各顶点的最短路径算法（shortest route method）。最短路径指两个顶点之间长度最短的路径。路径长度可以指路径上的费用、时间、距离含义。迪杰斯特拉算法是从起始点开始，采用贪心算法的策略，每次遍历到始点距离最近且未访问过的顶点的邻接节点，直到扩展到终点为止。

一般运输网络由节点、弧线或路段组成。节点表示运输起点（仓库、配送中心）、中途停靠点、终点（消费者位置），弧线或路段表示运输路段，每一弧线上数字代表运输成本、距离或时间。运输最短路径指运输网络中货物由始发地到目的地运送的运费最低，或运时最少，或运距最短的路径。

最短路径问题的描述：假设有一个 n 个节点和 m 条弧线的运输网络图 $G(Vn,Em)$，每条弧线 (i,j) 都有一个长度 L_{ij}（代表运输费用或距离或时间），则最短路径问题为在运输网络图 $G(Vn,Em)$ 中找到一条节点 1 到节点 n 的费用最低或距离最短或时间最少的路径。L_{ij} 表示弧线 (i,j) 的长度，即网络图中节点 i 和节点 j 相邻时的长度。如果节点 i 和节点 j 不相邻时，可令 $L_{ij}=+\infty$。

迪杰斯特拉算法适用于每条弧的长度 L_{ij} 不小于零的情况，采用标号法求解。标号是标记节点属性的一套符号。每个节点 V_i 有试探性标号和永久性标号两种，分别用 T 和 P 表示。给 V_i 点一个 T 标号，表示从 V_0 到 V_i 的估计最短路权的上界，是一种临时标号。凡没有得到 P 标号的点都有 T 标号。给 V_i 点一个 P 标号，表示从 V_0 到 V_i 的最短路长，V_i 点的 P 标号不再改变，是固定标号。开始时只有起点是 P 标号点，其余节点为 T 标号点。始发点作为 P 标号点，计算从起点开始。标号法是每一步都把某一点的 T 标号改为 P 标号。当终点得到 P 标号时，运输网络中由起点到终点的最短路径也就找到了，则计算结束。对于有 n 个节点的运输网络图，最多 $(n-1)$ 步就可以得到从起点到终点的最短路径。标号法可以说是动态规划，它采用顺推的方法。标号法通常不考虑其他运输因素，如运输路径的容量约束等。

迪杰斯特拉算法的具体步骤：

(1) 从起点 V_1 出发，给 V_1 以 P 标号，$P(V_1)=0$，表示从 V_1 到 V_1 的路长为 0；其余各点均给 T 标号，$T(V_i)=+\infty$，$i=2,3,\cdots,n$。

(2) 若 V_i 点为刚得到的 P 标号点，考虑所有以 V_i 为起始点的弧线终点为 T 标号的节点 V_j，即 (V_i,V_j) 属于 E_m，且 V_j 为 T 标号点。对 V_j 的 T 标号进行如下修改：$T_{新}(V_j)=\min[T_{旧}(V_j),P(V_i)+L_{ij}]$。

(3) 比较所有 T 标号的点，把最小者改为 P 标号点。当存在两个以上的最小 T 标号时，可同时改为 P 标号。

(4) 若所有点均已经是 P 标号，计算停止。否则，用 V_j 代替步骤(2)中的 V_i，继续修改 T 标号点，直到所有点都变成 P 标号点为止。

[例 6.5] 一个运输网络如图 6-7 所示。圆圈代表运输节点，有 8 个，圆圈中数字代表节点序号。箭线代表运输路线及方向，箭线上数字代表运输路长。要求用 Dijkstra 算法求解节点 1 到节点 8 的最短路径。

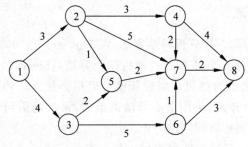

图 6-7 运输网络图

解：

① 给起点 v_1 以 P 标号，$P(v_1)=0$，给其余各点均为 T 标号，$T(v_j)=+\infty$，$(j=2,\cdots,8)$

② v_1 点为刚得到的 P 标号点,考虑所有以 v_1 为起始点的弧线 (v_1,v_2),(v_1,v_3) 且其终点为 T 标号的节点 V_j,即考虑弧线的终点 v_2、v_3 两个 T 标号点,所以修改这两个点的标号:

$$T(v_2) = \min[T(v_2), P(v_1) + l_{12}] = \min[+\infty, 0+3] = 3$$
$$T(v_3) = \min[T(v_3), P(v_1) + l_{13}] = \min[+\infty, 0+4] = 4$$

比较所有 T 标号,$T(v_2)$ 最小。所以,令 $P(v_2)=3$,记录路径 (v_1,v_2)。

③ v_2 为刚得到的 P 标号点,考虑所有以 v_2 为起始点的弧线 (v_2,v_4),(v_2,v_5),(v_2,v_7) 且其终点为 T 标号的节点 v_4、v_5、v_7,修改这三个点的标号:

$$T(v_4) = \min[T(v_4), P(v_2) + l_{24}] = \min[+\infty, 3+3] = 6$$
$$T(v_5) = \min[T(v_5), P(v_2) + l_{25}] = \min[+\infty, 3+1] = 4$$
$$T(v_7) = \min[T(v_7), P(v_2) + l_{27}] = \min[+\infty, 3+5] = 8$$

比较所有 T 标号,$T(v_3)=T(v_5)=4$ 为最小,所以令 $P(v_3)=P(v_5)=4$,记录路径 (v_2,v_5)、(v_1,v_3)。

④ v_5 点、v_3 点为刚得到的 P 标号点,考察弧线 (v_5,v_7),(v_3,v_6) 且其终点为 T 标号的节点 v_6,v_7,所以修改这两个点的标号:

$$T(v_6) = \min[T(v_6), P(v_3) + l_{36}] = \min[+\infty, 4+5] = 9$$
$$T(v_7) = \min[T(v_7), P(v_5) + l_{57}] = \min[8, 4+2] = 6$$

比较所有 T 标号,$T(v_4)=T(v_7)=6$,最小,所以令 $P(v_4)=P(v_7)=6$,记录路径 (v_2,v_4)、(v_5,v_7)。

⑤ v_4 点、v_7 点为刚得到的 P 标号点,考察弧线 (v_4,v_8),(v_7,v_8) 且其终点为 T 标号的节点 v_8,所以修改这个点的标号:

$$T(v_8) = \min[T(v_8), P(v_4) + l_{48}, P(v_7) + l_{78}] = \min[+\infty, 6+4, 6+2] = 8$$

比较所有 T 标号,$T(v_8)$ 最小,所以令 $P(v_8)=8$,记录路径 (v_7,v_8)。

最后仅余 v_6 点为 T 标号点,令 $P(v_6)=9$,记录路径 (v_3,v_6)。

因此,v_1 到 v_8 的最短路径为 $v_1 \to v_2 \to v_5 \to v_7 \to v_8$,最短路长 $P(v_8)=8$。

同时,可得 v_1 到其余各点的最短路径。

上述求解过程也可直接在表上进行计算,如表 6-12 所示。

表 6-12 最短路径计算表

步骤	直接连接到 T 标号点的 P 标号点	与 P 标号点直接连接的 T 标号点	相应总路长	第 n 个最近点	最小总路长	最新连接
1	v_1	v_2	3	v_2	3	$v_1 \to v_2$
		v_3	4			
2	v_1	v_3	4	v_3	4	$v_1 \to v_3$
	v_2	v_4	6			
		v_7	8			
		v_5	4	v_5	4	$v_2 \to v_5$
3	v_2	v_4	6	v_4	6	$v_2 \to v_4$
		v_7	8			
	v_5	v_7	6	v_7	6	$v_5 \to v_7$
	v_3	v_6	9			

续表

步骤	直接连接到 T 标号点的 P 标号点	与 P 标号点直接连接的 T 标号点	相应总路长	第 n 个最近点	最小总路长	最新连接
4	v_4	v_8	10			
	v_7	v_8	8	v_8	8	$v_7 \rightarrow v_8$
	v_3	v_6	9			

根据最后一列的终点连线可知,最短路径为 $v_1 \rightarrow v_2 \rightarrow v_5 \rightarrow v_7 \rightarrow v_8$,最短路长为 8。

[**例 6.6**] 一个运输网络如图 6-8 所示。圆圈代表运输节点,有 7 个,圆圈中数字代表节点序号。节点间连线代表运输路线,路线上数字代表运输里程。要求用 Dijkstra 算法求解节点 1 到节点 7 的最短运输里程路径。

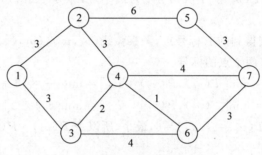

图 6-8 运输网络图

解:

① 给起点 v_1 以 P 标号,$P(v_1)=0$,给其余各点均为 T 标号,$T(v_j)=\infty,(j=2,\cdots,7)$。

② v_1 点为刚得到的 P 标号点,考虑所有以 v_1 为起始点的弧线 $(v_1,v_2),(v_1,v_3)$ 且其终点为 T 标号的节点 V_j,即 v_2、v_3 两个 T 标号点,所以修改这两个点的标号:

$$T(v_2) = \min[T(v_2), P(v_1) + l_{12}] = \min[+\infty, 0+3] = 3$$

$$T(v_3) = \min[T(v_3), P(v_1) + l_{13}] = \min[+\infty, 0+3] = 3$$

比较所有 T 标号,$T(v_2) = T(v_3) = 3$ 最小,所以令 $P(v_2) = P(v_3) = 3$,记录路径 (v_1,v_2)、(v_1,v_3)。

③ v_2 和 v_3 为刚得到的 P 标号点,考虑所有以 v_2 和 v_3 为起始点的弧线 (v_2,v_5),$(v_2,v_4),(v_3,v_4),(v_3,v_6)$ 且其终点为 T 标号的节点 V_j,即 v_5,v_4,v_6 三个 T 标号点,所以修改这三个点的标号:

$$T(v_5) = \min[T(v_5), P(v_2) + l_{25}] = \min[+\infty, 3+6] = 9$$

$$T(v_4) = \min[T(v_4), P(v_2) + l_{24}, P(v_3) + l_{34}] = \min[+\infty, 3+3, 3+2] = 5$$

$$T(v_6) = \min[T(v_6), P(v_3) + l_{36}] = \min[+\infty, 3+4] = 7$$

比较所有 T 标号,$T(v_4)$ 最小,所以令 $P(v_4)=5$,记录路径 (v_3,v_4)。

④ v_4 点为刚得到的 P 标号点,考察以 v_4 为起始点的弧线 $(v_4,v_6),(v_4,v_7)$ 且其终点为 T 标号的节点 v_6、v_7,所以修改这两个点的标号:

$$T(v_7) = \min[T(v_7), P(v_4) + l_{47}] = \min[+\infty, 5+4] = 9$$

$$T(v_6) = \min[T(v_6), P(v_4) + l_{46}] = \min[7, 5+1] = 6$$

比较所有 T 标号，$T(v_6)=6$ 最小，所以令 $P(v_6)=6$，记录路径(v_4,v_6)。

⑤ v_6 点为刚得到的 P 标号点，考察以 v_6 为起始点的弧线(v_6,v_7)且其终点为 T 标号的节点 v_7，修改这个点的标号：

$$T(v_7)=\min[T(v_7),P(v_6)+l_{67}]=\min[9,6+3]=9$$

比较所有 T 标号，$T(v_5)=T(v_7)=9$，所以令 $P(v_5)=P(v_7)=9$，记录路径(v_2,v_5)、(v_4,v_7)、(v_6,v_7)。

因此，v_1 到 v_7 的最短路径为 $v_1 \rightarrow v_3 \rightarrow v_4 \rightarrow v_6 \rightarrow v_7$ 或 $v_1 \rightarrow v_3 \rightarrow v_4 \rightarrow v_7$，最短运输里程为 9。同时，可得 v_1 到其余各点的最短路径。

上述求解过程在表上进行计算，如表 6-13 所示。

表 6-13　最短路径计算表

步骤	直接连接到 T 标号点的 P 标号点	与 P 标号点直接连接的 T 标号点	相应总路长	第 n 个最近点	最小总路长	最新连接
1	v_1	v_2	3	v_2	3	$v_1 \rightarrow v_2$
		v_3	3	v_3	3	$v_1 \rightarrow v_3$
2	v_2	v_5	9			
		v_4	6			
	v_3	v_4	5	v_4	5	$v_3 \rightarrow v_4$
		v_6	7			
3	v_2	v_5	9			
	v_4	v_7	9			
		v_6	6	v_6	6	$v_4 \rightarrow v_6$
	v_3	v_6	7			
4	v_2	v_5	9	v_5	9	$v_2 \rightarrow v_5$
	v_4	v_7	9	v_7	9	$v_4 \rightarrow v_7$
	v_6	v_7	9	v_7	9	$v_6 \rightarrow v_7$

根据最后一列的终点连线可知，最短路径为 $v_1 \rightarrow v_3 \rightarrow v_4 \rightarrow v_7$ 或 $v_1 \rightarrow v_3 \rightarrow v_4 \rightarrow v_6 \rightarrow v_7$，最短运输里程长为 9。

值得注意的是，从最短运输里程看，最短路径有两条，但运输规划应尽量减少中间节点。而且，最短运输里程不一定对应着最短运输时间，因为没有考虑运输路径的运行质量等问题。如果对运输时间和运输距离进行加权，找到的最佳运输路径更有实际意义。同时，网络节点和可供选择的运输路径的增多带来运算的复杂性，复杂的计算可以用计算机来实现。

二、多起讫点的运输路线规划

多起讫点的运输路线规划指的是多个起点、多个终点之间的单品种物品运输路线规划问题，一般可描述为运筹学中的运输问题。

假设某种物品有 m 个生产地 $A_1, A_2, \cdots, A_m$，各产地的产量分别是 $a_1, a_2, \cdots, a_m$；有 n 个销售地 $B_1, B_2, \cdots, B_n$，各销售地的销量分别是 $b_1, b_2, \cdots, b_n$；由生产地 A_i 运往销售地 B_j

的物品数量为 $X_{ij}(i=1,2,\cdots,m;j=1,2,\cdots,n)$；从生产地 $A_i(i=1,2,\cdots,m)$ 向销售地 $B_j(j=1,2,\cdots,n)$ 运输单位物品的运价是 C_{ij}。如何调运物品使运输总费用最小？

如果生产地的总产量等于销售地的总销量，即：

$$\sum_{i=1}^{m} a_i = \sum_{j=1}^{n} b_j$$

则称该运输问题为产销平衡运输问题；反之，称产销不平衡运输问题。

产销平衡运输问题的数学模型可表示如下：

$$\min z = \sum_{i=1}^{m} \sum_{j=1}^{n} c_{ij} x_{ij} \tag{6.9}$$

$$\text{s.t.} \begin{cases} \sum_{j=1}^{n} x_{ij} = a_i, & (i=1,2,\cdots,m) \tag{6.9a} \\ \sum_{i=1}^{m} x_{ij} = b_j, & (j=1,2,\cdots,n) \tag{6.9b} \\ x_{ij} \geqslant 0, & (i=1,2,\cdots,m;j=1,2,\cdots,n) \tag{6.9c} \end{cases}$$

其中，约束条件右侧常数 a_i 和 b_j 满足式(6.9)。

在式(6.9)中，目标函数表示运输总费用最小；约束条件(6.9a)表示由某一产地运往各个销售地的物品数量之和等该产地的生产量；约束条件(6.9b)表示由各产地运往某一个销售地的物品数量之和等该销地的销售量；约束条件(6.9c)表示变量非负条件。

式(6.9)是一种线性规划模型，可用单纯形法求解。但即使简单的运输问题，用单纯形法时涉及的变量数目也会很多而使计算繁杂。因此，这类运输问题也可用表上作业法、图上作业法等方法来求解。

（一）表上作业法

表上作业法是求解运输问题的一种简便而有效的方法，其求解在运输表上进行，求解过程直观、清晰，计算量不大，可以手工完成。表上作业法是一种迭代算法，迭代步骤为：先按某种规划找出一个初始解(初始调运方案)；再对现行解进行最优性判别；若这个解不是最优解，就在运输表上对它进行调整改进，得到一个新的解；对新解再判别，再调整改进，直到得到运输问题的最优解为止。

[例6.7] 大华物流公司有三个配送中心、四个客户，每个配送中心都可以为四个客户配送同一种物品。每个配送中心每天的物品配送量、四个客户每天的物品需求量以及每个配送中心到客户的物品配送线路的单位运价，如表6-14所示。如何规划配送线路，才能使总运费最低？

表 6-14 配送中心配送量、客户需求量及单位运价

配送中心	客户				供应量(吨)
	B1	B2	B3	B4	
A1	3	11	3	10	7
A2	1	9	2	8	4

续表

配送中心	客户				供应量(吨)
	B1	B2	B3	B4	
A3	7	4	10	5	9
需求量(吨)	3	6	5	6	20

解：(1) 确定初始可行解

对于运输问题，确定初始可行解的常用方法有最小元素法、西北角法和伏格尔法三种。三种方法中，西北角法得到的初始解的精确度最低，最小元素法次之，伏格尔法最好。一般说来，伏格尔法得到的初始解的质量最好，常用来作为运输问题最优解的近似解。下面用伏格尔法求解。

在运输安排中，有时按最小单位运价优先安排物品调运，却可能导致不得不采用运费很高的其他供销点，从而使整个运输费用增加。对每一个供应地或销售地，均可由它到各销售地或各供应地的单位运价中找出最小单位运价和次小单位运价，并称这两个单位运价之差为该供应地或销售地的罚数。若罚数的值不大，当不能按最小单位运价安排运输时造成的运费损失不大。反之，如果罚数的值很大，不按最小单位运价组织运输就会造成运费的很大损失。因此，此时应尽量按最小单位运价安排运输。伏格尔法就是基于这种考虑提出来的，具体步骤如下：

① 计算表 6-14 中每一行、每一列的次小单位运价和最小单位运价之间的差值，并作为行罚数和列罚数分别填入运输表右侧行罚数栏、下方列罚数栏，如表 6-15 所示。

表 6-15　配送中心配送量、客户需求量及单位运价、行罚数与列罚数

配送中心	客户				行罚数
	B1	B2	B3	B4	
A1	3	11	3	10	0
A2	1	9	2	8	1
A3	7	4	10	5	1
列罚数	2	5	1	3	

② 从行罚数、列罚数中选出最大罚数为 5，位于 B2 列。由于 B2 列中最小单位运价是位于(A3,B2)格中的 4，故在(A3,B2)格中填入尽可能多的运输量 6，此时客户 B2 的需求量得到满足，划去 B2 列，如表 6-16 所示。

表 6-16　配送中心配送量、客户需求量及单位运价、行罚数与列罚数

配送中心	客户				供应量(吨)	行罚数
	B1	B2	B3	B4		
A1	3	11	3	10	7	0
A2	1	9	2	8	4	1
A3	7	4(6)	10	5	9	1
需求量(吨)	3	6	5	6	20	
列罚数	2	5	1	3		

③ 在表 6-16 中尚未划去的各行和各列中,重新计算各行、各列的罚数,并分别填入运输表右侧行罚数栏的第 2 列、下方列罚数栏的第 2 行,如表 6-17 所示。

表 6-17 配送中心配送量、客户需求量及单位运价、行罚数与列罚数

配送中心	客户				供应量(吨)	行罚数
	B1	B2	B3	B4		
A1	3	11	3	10	7	0,0
A2	1	9	2	8	4	1,1
A3	7	4(6)	10	5	9	1,2
需求量(吨)	3	6	5	6	20	
列罚数	2 2	5	1 1	3 3		

④ 从运输表 6-17 中右侧行罚数栏的第 2 列、下方列罚数栏的第 2 行中选出最大罚数为 3,位于 B4 列。由于 B4 列中最小单位运价是位于(A3,B4)格中的 5,故在(A3,B4)格中填入尽可能多的运输量 3,此时配送中心 A3 的配送量分配完毕,划去 A3 行,如表 6-18 所示。

表 6-18 配送中心配送量、客户需求量及单位运价、行罚数与列罚数

配送中心	客户				供应量(吨)	行罚数
	B1	B2	B3	B4		
A1	3	11	3	10	7	0,0
A2	1	9	2	8	4	1,1
~~A3~~	~~7~~	~~4(6)~~	~~10~~	~~5(3)~~	~~9~~	~~1,2~~
需求量(吨)	3	6	5	6	20	
列罚数	2 2	5	1 1	3 3		

⑤ 在表 6-18 中尚未划去的各行和各列中,重新计算各行、各列的罚数,并分别填入运输表右侧行罚数栏的第 3 列、下方列罚数栏的第 3 行,如表 6-19 所示。

表 6-19 配送中心配送量、客户需求量及单位运价、行罚数与列罚数

配送中心	客户				供应量(吨)	行罚数
	B1	B2	B3	B4		
A1	3	11	3	10	7	0,0,0
A2	1	9	2	8	4	1,1,1
~~A3~~	~~7~~	~~4(6)~~	~~10~~	~~5(3)~~	~~9~~	~~1,2~~
需求量(吨)	3	6	5	6	20	
列罚数	2 2 2	5	1 1 1	3 3 2		

⑥ 从运输表 6-19 中右侧行罚数栏的第 3 列、下方列罚数栏的第 3 行中选出最大罚数为 2,位于 B1 和 B4 列。选择 B1 列最大罚数 2,由于 B1 列中最小单位运价是位于(A2,B1)格

中的1,故在(A2,B1)格中填入尽可能多的运输量3,此时客户B1的需求量得到满足,划去B1列,如表6-20所示。

表6-20 配送中心配送量、客户需求量及单位运价、行罚数与列罚数

配送中心	客户				供应量(吨)	行罚数
	B1	B2	B3	B4		
A1	3	11	3	10	7	0,0,0
A2	1(3)	9	2	8	4	1,1,1
A3	7	4(6)	10	5(3)	9	1,2
需求量(吨)	3	6	5	6	20	
列罚数	2 2 2	5	1 1 1	3 3 2		

⑦ 在表6-20中尚未划去的各行和各列中,重新计算各行、各列的罚数,并分别填入运输表右侧行罚数栏的第4列、下方列罚数栏的第4行,如表6-21所示。

表6-21 配送中心配送量、客户需求量及单位运价、行罚数与列罚数

配送中心	客户				供应量(吨)	行罚数
	B1	B2	B3	B4		
A1	3	11	3	10	7	0,0,0,7
A2	1(3)	9	2	8	4	1,1,1,6
A3	7	4(6)	10	5(3)	9	1,2
需求量(吨)	3	6	5	6	20	
列罚数	2 2 2 1	5	1 1 2 2	3 3 2 1		

⑧ 从运输表6-21中右侧行罚数栏的第4列、下方列罚数栏的第4行中选出最大罚数为7,位于A1行。由于A1行中最小单位运价是位于(A1,B3)格中的3,故在(A1,B3)格中填入尽可能多的运输量5,此时客户B3的需求量得到满足,划去B3列,如表6-22所示。

表6-22 配送中心配送量、客户需求量及单位运价、行罚数与列罚数

配送中心	客户				供应量(吨)	行罚数
	B1	B2	B3	B4		
A1	3	11	3(5)	10	7	0,0,0,7
A2	1(3)	9	2	8	4	1,1,1,6
A3	7	4(6)	10	5(3)	9	1,2
需求量(吨)	3	6	5	6	20	
列罚数	2 2 2 1	5	1 1 2 2	3 3 2 1		

⑨ 根据表 6-22，在(A2,B4)格中填入运输量 1，在(A1,B4)格中填入运输量 2，此时客户 B4 的需求量得到满足，配送中心 A1 和 A2 也分配完毕，得到初始调运方案，如表 6-23 所示。表中括弧内数字为配送运输量。

表 6-23 初始调运方案

配送中心	客户				供应量(吨)
	B1	B2	B3	B4	
A1	3	11	3(5)	10(2)	7
A2	1(3)	9	2	8(1)	4
A3	7	4(6)	10	5(3)	9
需求量(吨)	3	6	5	6	20

这时的调运运费 $=(3\times 5+10\times 2+1\times 3+8\times 1+4\times 6+5\times 3)=15+20+3+8+24+15)\times 100=8500(元)$。

(2) 解的最优性检验

判断初始可行解是不是最优解，主要有闭回路法和对偶变量法两种常用方法。

① 闭回路法(cycle method)

要判断运输问题的某个解是不是最优解，可检验这个解的各非基变量(对应于运输表中的空格)的检验数。若有某个空格(A_i,B_j)的检验数为负，表明将 X_{ij} 变为基变量将会使运输费用降低，当前这个解不是最优解。若所有的检验数都非负，则不管如何变换解都不能再降低运输费用，这个解就是最优解。

空格的检验数的计算方法，用表 6-23 的初始解来说明。

第一步，找出空格的闭回路。

在任一可行的调运方案表中，可以从任一空格(没有调运量的格)出发作一闭回路。它是以空格为起点，沿水平或垂直划线，每碰到一个有调运量(调运量大于 0)的格后，或者前进，或者转 90 度继续前进，直到回到起始空格为止。这个闭回路中除空格外，其他顶点都是由有数字(调运量)的格组成。空格的闭回路是由水平线段和垂直线段依次连接这些顶点构成的一个封闭多边形，可能是一个简单的矩形，也可能是其他更为复杂的封闭多边形。每个空格都有唯一存在的一条闭回路。图 6-9 列出了空格的几种可能的闭回路的形式。

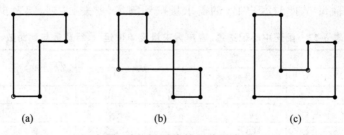

图 6-9 闭回路的几种形式

在表 6-23 中，空格(A1,B1)的闭回路：从空格(A1,B1)开始，沿(A1,B4)、(A2,B4)、(A2,B1)三个有数字的格，又回到空格(A1,B1)，从而形成(A1,B1)→(A1,B4)→(A2,B4)→(A2,B1)→(A1,B1)的闭回路。以此类推，表 6-23 中所有空格的闭回路，如表 6-24 所示。

表 6-24 初始调运方案中空格的闭回路表

空　格	闭　回　路
(1,1)	(1,1)→(1,4)→(2,4)→(2,1)→(1,1)
(1,2)	(1,2)→(1,4)→(3,4)→(3,2)→(1,2)
(2,2)	(2,2)→(2,4)→(3,4)→(3,2)→(2,2)
(2,3)	(2,3)→(2,4)→(1,4)→(1,3)→(2,3)
(3,1)	(3,1)→(2,1)→(2,4)→(3,4)→(3,1)
(3,3)	(3,3)→(1,3)→(1,4)→(3,4)→(3,3)

第二步，计算空格的检验数。

根据空格的闭回路，可以计算出空格的检验数。具体方法如下：在闭回路上，从空格出发，沿闭回路将各顶点的单位运价依次设置"＋""－"交替的正负符号，然后求其代数和，所得数字就是空格的检验数，一般用 λ_{ij} 表示，如表 6-25 所示。

空格(1,1)的检验数 $\lambda_{11} = 3－10＋8－1 = 0$；

空格(1,2)的检验数 $\lambda_{12} = 11－10＋5－4 = 2$；

空格(2,2)的检验数 $\lambda_{22} = 9－8＋5－4 = 2$；

空格(2,3)的检验数 $\lambda_{23} = 2－8＋10－3 = 1$；

空格(3,1)的检验数 $\lambda_{31} = 7－5＋8－1 = 9$；

空格(3,3)的检验数 $\lambda_{33} = 10－5＋10－3 = 12$；

表 6-25 初始调运方案中空格的检验数（括号内数字）

配送中心	客　户			
	B1	B2	B3	B4
A1	3(0)	11(2)	3	10
A2	1	9(2)	2(1)	8
A3	7(9)	4	10(12)	5

第三步，判断方案是否最优。

如果所有空格的检验数都非负，则方案就一定是最优方案。如果存在负数，则说明方案不是最优的，需要对方案进行调整改进。如果有空格的检验数为 0，则说明该运输问题有多重最优解。

由于表 6-25 中所有空格的检验数都非负，所以表 6-25 的调运方案就是最优配送方案。即配送中心 A1 向客户 B3 配送 5 吨物品，向客户 B4 配送 2 吨物品；配送中心 A2 向客户 B1 配送 3 吨物品，向客户 B4 配送 1 吨物品；配送中心 A3 向客户 B2 配送 6 吨物品，向客户 B4 配送 3 吨物品；此时，最优方案的配送运输费用为 8500 元。

第四步，在初始方案非最优情况下，用闭回路法进行调整改进。

在检验数存在负数，也就是初始方案非最优情况下，首先找出检验数表中最小的负数；其次，在以它所对应的空格为起点的闭回路中，取其奇数顶点处（顶点是有数字的即调运量的格，起点空格不算顶点）最小的运量为运量调整量；再次，从这个闭回路的起点空格出发，沿闭回路前进，在这个闭回路的奇数顶点处，将原来调运量减去一个调整量，在空格本身和闭回路的偶数顶点处加上一个调整量，即得到一个新的调运方案。

在[例 6.7]中，如果用最小元素法求解，初始调运方案如表 6-26 所示。

表 6-26　初始调运方案（最小元素法）

配送中心	客　户				供应量（吨）
	B1	B2	B3	B4	
A1	3	11	3(4)	10(3)	7
A2	1(3)	9	2(1)	8	4
A3	7	4(6)	10	5(3)	9
需求量（吨）	3	6	5	6	20

这时的调运运费 $=3\times4+10\times3+1\times3+2\times1+4\times6+5\times3=12+30+3+2+24+15=86$。

各个空格的检验数经计算，如表 6-27 所示。

表 6-27　初始调运方案检验数（括号内数字）

配送中心	客　户			
	B1	B2	B3	B4
A1	3(1)	11(2)	3	10
A2	1	9(1)	2	8(−1)
A3	7(10)	4	10(12)	5

由于表 6-27 检验数有负数，即空格(2,4)的检验数为−1，故最小元素法下得到的初始配送方案不是最优方案，需要进行调整改进。

从检验数为−1 的空格为起点所对应的闭回路(2,4)→(2,3)→(1,3)→(1,4)→(2,4)中，找出其奇数顶点处最小的运量 1 为调整量；然后，在该闭回路的奇数顶点即(2,3)、(1,4)处，将初始方案中的运量减去这个调整量，在空格(2,4)本身和偶数顶点(1,3)处，将初始方案中的运量加上这个调整量，如此可得到一个新的调运方案，如表 6-28 所示。表中括号内的数字为初始运量加减调整量的情况。需说明的是，初始方案中空格处没有安排运输量，可视其初始运量为 0。

表 6-28　调整方案

配送中心	客　户				供应量（吨）
	B1	B2	B3	B4	
A1	3	11	3(4+1)	10(3−1)	7
A2	1(3)	9	2(1−1)	8(0+1)	4
A3	7	4(6)	10	5(3)	9
需求量（吨）	3	6	5	6	20

对新得到的配送方案，再应用闭回路法求出检验数，结果如表 6-29 所示。

表 6-29　调整方案后检验数（括号内数字）

配送中心	客　户			
	B1	B2	B3	B4
A1	3(0)	11(2)	3	10
A2	1	9(2)	2(1)	8
A3	7(9)	4	10(12)	5

由于表 6-29 中所有空格的检验数都非负,所以表 6-29 调整后的调运方案就是最优配送方案。即配送中心 A1 向客户 B3 配送 5 吨物品,向客户 B4 配送 2 吨物品;配送中心 A2 向客户 B1 配送 3 吨物品,向客户 B4 配送 1 吨物品;配送中心 A3 向客户 B2 配送 6 吨物品,向客户 B4 配送 3 吨物品。

此时,调运运费＝3×5+10×2+1×3+8×1+4×6+5×3＝15+20+3+8+24+15＝85,最优方案的配送运输费用为 8500 元。

同时,有空格(1,1)的检验数为 0,说明该配送运输问题有多重最优解。若以 X_{11} 为换入变量可再得一解,即表 6-30 所示。

表 6-30 调 整 方 案

配送中心	客 户				供应量(吨)
	B1	B2	B3	B4	
A1	3(2)	11	3(5)	10	7
A2	1(1)	9	2	8(3)	4
A3	7	4(6)	10	5(3)	9
需求量(吨)	3	6	5	6	20

这时的调运运费＝2×3+3×5+1×1+8×3+4×6+5×3＝6+15+1+24+24+15＝85。它与上面最优解的目标函数值相等,故也是一个最优解。

上面是采用表上作业法求解产销平衡条件下的最优运输方案。对于产销不平衡的最优运输问题,可通过增加一个假想的生产地或销售地,假定其供应量或需求量等于实际问题中供应量与需求量之差,其单位运价为 0,从而转化为产销平衡运输问题来求解。由于假想的生产地或需求地并没有实际参与物品的调配运输,因此可视其相应运价为零,不会对整个物品调运问题最小运输费用值的结果产生影响。

(二) 图上作业法

图上作业法就是在交通运输图上根据供应地和需求地的平衡关系,运用运筹学原理,寻找满足需要的运费最小或运输吨公里数最小的运输方案的方法。这是我国物资流通部门从实际工作中创造出来的一种物资运输规划方法。

1. 图上作业法的基本步骤

运用图上作业法制定物资调运方案的基本步骤:

(1) 编制物资产销平衡表,标出需要调出物资的地点和数量(即发点和发量)、需要调入物资的地点和数量(即收点和收量),要求总发量等于总收量。

(2) 根据物资产销平衡表和收点、发点间的相互位置绘制交通图,即表明收点和发点间相互位置以及连接这些点之间的交通线路的简要地图。在交通图上,用圆圈"○"表示发点,将该发点的发量填入圆圈"○"内。用方框"□"表示收点,将该收点的收量填入方框"□"内。两点间的距离,记在交通路线的旁边。

(3) 在绘制好的交通图上进行物资调运,找出初始调运方案,作物资调运流向图。这里,用箭头"→"表示物资调运的方向即流向,并规定流向"→"必须画在沿着线路前进的右侧。把运送物资的数量记在流向"→"的旁边并加括号(),以区别于两点间的距离数。

物资运输的交通图主要分为三类：一是不成圈的交通图，即道路是没有回路的树形结构，包括直线、丁字线、交叉线、分枝线等；二是成圈的交通图，即道路是存在闭合回路的环状线路，包括一个圈或多个圈；三是既有圈也有线的交通图，即交通图上既有闭合回路的环状路线，也有没有回路的树形结构。

2．图上作业法的基本原则

（1）不成圈的交通图

对于不成圈的交通图，从各端开始，按就近供应、先支线后干线的原则，绘制出没有对流和迂回的调运方案图，就是最优调运方案；

迂回运输（bypass transportation）指商品运输本来可以走直线或经最短的运输路线，但却采取绕道而行的现象（如图6-10所示）。由甲地发运货物经过乙、丙两地到丁，那么在甲、乙、丙、丁间便发生了迂回运输（共170公里）。正确的运输线路，应该从甲地经戊地到丁地（共80公里）。

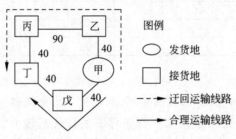

图6-10 迂回运输示意图

对流运输（convective transportation）又称相向运输，是指同一种商品或彼此可以代用的商品，在同一运输路线上或在平行的路线上，朝着相反方向运行，与对方运程的全程或部分发生重叠的现象。对流运输又分为明显对流和隐蔽对流。明显对流指发生在同一条运输路线上的对流运输；隐蔽对流指同一种物资违背近产近销原则，沿着两条平行的线路朝相对的方向运输。

[例6.8] 大华物流公司有四个配送中心A1、A2、A3、A4，共同向客户配送同一种商品，其配送量分别为每日500吨、200吨、700吨、300吨，客户有B1、B2、B3、B4、B5，每日需求量分别为100吨、500吨、300吨、400吨、200吨，如何安排配送方案？

解：第一步，编制物资配送供求平衡表，如表6-31所示。

表6-31 物资配送供求平衡表

供 应 地	需 求 地					供应量 (吨)
	B1	B2	B3	B4	B5	
A1						500
A2						200
A3						700
A4						300
需求量（吨）	100	500	300	500	300	1700

第二步，绘制配送路线图，如图6-11所示。

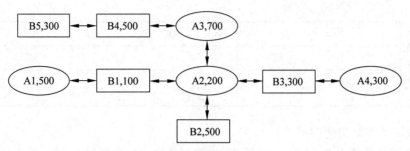

图 6-11 配送路线图

第三步,按配送路线图进行图上作业。这是不成圈的路线,从各端开始就近配送,先在各支线上进行平衡,再在各个支线之间进行平衡,就能找到最优方案。本例的配送路线图共有四个端点,规划配送方案先从这四个端点开始。

首先,看 A4→B3 支线,A4 共 300 吨商品配送出去,而配送出去时必须先经过 B3,而 B3 的需求量是 300 吨,所以将 A4 配送中心的 300 吨全部配送给 B3。

接着,看 A1→B1 支线,A1 共 500 吨商品配送出去,而配送出去时必须先经过 B1,而 B1 的需求量是 100 吨,所以将 A1 配送中心的 100 吨全部配送给 B1,多余的 400 吨经 B1 配送到 A2,此时 A2 有 600 吨商品需要配送出去。

然后,看 A2→B2 支线,A2 共 600 吨商品配送出去,而 B2 的需求量是 500 吨,所以将 A2 配送中心的 500 吨全部配送给 B2,多余的 100 吨配送到 A3。

最后,看 A3→B4→B5 支线,A3 共 800(700+100)吨商品配送出去,而配送出去时必须先经过 B4,而 B4 的需求量是 500 吨,所以将 A3 配送中心的 500 吨全部配送给 B1,多余的 300 吨配送到 B5。

这样,最终的配送安排路线如图 6-12 和表 6-32 所示,既无对流运输,也没有迂回运输现象,就是最优配送方案。虚线箭头表示配送流向,箭头下面的数字表示配送的商品吨数。

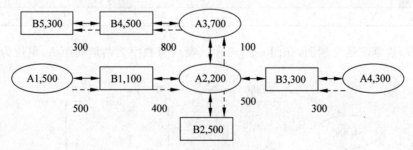

图 6-12 就近最优配送图

表 6-32 物资配送供求平衡表

供应地	需求地					供应量（吨）
	B1	B2	B3	B4	B5	
A1	100	400				500
A2		100		100		200
A3				400	300	700

续表

供应地	需求地					供应量(吨)
	B1	B2	B3	B4	B5	
A4			300			300
需求量(吨)	100	500	300	500	300	1700

（2）成圈的环状交通图

对于成圈且发货点与收货点交错迂回的环状交通图，分析较复杂。首先，用"去线破圈"的方法，将圈状交通图变成一个不成圈的交通图，再按照不成圈交通图找最优运输方案的方法得到一个没有对流和迂回的初始运输方案。一般是将有圈的交通图中距离最长的一段交通线去掉。然后，必须以"圈内圈外流向总路程应分别小于或等于该圈总路程的一半"为准则，判断初始方案是不是最优方案。如果圈内或圈外流向总路程不超过该圈半圈长，就是最优调运方案。如果圈内或圈外流向总路程超过该圈半圈长，应甩去运量最小段，调整方案，反复运算，最后可得最优运输方案。

[例 6.9]　大华物流公司有三个配送中心 A1、A2、A3，共同向客户配送同一种商品，其配送量分别为每日 300 吨、300 吨、100 吨，客户有 B1、B2、B3、B4，每日需求量分别为 200 吨、300 吨、100 吨、100 吨。如何安排配送方案，才能使配送运输的吨公里数最小？

解：第一步，编制物资配送供求平衡表，如表 6-33 所示。

表 6-33　物资配送供求平衡表

供应地	需求地				供应量(吨)
	B1	B2	B3	B4	
A1					300
A2					300
A3					100
需求量(吨)	200	300	100	100	700

第二步，绘制配送交通图，如图 6-13 所示。箭线旁数字为两地间距离，单位为公里。

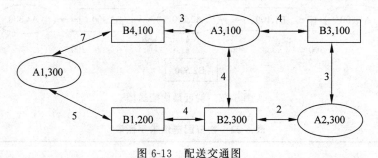

图 6-13　配送交通图

第三步，按配送交通图进行图上作业。

首先，这是成圈的路线，用"去线破圈"的方法，将圈状交通图中距离最长的一段交通线去掉，将圈状交通图变成一个不成圈的交通图，再按照不成圈交通图找最优运输方案的方法得到一个没有对流和迂回的初始运输方案。

本例中,如图 6-14 所示,将交通图中最长距离的一段 A1—B4(7 公里)去掉,破 A1—B1—B2—A3—B4 圈;再去掉 A3-B3 段,破 B2—A2—B3—A3 圈。

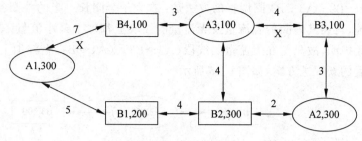

图 6-14 配送交通图

破圈后,按照不成圈交通图,从各端点开始就近配送,先在各支线上进行平衡,再在各个支线之间进行平衡,就能找到初始配送方案。破圈后本例的配送交通图共有三个端点 B3、B4、A1,规划配送方案先从这三个端点开始。

先看 B3←A2→B2 支线,A2 共 300 吨商品配送出去,必须先配送 100 吨给 B3,A2 配送中心余下的 200 吨全部配送给 B2。

再看 A1→B1→B2 支线,A1 共 300 吨商品配送出去,而配送出去时必须先经过 B1,而 B1 的需求量是 200 吨,所以将 A1 配送中心的 200 吨全部配送给 B1,多余的 100 吨经 B1 配送到 B2,此时 B2 的 300 吨商品配送需求已满足。

最后看 A3→B4 支线,A3 共 100 吨商品配送出去,而 B4 的需求量是 100 吨,所以将 A3 配送中心的 100 吨全部配送给 B4,B4 的 100 吨商品配送需求已满足。

补回原来去掉的线段 A1—B4 和 A3—B3,这样得到一个初始的配送方案,如图 6-15 所示。

在绘制初始配送方案时,凡是按逆时针方向配送的线路(如 A3—B4,A2—B3,A1—B1—B2),其配送箭头线都划在圈外,称为外圈。否则,其配送箭头线都划在圈内,称为内圈。图 6-15 中,虚箭头线表示配送商品的流向,虚箭头线旁的数字表示配送的商品量。

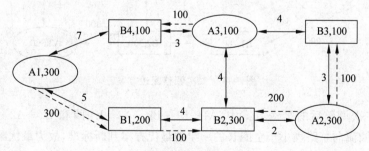

图 6-15 初始配送方案

其次,检查初始方案是否最优。

如果方案的圈内或圈外流向总路程不超过该圈半圈长,就是最优调运方案。如果圈内或圈外流向总路程超过该圈半圈长,应甩去运量最小段,调整方案,反复运算,最后可得最优运输方案。本例中,A1—B1—B2—A3—B4 圈全长为 23 公里,外圈长 12 公里(A1→B1,B1→B2,A3→B4),大于全圈长的一半,因而此圈需调整方案;B2—A2—B3—A3 圈全长为 13 公里,外圈长 3 公里(A2→B3),内圈长 2 公里(A2→B2),均小于全圈长的一半,因而此圈不需调整方案。

最后,调整初始方案。

对 A1—B1—B2—A3—B4 圈调整的方法是:在大于全圈长一半的外圈各流量中,减去最小流量 100 吨,再在其内圈的各流量及无流量的线段上都加上最小流量 100 吨。此圈中初始配送方案无内圈,故只需在无流量的线段(A3→B2)、(A1→B4)上都加上最小流量 100 吨即可。调整后的新配送方案,如图 6-16 所示。

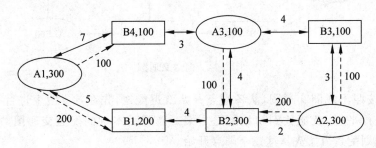

图 6-16 一次调整配送方案

对新方案再检查是否最优。新的调整方案中,A1—B1—B2—A3—B4 圈全长为 23 公里,外圈长 5 公里(A1→B1 为 5 公里),内圈长 11 公里(A1→B4 为 7 公里,A3→B2 为 4 公里),均小于全圈长的一半,因而此圈不需调整;B2—A2—B3—A3 圈全长为 13 公里,外圈长 7 公里(A2→B3 为 3 公里,A3→B2 为 4 公里),内圈长 2 公里(A2→B2),外圈长大于全圈长的一半,因而此圈需调整方案。

根据前述调整方法,调整后的方案如图 6-17 所示。

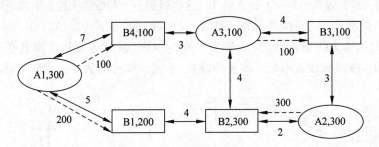

图 6-17 二次调整配送方案

经检验,二次调整后的配送方案中,A1—B1—B2—A3—B4 圈和 B2—A2—B3—A3 圈都符合外圈和内圈流向总路程小于全圈长的一半的最优方案判断标准,故为最优配送方案,其最小配送运输吨公里数为 2700,即 $100\times7+200\times5+300\times2+100\times4=2700$(吨公里)。

最优配送方案的配送供求平衡表,如表 6-34 所示。

表 6-34 物资配送供求平衡表

供应地	需求地				供应量(吨)
	B1	B2	B3	B4	
A1	200			100	300
A2		300			300

供 应 地	需 求 地				供应量(吨)
	B1	B2	B3	B4	
A3			100		100
需求量(吨)	200	300	100	100	700

（3）既有圈也有线的交通图

这种情况下规划最优运输方案，首先使交通图直线上物品收发量汇集在与环状路线的交叉点上，简化成只有圈的环状交通图；然后，按成圈的环状交通图分析出最优方案。

［例 6.10］ 大华物流公司有三个配送中心 A1、A2、A3，共同向客户配送同一种商品，其配送量分别为每日 2 吨、3 吨、5 吨，客户有 B1、B2、B3、B4、B5，每日需求量分别为 1.5 吨、2.5 吨、3 吨、1 吨、2 吨。配送交通图如图 6-18 所示。两点间连线旁数字为两地间距离，单位为公里。如何安排配送方案，才能使配送运输的总吨公里数最小？

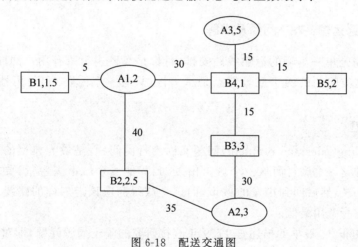

图 6-18 配送交通图

解：第一步，编制物资配送供求平衡表，如表 6-35 所示。

表 6-35 物资配送供求平衡表

供 应 地	需 求 地					供应量(吨)
	B1	B2	B3	B4	B5	
A1						2
A2						3
A3						5
需求量(吨)	1.5	2.5	3	1	2	10

第二步，绘制配送交通图，如图 6-18，题中已经给出。

第三步，按照交通图可看出，客户 B1 所需物品必定由配送中心 A1 或其他配送中心经过 A1 发出，故将直线上 B1 的需求量与 A1 的配送量汇集在该直线与成圈的环状线路的交叉点 A1 处，使 A1 变成一个配送量 0.5 吨的配送中心，记作 C1。同样，直线上 B4、B5 的需求量和 A3 的配送量也汇集在该直线与成圈的环状线路的交叉点 B4 处，使 B4 变成一个配

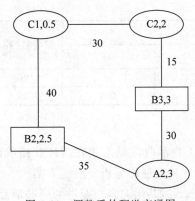

图 6-19　调整后的配送交通图

送量 2 吨的配送中心,记作 C2。这样,原来的既有圈也有线的交通图变成了一个只有圈的环状交通图,如图 6-19 所示。然后,按成圈的环状交通图来分析,即可得出最优方案。

三、起讫点重合的运输路线规划

起讫点重合的运输路线规划,即回路运输规划,指起点与终点重合的运输路线选择。例如,送货车辆从工厂仓库、配送中心等装货出发,送货完毕后又回到工厂仓库、配送中心;垃圾收集车辆从垃圾处理厂出发,收集垃圾后又回到垃圾处理厂等。起讫点重合的运输线路规划分为单回路运输和多回路运输两种类型。

(一) 单回路运输:TSP 问题及求解

单回路运输是单一车辆的运输线路安排,目标是车辆遍历所有用户的同时,达到所行驶距离最短。这类问题的两个显著特点是单一性(只有一个回路)和遍历性(经过所有用户,不可遗漏)。

1. TSP 问题

TSP(traveling salesman problem)问题又称旅行商问题,是最为典型的一个单回路运输问题。它指的是一个旅行商从一个城市出发,到其他 n 个城市去售货,要求经过每个城市各一次且仅一次,然后回到出发的城市,问这个旅行商应该走怎样的路线才能使走过的总里程最短或旅行费用最低。

TSP 的历史很久,最早的描述是 1759 年欧拉研究的骑士周游问题,即对于国际象棋棋盘中的 64 个方格,走访 64 个方格一次且仅一次,并且最终返回到起始点。

我国学者管梅谷教授 1962 年提出的"中国邮递员问题"(Chinese postman problem,CPP)与此类似,即一个邮递员从邮局出发,到所辖街道投递邮件,必须走遍所辖的每条街道至少一次,最后返回邮局。这个邮递员应如何选择投递路线,使所走的路程最短。城市配送中心为各街道便民连锁店配送货物后再返回配送中心;流动推销员从销售中心出发,沿着街道推销商品,最后再返回销售中心,都属于此类问题。由于该类问题是由我国学者管梅谷教授 1962 年首先提出的,国际上通称这类问题为"中国邮递员问题",与 TSP 问题类似。

TSP 问题可以描述如下:在一个有 n 个顶点的运输网络(有向或无向)中,寻找一条包含所有 n 个顶点的具有最小路长(距离、费用或时间)的回路(Tour)。既然回路是包含所有顶点的一个循环,所以可以把任意一个顶点作为起点,同时它也是终点。这是 TSP 模型的一个特点。

TSP 问题的数学求解模型描述为:

$$\min z = \sum_{i=1}^{n}\sum_{j=1}^{n} c_{ij} x_{ij}$$

s.t. $\sum_{j=1}^{n} x_{ij} = 1, \quad i = 1, 2, \cdots, n$

$\sum_{i=1}^{n} x_{ij} = 1, \quad j = 1, 2, \cdots, n$

$\{(i,j): i, j = 2, \cdots, n; x_{ij} = 1\}$ 不包含子回路

$x_{ij} \in \{0, 1\}, i = 1, 2, \cdots, n; j = 1, 2, \cdots, n$

式中，c_{ij} 是顶点 i 到 j 的路长；x_{ij} 是决策变量，表示路段 (i,j) 是否在线路上，即顶点 i 与顶点 j 是否直接连接。x_{ij} 等于 0，表示顶点 i 与顶点 j 没有直接连接。x_{ij} 等于 1，表顶点 i 与顶点 j 直接连接。约束条件 1 表示每个顶点只有一条边出去，约束条件 2 表示每个顶点只有一条边进入。只有约束条件 1 和 2，可能会出现子回路现象，即出现多条回路。因此，需要加上约束条件 3，即除了起点边和终点边以外，其他选中的边不构成回路。

这个模型是 0-1 整数规划模型，有多种求解方法。对于顶点数很少的小型 TSP 问题，枚举法是很有效的。但对于顶点数较多的大型 TSP 问题，由于枚举法的列举次数为 $(n-1)!$ 次，必须用其他算法求解。对于一部分中小规模顶点数的 TSP 问题，用运筹学中的分支界定法求解也比较有效。但该算法也是只能对一部分中小规模 TSP 问题进行求解，对于大多数问题的求解都存在一定难度。另外，还可以利用现代优化技术，如模拟退火算法、禁忌搜索、遗传算法、蚁群优化算法等启发式算法。

启发式算法不仅可以用于各种复杂的 TSP 问题，对中小规模顶点数的 TSP 问题也同样适用。启发式算法的不足之处在于，只能保证得到可行解，而且各种不同的启发式算法所得到的结果也不完全一致。下面介绍求解 TSP 问题的两种较简单的启发式算法。

2. 最近邻点法

最近邻点法(closest point method)的具体步骤如下：
① 从 n 个顶点的交通网络中选定起始点，作为整个回路的起点；
② 比较其余 $(n-1)$ 个顶点与该地点的距离，取距离最短者作为回路的第二个地点；
③ 对于第二个地点，就其余 $(n-2)$ 个顶点作同样的处理；
④ 以此类推，直到遍历所有地点为止，即所有顶点都加入到回路中；
⑤ 将最后一个加入回路的顶点和起点连接起来，就构成了 TSP 问题的解。

最近邻点法算法简单，但结果的满意程度往往较差，有很大的改善余地，常作为进一步优化的初始解。

[例 6.11] 假定一个配送中心 A_0 往四个便利店 A_1、A_2、A_3、A_4 送货，配送中心与便利店以及便利店之间的距离如表 6-36 所示，距离具有对称性。要使配送距离最短，配送中心应如何选择路线？

表 6-36 便利店之间距离表

起点	终点				
	配送中心 A_0	便利店 A_1	便利店 A_2	便利店 A_3	便利店 A_4
配送中心 A_0	—	3	5	7	9
便利店 A_1		—	8	6	7
便利店 A_2			—	8	5

续表

起点	终点				
	配送中心 A_0	便利店 A_1	便利店 A_2	便利店 A_3	便利店 A_4
便利店 A_3				—	4
便利店 A_4					—

解：① 选择配送中心 A_0 为起始点，即整个回路的起点，$T=(A_0)$；

② 比较其余四个点，即便利店 A_1、A_2、A_3、A_4 与起点配送中心 A_0 的距离，取距离最短者加入回路。从表 6-36 可知，便利店 A_1 距离配送中心 A_0 的距离为 3，最近，所以便利店 A_1 加入回路，为回路的第二个地点，$T=(A_0,A_1)$；

③ 对于 A_1，比较其余三个点，即便利店 A_2、A_3、A_4 与 A_1 的距离，取距离最短者加入回路。从表 6-36 可知，便利店 A_3 距离 A_1 的距离为 6，最近，所以便利店 A_3 加入回路，为回路的第三个地点，$T=(A_0,A_1,A_3)$；

④ 对于 A_3，比较其余两个点，即便利店 A_2、A_4 与 A_3 的距离，取距离最短者加入回路。从表 6-36 可知，便利店 A_3 距离 A_4 的距离为 4，最近，所以便利店 A_4 加入回路，为回路的第四个地点，$T=(A_0,A_1,A_3,A_4)$；

⑤ 只剩下便利店 A_2，所以 A_2 成为继 A_4 之后的配送点加入回路，$T=(A_0,A_1,A_3,A_4,A_2)$；

⑥ 将最后一个加入回路的点 A_2 与起点配送中心 A_0 连接起来，就构成了配送路线。即 $A_0 \to A_1 \to A_3 \to A_4 \to A_2 \to A_0$，配送路线的最短距离为 $3+6+4+5+5=23$。

3. 最近插入法

最近插入法（nearest insertion heuristic）是 Rosenkrantz 和 Stearns 等人在 1977 年提出的，具体步骤如下：

① 从 n 个顶点的交通网络中选定起始点，作为整个回路的起点 V_1；

② 找到与起始点 V_1 的距离 C_{1k} 最小的顶点 V_k，形成一个子回路（subtour）：(V_1, V_k, V_1)；

③ 在剩下的顶点中，寻找一个距离子回路中某一个节点最近的顶点；

④ 在子回路中找到一条弧 (i,j)，使得 $C_{ik}+C_{kj}-C_{ij}$ 最小，然后将节点 V_k 加入子回路中，插入节点 V_i 和 V_j 之间；用两条新弧 (i,k)、(j,k) 代替原来的弧 (i,j)；

⑤ 重复③④步，直到所有的节点都加入子回路中。

这样，最后的回路就是所求的 TSP 问题的解。

最近插入法比最近邻点法复杂，计算量较大，但得到的解的精确度提高，可以取得更满意的解。

用最近插入法求解[例 6.11]，具体过程如下：

① 从交通网络中选定配送中心 A_0 起始点，作为整个回路的起点，$T=(A_0)$。

② 与起始点 A_0 的距离 C_{0k} 最小的顶点为 A_1，形成一个子回路：$T=(A_0, A_1, A_0)$。

③ 在剩下顶点中，距离子回路 (A_0, A_1, A_0) 中某一个节点最近的顶点为 A_2，$C_{02}=5$，因为距离具有对称性，所以 A_2 插入 (A_0, A_1) 之间和 (A_1, A_0) 之间是一样的。将 A_2 插入点 A_0 和 A_1 之间，形成新的回路：$T=(A_0, A_2, A_1, A_0)$。

④ 在剩下顶点中找到距离子回路 (A_0, A_2, A_1, A_0) 中某一个节点最近的顶点为 A_4，

$C_{24}=5$,但 A_4 要插入的具体位置需要进一步计算分析：

插入(A_0,A_2)之间，距离增量 $\Delta=C_{04}+C_{42}-C_{02}=9+5-5=9$；

插入(A_2,A_1)之间，距离增量 $\Delta=C_{24}+C_{41}-C_{21}=5+7-8=4$；

插入(A_1,A_0)之间，距离增量 $\Delta=C_{14}+C_{40}-C_{10}=7+9-3=13$。

根据上面分析，A_4 插入(A_2,A_1)之间距离增量 Δ 最小为4，所以 A_4 应插入(A_2,A_1)之间，构成新的回路 $T=\{A_0,A_2,A_4,A_1,A_0\}$。

⑤ 考虑最后剩余顶点 A_3 到距离子回路(A_0,A_2,A_4,A_1,A_0)中某一个节点的最小距离，求得 $A_4,C_{34}=4$，但 A_3 要插入的具体位置需要进一步计算分析：

插入(A_0,A_2)之间，距离增量 $\Delta=C_{03}+C_{32}-C_{02}=7+8-5=10$；

插入(A_2,A_4)之间，距离增量 $\Delta=C_{23}+C_{34}-C_{24}=8+4-5=7$；

插入(A_4,A_1)之间，距离增量 $\Delta=C_{43}+C_{31}-C_{41}=4+6-7=3$；

插入(A_1,A_0)之间，距离增量 $\Delta=C_{13}+C_{30}-C_{10}=6+7-3=10$；

根据上面分析，A_4 插入(A_4,A_1)之间距离增量 Δ 最小为3，所以 A_4 应插入(A_4,A_1)之间，构成新的回路 $T=\{A_0,A_2,A_4,A_3,A_1,A_0\}$。

总的行驶距离为：$D=5+5+4+6+3=23$。

（二）多回路运输：VRP问题及求解

多回路运输是多车辆的运输路线安排，目标是在满足物品的需求量和发货量、收货和发货时间、车辆数量和容量、行驶距离和时间等约束条件下，找到一组车辆的最优行驶路线，使得所有需求点能够被覆盖，并达到车辆使用量最少、行驶路程最短、运输费用最小或耗费时间最少等目的。这类问题有个统一的术语 Vehicle Routing Problem（VRP），即车辆路径问题，也称作车辆调度、车辆派遣或派送问题。车辆路径问题（VRP）是一类常见的组合优化问题，是经典的旅行商问题的扩展，被广泛应用于物流、配送、运输等领域，如邮递、快递、餐饮外送、医药配送等。在实际应用中，车辆路径问题通常会涉及多个客户需求点，且每个需求点的需求量和服务时间也不尽相同。因此，如何合理地调度车辆、规划路线、分配需求等，都是 VRP 问题要解决的核心难点。

1. VRP 问题的类型

（1）基本车辆路径问题（VRP）。给定一组客户点、车辆容量、车辆数量、起始点和终点，目标是找到使所有客户点都被访问一次的最短路径方案。基本车辆路径问题（VRP）的数学模型可以使用整数线性规划（integer linear programming，ILP）来表示。

（2）容量限制车辆路径问题（CVRP）。CVRP 是基本车辆路径问题（VRP）的一种经典变体，与基本 VRP 类似。但在这类问题中，每个客户点有一个特定需求量，每辆车有最大负载量，分配给每辆车服务的客户点需求量之和需要满足车辆总容量限制，在不超过车辆容量的情况下为客户提供服务。

（3）时间窗车辆路径问题（VRP-TW）。在基本 VRP 的基础上，每个客户点都有一个服务时间窗口，表示可以在某个时间范围内访问。目标是在满足服务时间窗口和车辆容量限制的情况下，最小化总行驶距离或成本。

（4）混合车辆路径问题（HVRP）。允许不同类型车辆存在，每种类型车辆有不同容量和成本,目标是最小化总成本。HVRP 主要特点在于它允许在同一个问题中考虑多种不同类型车辆,这些车辆可以有不同的容量、速度、成本等属性。

因此,在解决 HVRP 时,需要考虑以下几个方面:

车辆类型:不同类型车辆可能有不同特点,如不同的容量限制、速度和成本,这些属性需要在问题中明确指定。

客户点需求:每个客户点可能需要不同数量的货物,而不同类型的车辆可以承载不同数量的货物,因此需要确保分配到每个客户点的车辆类型满足其需求。

成本和效率:由于不同类型的车辆有不同的成本和速度,需要综合考虑成本和效率来优化路线分配。

路径优化:在 HVRP 中,需要找到一种分配方案,使得每个客户点都得到服务,同时最小化总行驶距离或成本。这涉及路径规划和车辆调度的问题。

数学建模:针对 HVRP,需要建立适当的数学模型,考虑车辆类型、容量约束、时间窗口等因素,将问题转化为数学规划问题。

(5) 多目标车辆路径问题(MOVRP)。考虑多个冲突的目标,如最小化总行驶距离和最小化总成本。多目标车辆路径问题(multi-objective vehicle routing problem,MOVRP)是车辆路径问题的一种变体,其主要特点是在优化过程中考虑多个目标函数,而不仅仅是单一的目标。MOVRP 涉及在满足车辆容量和其他约束条件的前提下,同时优化多个不同的目标,如最小化总行驶距离、最小化总成本、最小化车辆数量等。MOVRP 的主要挑战在于寻找一种解决方案,能够在多个不同目标之间找到一个平衡,并得到一组最优或非劣解。这些解代表了在多个目标之间的权衡选择,没有一个解在所有目标上都优于其他解。

解决 MOVRP 的方法包括:

多目标优化算法:一些专门针对多目标问题的优化算法可以应用于 MOVRP,如多目标遗传算法、多目标粒子群算法、多目标模拟退火等。这些算法能够搜索并生成一组不同权重的解。

权衡法:在某些情况下,可使用权衡法将多个目标函数线性组合成单一目标函数,然后将问题转化为单一目标优化问题。这样,可以使用单目标优化方法求解,但需要根据问题的需求和权重设置来确定适当的组合。

非劣排序:对于 MOVRP,非劣排序技术可以用来识别和维护一组非劣解。通过比较解集中的不同解,可以构建出帕累托前沿,即一组在不同目标下都无法进一步优化的解。

参考点方法:这种方法将目标函数的值转化为相对于某个参考点的偏离程度,从而将多目标问题转化为单一目标问题。

(6) 动态车辆路径问题(dynamic vehicle routing problem,DVRP)。考虑客户点的需求和位置在不断变化的情况下,实时地规划车辆路径。动态车辆路径问题是车辆路径问题的一种变体,考虑了实时变化的情况,其中客户需求和路况随着时间的推移而发生变化。DVRP 要求在已开始执行路线的情况下,根据实时信息和变化的需求进行实时的路径优化调整。

DVRP 的主要特点包括:

动态需求:客户的需求在运输过程中可能发生变化,如有新的客户加入,已有客户的需求量和时间发生变化等。

实时信息：路况可能随时间推移而变化，交通堵塞或道路封闭可能会影响路径选择。

即时调整：在 DVRP 中，需根据实时信息对已计划好的路径进行调整，以适应变化的需求和路况。

决策时机：在 DVRP 中，需决定何时对路径进行调整，以在满足约束条件情况下优化路径。

2. VRP 问题的求解方法

VRP 是一类很基础的问题，许多组合优化问题（如翻箱问题）都能转化为车辆路径问题的变体进行研究，而车辆路径问题的研究成果（开发的新模型、新算法）也能应用于其他组合优化问题的求解。VRP 由此引起大量学者的关注。1959 年，Dantzig 和 Ramser 以加油站运输汽油为背景案例，首次提出了 VRP 的数学规划公式和求解方法。1964 年，Clarke 和 Wright 提出了一种有效的贪心启发式算法来近似求解 VRP。之后，很多学者针对不同的 VRP 问题进行研究，提出了数学模型和相应的精确、启发式算法。归纳起来，车辆路径问题（VRP）的求解方法主要有精确优化方法、人工智能方法、模拟方法、启发式方法等。

(1) 精确优化方法。这主要是运用线性规划和非线性规划技术进行的最优决策。在 VRP 问题研究的早期，主要考虑从单源点派车，如何用最短路线或最短时间对一定数量需求点运输的调度问题，主要着眼于最优算法。随着运输系统的复杂化和对车辆调度的多目标要求，获得整个系统的精确化解越来越困难，且用计算机求解大型优化问题的时间和代价太大。所以，精确优化方法及其简化算法现在常用于车辆调度的局部优化问题。

(2) 人工智能方法。人工智能技术及其应用的不断发展，尤其是模拟退火算法、遗传算法以及人工神经网络和专家系统等技术的发展，为解决大规模、多目标车辆路径问题提供了新途径。

(3) 模拟方法。这是指利用数据公式、逻辑表述式、图表、坐标图形等抽象概念表示实际运输系统内部状态和输入输出的关系，并通过计算机对模型进行实验，通过实验取得改善运输系统或设计新运输系统所需要的信息。虽然模拟方法在模型构造、程序调试、数据整理方面工作量大，但由于运输系统结构复杂、不确定性因素多，模拟方法仍因其具有描述和求解问题的能力优势而成为复杂运输调度系统建模的主要方法。

(4) 启发式方法。这是指根据经验法则求解运输过程满意解的数学方法。启发式方法能同时满足详细描述问题和求解的需要，比精确优化方法更加实用，缺点是难于知道什么时候求得好的启发式解。启发式方法求解是通过不断的迭代过程实现的，需要拟定一套解的搜索规则，强调找到"满意解"，而不是追求最优解。为得到满意解，整个迭代过程要不断吸收新的信息，必要时改变原来拟定的不合适的搜索策略，建立新的搜索规则，注意从失败中吸取教训，并逐步缩小搜索范围。启发式方法中最有代表性的是 1964 年 Clarke 和 Wright 提出的节约法（Savings Method）。许多成功的车辆调度软件就是根据该方法或其改进方法开发的。

3. 扫描法

扫描法（sweep algorithm）是由 Gillette 和 Miller 于 1974 年提出的求解车辆路径问题（VRP）的方法。该方法先把客户分群再排路线，即先分派每辆车服务的站点（需求点或客户点），再按 TSP 问题决定每辆车的最佳行车路线，因此也称为两阶段法。该方法的原理简单,可以用手工处理和计算规模很大的问题,也可以用计算机程序处理。对于各类问题,该方法的平均误差率约为 10%。通常,这样水平的误差率是可以被接受的。因为调度员往往在接到最后一份订单后的一个小时内就要制订出车辆运行路线计划。该方法的缺点在于对于有时间窗的 VRP 问题处理得不好。

扫描法的具体步骤如下:

(1) 建立极坐标系,确定所有站点位置。以起始点(仓库或配送中心等)为原点建立极坐标系,然后在极坐标系中确定所有站点的位置。

(2) 分组。自起始点(仓库或配送中心等)开始沿任一方向向外画一条直线。沿顺时针或逆时针方向旋转该直线,直到与某站点相交。计算加入该站点后有无超出车辆载货能力。注意,首先使用载货能力最大的送货车辆。如果没有,继续旋转直线,直到与下一个站点相交。再次计算累计货运量是否超过车辆的运载能力。如果超过,就剔除该站点,前面的站点作为一组来送货,并确定路线。接着,从剩余站点开始,继续旋转直线以寻找新路线。

(3) 重复(2)的过程,直到所有站点被安排完毕为止。

(4) 路线优化。按单回路运输问题 TSP 模型,排定各路线上每个站点的先后顺序,最终使行车距离或费用或时间最短。

[例 6.12] S 卡车运输公司从货主那里取货。货物先运回仓库,集中后进行长途运输。图 6-20a 列出了典型的一天取货量(单位是件)。货车的额定载货量是 10 000 件。完成所有取货任务,一般需要一整天时间。公司想知道需要多少条运输路线(即多少部车)?每条路线应该经过哪些站点?每条路线上的站点应该怎样排序?

首先,建立极坐标系,确定所有站点位置。本例题已经直接给出,如图 6-20a 所示。

其次,分组。向北画一条直线,进行逆时针方向"扫描"。这些都是随机决定的。逆时针旋转该直线,直到装满一辆 10 000 件货物的卡车。直到所有的站点都分派有车辆为止。

最后,组内的路线优化。按单回路运输问题 TSP 模型,安排各组内经过各站点的顺序。图 6-20b 所列出的是最终的路线设计。

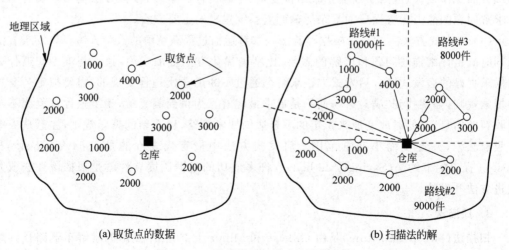

(a) 取货点的数据　　　　　　　　　(b) 扫描法的解

图 6-20　S 公司利用扫描法设计的路线

4. 节约法

节约法(savings method)是由克拉克和怀特(Clark & Wright)1964年提出的一种有效而实用的方法,又称 C-W 节约算法或节约里程法。它是用来解决运输车辆数目不确定问题的最有名的启发式算法,能灵活处理有众多约束条件的实际问题,可以同时确定路线和经过各站点的顺序。对站点数量不太多的问题能较快算出结果,且与最优解很接近。对仅有几个约束条件的小型问题,利用节约法得到的结果平均只比最优解高 2%。节约法的目标是使所有车辆行驶的总里程最短,进而所使用的车辆数最少。

节约法的基本思想:巡回送货,实现了里程节约,如图 6-21 所示。①先假设每一站点都用一辆车提供服务,随后返回仓库,如图 6-21a 所示。这时的路线里程最长,直行里程 $l=2(l_1+l_2)$。②将两个站点合并到同一条行车路线上,减少一辆运输车,相应缩短路线里程。在决定站点要合并到一条路线时,需计算合并前后节约的运输距离。对每对站点都进行这样的计算,并选择节约距离最多的一对站点合并在一起,合并后路线见图 6-21b,行驶总里程 $l=l_1+l_2+l_3$。巡回送货,节约的总里程 $l=l_1+l_2-l_3$。所以,该方法也被称为"节约里程法"。

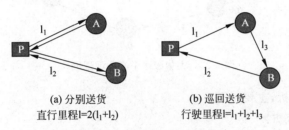

(a) 分别送货
直行里程 $l=2(l_1+l_2)$

(b) 巡回送货
行驶里程 $l=l_1+l_2+l_3$

图 6-21 节约法的基本思想

使用节约法时注意:巡回送货,节约总里程 l 从不为负;将客户连接起来,增加了节约;客户之间距离越近,且客户距离配送中心越远,节约里程越大;也可用时间代替距离计算。

使用节约法有一些基本规定。前提假设:配送的是同一种或相似的货物;各客户的位置及需求量已知;配送方有足够的运输能力。附加条件:配送车辆的总周转量(t·km)最小;方案能满足所有用户的到货时间要求;车辆不能超载;每辆车每天总行驶时间和行驶里程满足规定要求。

节约法的主要步骤包括:

第一步:确认距离方阵。确认交通网络中任何将要经过的两个地点之间的最短距离。

第二步:确认节约方阵。确认将两个客户的订货放在一辆车上巡回运送时的节约,可按距离、时间或者费用为单位计算。

第三步:将客户划归不同运输线路的运输工具。按照节约最大的两条线路优先合并,且合并后运输总量不超过车的最大载重量、符合国家运输规章要求的原则,将客户划归不同运输工具或运输线路中使节约最大化。这一过程反复进行,一直持续到不能再合并、所有客户都安排完毕为止。

第四步:为每条运输线路排定为客户送货的顺序。

前三步用于将客户分配到运输工具中去,第四步为每辆卡车设定行驶线路以缩短行程。

下面以[例6.13]来具体说明节约法的分析步骤。

[例6.13] 大华配送中心的配送网络如图6-22所示,其中P为配送中心,A—I为配送客户;客户节点旁数字为配送货物重量,单位为吨;配送线路上数字为道路距离,单位为公里。现配送中心有额定载重2吨和4吨两种厢式货车可用,试用节约法设计最佳配送路线。

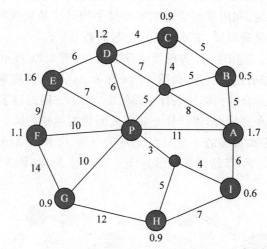

图6-22 大华配送中心的配送网络

使用节约法来分析,主要步骤:

第一步,确认距离方阵。

确认距离方阵是要确认任何将要经过的两个地点之间的最短距离。实际应用也可以用两点之间运输成本代替两点之间的距离。因此,坐标系中假定A、B两点的坐标分别为(x_A, y_A),(x_B, y_B),则A、B两点之间的距离$\text{Dist}(A,B)$可以用公式表示:

$$\text{Dist}(A,B) = \sqrt{(x_A - x_B)^2 + (y_A - y_B)^2}$$

如果没有地点坐标,知道交通网络图中两点之间的连线距离,可以根据点点之间的最短路径法来计算出两点之间的最短距离。

大华配送中心配送网络中任意两点之间的距离,如表6-37所示。

表6-37 大华配送中心配送网络中任意两点之间的距离

	A	B	C	D	E	F	G	H	I
P	11	10	9	6	7	10	10	8	7
A		5	10	14	18	21	21	13	6
B			5	9	15	20	20	18	11
C				4	10	19	19	17	16
D					6	15	16	14	13
E						9	17	15	14
F							14	18	17
G								12	17
H									7

第二步,确认节约矩阵。

节约矩阵是将两个客户的订货放在一辆车上巡回运送时节约的里程(可按距离、时间或者费用为单位计算)。若按距离建立节约矩阵。节约 $S(x,y)$ 表示将两个行程:"配送中心→客户 x →配送中心"和"配送中心→客户 y →配送中心"合并成:"配送中心→客户 x →客户 y →配送中心",节约的距离用公式计算如下:

$$S(x,y) = Dist(DC,x) + Dist(DC,y) - Dist(x,y)$$

大华配送中心配送网络中任意两点合并后的节约矩阵,如表 6-38 所示。

表 6-38　大华配送中心配送网络中任意两点合并后的节约矩阵

	A	B	C	D	E	F	G	H	I
A		16	10	3	0	0	0	6	12
B			14	7	2	0	0	0	6
C				11	6	0	0	0	0
D					7	1	0	0	0
E						8	0	0	0
F							6	0	0
G								6	0
H									8

第三步,将客户划归不同运输线路的运输工具。按照节约最大的两条线路优先合并,且合并后运输总量不超过车的最大载重量、符合国家运输规章要求的原则,将客户划归不同运输工具或运输线路中使节约最大化。这一过程反复进行,一直持续到不能再合并、所有客户都安排完毕为止。

根据表 6-38 可知,最大的节约 16 来自客户 A 和 B 的合并,而且这种合并是可行的。因为客户 A 和 B 的总运量为 1.7+0.5=2.2,小于车辆的最大载重 4 吨。因此,连接客户 A 和 B 成回路,即 P—A—B—P,将客户 A 和 B 的节约值赋为 0,结果如表 6-39 所示。

表 6-39　大华配送中心配送网络中客户 A 和 B 合并后的节约矩阵

	A	B	C	D	E	F	G	H	I
A		0	10	3	0	0	0	6	12
B			14	7	2	0	0	0	6
C				11	6	0	0	0	0
D					7	1	0	0	0
E						8	0	0	0
F							6	0	0
G								6	0
H									8

表 6-39 中节约值最大为 14,来自客户 B 与 C 的合并。客户 C 加入 P—A—B—P 回路后,总运输量为 2.2+0.9=3.1,小于车辆的最大载重 4 吨。因此,连接客户 B 和 C 成回路,即 P—A—B—C—P,将客户 B 和 C 的节约值赋为 0。同时,由于客户 B 成为回路的中间点,则与客户 B 相关的节约值都赋为 0,表示客户 B 不可能再与其他客户点合并相连;而 A 和

C 已经在一条回路上，其合并节约值也赋为 0，结果如表 6-40 所示。

表 6-40　大华配送中心配送网络中客户 B 和 C 合并后的节约矩阵

	A	B	C	D	E	F	G	H	I
A		0	0	3	0	0	0	6	12
B			0	0	0	0	0	0	0
C				11	6	0	0	0	0
D					7	1	0	0	0
E						8	0	0	0
F							6	0	0
G								6	0
H									8

表 6-40 中节约值最大为 12，来自客户 A 与 I 的合并。客户 I 加入 P—A—B—C—P 回路后，总运输量为 3.1+0.6=3.7，小于车辆的最大载重 4 吨。因此，连接客户 A 和 I 成回路，即 P—I—A—B—C—P，将客户 A 和 I 的节约值赋为 0。同时，由于客户 A 成为回路的中间点，则与客户 A 相关的节约值都赋为 0，表示客户 A 不可能再与其他客户点合并相连，结果如表 6-41 所示。

表 6-41　大华配送中心配送网络中客户 A 和 I 合并后的节约矩阵

	A	B	C	D	E	F	G	H	I
A		0	0	0	0	0	0	0	0
B			0	0	0	0	0	0	0
C				11	6	0	0	0	0
D					7	1	0	0	0
E						8	0	0	0
F							6	0	0
G								6	0
H									8

表 6-41 中节约值最大为 11，来自客户 C 与 D 的合并。客户 D 加入 P—I—A—B—C—P 回路后，合并后总运输量为 3.7+1.2=4.9，大于车辆的最大载重 4 吨。因此，客户 C 和 D 不能合并，其节约值赋为 0。接着节约值最大的是 8，来自客户 E 与 F 的合并和客户 H 与 I 的合并。

客户 E 与 F 的合并后，总运输量为 1.6+1.1=2.7，小于车辆的最大载重 4 吨。因此，连接客户 E 和 F 成回路，即 P—E—F—P，将客户 E 和 F 的节约值赋为 0。

客户 H 与 I 合并，客户 H 加入 P—I—A—B—C—P 回路后，合并后总运输量为 3.7+0.9=4.6，大于车辆的最大载重 4 吨。因此，客户 H 和 I 不能合并，其节约值赋为 0。结果如表 6-42 所示。

表 6-42　大华配送中心配送网络中客户 E 和 F 合并后的节约矩阵

	A	B	C	D	E	F	G	H	I
A		0	0	0	0	0	0	0	0
B			0	0	0	0	0	0	0

续表

	A	B	C	D	E	F	G	H	I
C				0	6	0	0	0	0
D					7	1	0	0	0
E						0	0	0	0
F							6	0	0
G								6	0
H									0

表 6-42 中节约值最大为 7，来自客户 D 与 E 的合并。客户 D 加入 P—E—F—P 回路后，总运输量为 2.7+1.2=3.9，小于车辆的最大载重 4 吨。因此，连接客户 D 和 E 成回路，即 P—D—E—F—P，将客户 D 和 E 的节约值赋为 0。同时，由于客户 E 成为回路的中间点，则与客户 E 相关的节约值都赋为 0，表示客户 E 不可能再与其他客户点合并相连；而 D 和 F 已经在一条回路上，其合并节约值也赋为 0。结果如表 6-43 所示。

表 6-43　大华配送中心配送网络中客户 D 和 E 合并后的节约矩阵

	A	B	C	D	E	F	G	H	I
A		0	0	0	0	0	0	0	0
B			0	0	0	0	0	0	0
C				0	0	0	0	0	0
D					0	0	0	0	0
E						0	0	0	0
F							6	0	0
G								6	0
H									0

表 6-43 中节约值最大为 6，来自客户 F 与 G 的合并和客户 G 与 H 的合并。

客户 F 与 G 合并，客户 G 加入 P—D—E—F—P 回路后，合并后总运输量为 3.9+0.9=4.8，大于车辆的最大载重 4 吨。因此，客户 F 和 G 不能合并，其节约值赋为 0。

客户 G 与 H 合并后，总运输量为 0.9+0.9=1.8，小于额定载重 2 吨车辆的最大载重。因此，连接客户 G 和 H 成回路，即 P—G—H—P，将客户 G 和 H 的节约值赋为 0。结果如表 6-44 所示。

表 6-44　大华配送中心配送网络中客户 D 和 E 合并后的节约矩阵

	A	B	C	D	E	F	G	H	I
A		0	0	0	0	0	0	0	0
B			0	0	0	0	0	0	0
C				0	0	0	0	0	0
D					0	0	0	0	0
E						0	0	0	0
F							0	0	0
G								0	0
H									0

至此,节约矩阵表中所有节约值均已为 0,所有的客户点都已安排完毕,且每辆车的配送路线也已确定。最佳配送路线为三条,即

路径 1:P—I—A—B—C—P,4 吨车,走行 32 公里,载重量 3.7 吨;

路径 2:P—D—E—F—P,4 吨车,走行 31 公里,载重量 3.9 吨;

路径 3:P—G—H—P,2 吨车,走行 30 公里,载重量 1.8 吨。

多回路运输问题在现实中是十分普遍的。扫描法和节约法虽然简单实用,但现实中经常需要考虑一些更实际的限制约束条件。例如,客户往往既有送货需求,也有取货需求(如过季商品或有质量问题的商品退货);多部送货车辆有不同的容积和载重量限制;客户对送货时间和取货时间有特殊要求等。这些限制条件增加后,问题的复杂性大大增加,甚至无法找到问题的最优解。这时,需要利用一定的原则或启发式方法来辅助得到问题的满意解,如相互靠近的需求点的货物安排同一辆车送货、聚焦在一起的需求点的货物安排同一天送货、优先使用载重量大的送货车辆等。

其中,最典型的一条原则是按照运输距离聚类的原则,即将相互距离最接近的站点划分成一群、由一辆车来送货,使站点之间的行车时间最短。按照这一原则,图 6-23 所示的客户群划分方案是合理的,而图 6-24 的客户群划分方案是要尽量避免的。

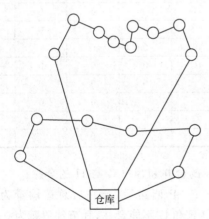
图 6-23　合理的车辆分配方案

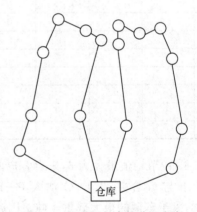
图 6-24　不合理的车辆分配方案

第四节　运输合理化

一、运输合理化的概念

合理运输(reasonable transportation)指按照商品流通规律、交通运输条件、物流合理流向、市场供需情况,走最少的历程,经最少的环节,用最少的运力,或最少的费用,以最短的时间,把货物从生产地运到消费地。也就是用最少的劳动消耗,运输更多的货物,取得最佳的经济效益。由于在运输生产活动中,需要一定的劳动消耗,因此,衡量运输的合理与否,就是依据消耗在运输上的社会劳动量的大小来评价运输的经济性。

二、不合理运输的表现形式

为了组织合理运输,就要避免不合理运输。不合理运输是在现有条件下可以达到的运输水平而未达到,从而造成了运力浪费、运输时间增加、运费超支等问题的运输形式。实践中常见的不合理运输有以下几种形式:

(一) 迂回运输(round about transportation)

迂回运输指商品运输本来可以走直线或经最短的运输路线,却采取绕道而行的现象(如图 6-25 所示)。由甲地发运货物经过乙、丙两地到丁,那么在甲、乙、丙、丁间便发生了迂回运输(共 170 公里)。正确的运输线路,应该从甲地经戊地到丁地(共 80 公里)。

迂回运输有一定复杂性,不能简单处之。只有当计划不周、地理不熟、组织不当而发生的迂回,才属于不合理运输。如果最短距离有交通阻塞、道路情况不好,或有对噪声、排气等特殊限制而不能使用时发生的迂回,不能称不合理运输。

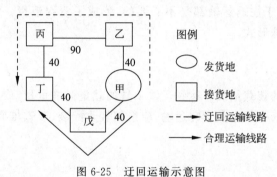

图 6-25 迂回运输示意图

(二) 过远运输(exceptionally short-distance traffic)

过远运输指选择供货单位时,不就地就近获取某种商品或物资,而舍近求远从外地或远处运来同种商品或物资的运输。过远运输有两种表现形式,一是销地完全有可能由距离较近的供应地购进所需要的相同质量的物美价廉的货物,却超出货物合理流向的范围,从远距离的地区运进来;二是两个生产地生产同一种货物,它们不是就近供应临近的消费者,却调给较远的其他消费地(见图 6-26)。过远运输和迂回运输虽然都属于拉长距离、浪费运力的不合理运输,但两者不同的是,过远运输是因为商品或物资供应地舍近求远地选择拉长了运输距离,而迂回运输则是因为运输线路的选择错误拉长了运输距离。

(三) 对流运输(connective transportation)

对流运输又称"相向运输""交错运输",是指同一种商品或彼此可以代用的商品在同一运输路线上或在平行的路线上,朝着相反方向运行,与对方运程的全程或部分发生重叠交错的运输。对流运输又分为明显对流和隐蔽对流。明显对流指发生在同一条运输路线上的对流运输;隐藏对流指同一种物资违背近产近销原则,沿着两条平行的线路朝相对的方向运输。判断对流运输时需注意的是,有的对流运输是不很明显的隐蔽对流。例如,不同

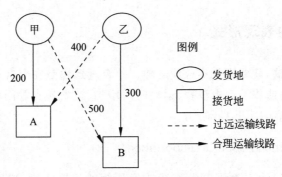

图 6-26　过远运输示意图

时间的相向运输,从发生运输的那个时间看,并无出现对流,可能做出错误的判断。

(四) 倒流运输 (flow backwards transportation)

倒流运输指物品从销地向中转地再向产地或起运地回流的一种现象,这种现象经常表现为倒流运输,原因在于往返运输都是不必要的,形成了双程浪费。倒流运输也可以看成是隐蔽对流的一种特殊形式。

(五) 亏吨运输

亏吨运输指商品的装载量没有达到运输工具的载重标准重量,或没有装满车船容积而造成车船亏吨的现象。为了避免亏吨运输,应组织轻重配装、改进堆码方法等,尽量提高运输效率。

(六) 重复运输

一批商品本可以一次直接运达目的地,但由于组织工作失误而使商品在中途停卸又重复装运的现象,这是重复运输的一种形式。另一种形式是,同品种货物在同一地点一面运进,同时又向外运出。重复运输增加了非必要的中间环节,延缓了流通速度,增加了费用,增大了货损。

(七) 无效运输

无效运输指运输的商品质量次、杂质多,或者包装过于庞杂,从而造成大量无效物质从起运地运往目的地,浪费了大量运力的现象。

(八) 运力选择不当

未合理利用各种运输工具优势而不正确地选择运输工具造成运输成本偏高,或者运输速度太慢的现象,常见有弃水走陆、铁路及大型船舶的过近运输、过分超载、应当整车运输却采用零担运输、应当直达而选择了中转运输、应当中转运输而选择了直达运输等。

(九) 返程或起程空驶

空车无货载行驶,可以说是不合理运输的最严重形式。在实际运输组织中,有时候必须调运空车,从管理上不能将其看成不合理运输。但因调运不当、货源计划不周、不采用运输社会化而形成的空驶,是不合理运输的表现。

造成空驶的不合理运输主要有以下几种原因:能利用社会化的运输体系而不利用,却依靠自备车送货提货,这往往出现单程重车、单程空驶的不合理运输;由于工作失误或计划不周,造成货源不实,车辆空去空回,形成双程空驶;由于车辆过分专用,无法搭运回程货,只能单程实车,单程回空周转。

上述的各种不合理运输形式都是在特定条件下表现出来,在进行判断时必须注意其不合理的前提条件,否则容易出现判断失误。例如,如果同一种产品,商标不同,价格不同,所发生的对流不能绝对看成不合理,因为其中存在着市场机制引导的竞争,优胜劣汰。如果强调因为表面的对流而不允许运输,就会起到保护落后、阻碍竞争甚至助长地区封锁的作用。类似的例子,在各种不合理运输形式中都可以举出一些。再者,以上对不合理运输的描述,就形式本身而言,是主要从微观观察得出的结论。在实践中,必须将其放在物流系统中做综合判断,在不做系统分析和综合判断时,很可能出现"效益背反"现象。单从一种情况来看,避免了不合理,做到了合理,但它的合理却使其他部分出现不合理。只有从系统角度综合进行判断才能有效避免"效益背反"现象,从而优化全系统。

三、合理运输五要素

运输合理化的影响因素很多,起决定性作用的有五方面的因素,称为合理运输的"五要素"。

(一)运输距离

运输时间、运输货损、运费、车辆或船舶周转等运输的若干技术经济指标,都与运距有一定比例关系,运距长短是运输是否合理的一个最基本因素。

(二)运输环节

每增加一次运输,不但会增加起运的运费和总运费,而且必须增加运输的附属活动,如装卸、包装等,各项技术经济指标也会因此下降。所以,减少运输环节,尤其是同类运输工具的环节,对合理运输有促进作用。

(三)运输工具

各种运输工具都有其使用的优势领域,对运输工具进行优化选择,按运输工具特点进行装卸运输作业,最大限度发挥所用运输工具的作用,是运输合理化的重要一环。

(四)运输时间

运输是物流过程中需要花费较多时间的环节,尤其是远程运输,在全部物流时间中,运输时间占绝大部分。所以,运输时间的缩短对整个流通时间的缩短有决定性的作用。此外,运输时间短,有利于运输工具的加速周转,充分发挥运力的作用,有利于货主资金的周转,有利于运输线路通过能力的提高,对运输合理化有很大贡献。

（五）运输费用

运费在全部物流费中占很大比例，运费高低在很大程度上决定了整个物流系统的竞争能力。实际上，运输费用的降低，无论对货主企业来讲还是对物流经营企业来讲，都是运输合理化的一个重要目标。运费的判断，也是各种合理化实施是否行之有效的最终判断依据之一。

四、运输合理化的有效措施

（一）提高运输工具实载率

实载率有两个含义：一是单车实际载重与运距之乘积和标定载重与行驶里程之乘积的比率，这在安排单车、单船运输时，是作为判断装载合理与否的重要指标；二是车船的统计指标，即一定时期内车船实际完成的货物周转量（以吨公里计）占车船载重吨位与行驶公里之乘积的百分比。在计算时车船行驶的公里数，不但包括载货行驶，也包括空驶。

提高实载率的意义在于：充分利用运输工具的额定能力，减少车船空驶和不满载行驶的时间，减少浪费，从而求得运输的合理化。

我国曾在铁路运输上提倡"满载超轴"，其中："满载"的含义就是充分利用货车的容积和载重量，多载货，不空驶，从而达到合理化之目的。这个做法对推动当时运输事业发展起到了积极作用。

（二）减少动力投入，增加运输能力

运输的投入主要是能耗和基础设施的建设，在设施建设已定型和完成的情况下，尽量减少能源投入，是少投入的核心。做到了这一点就能大大节约运费，降低单位货物的运输成本，达到合理化的目的。国内外在这方面的有效措施有满载超轴、水运拖排（带）法、顶推法和汽车挂车。

满载超轴。"超轴"的含义就是在机车能力允许情况下，多加挂车皮。我国在客运紧张时，也采取加长列车、多挂车皮办法，在不增加机车情况下增加运输量。

水运拖排和拖带法。竹、木等物资的运输，利用竹、木本身浮力，不用运输工具载运，采取拖带法运输，可省去运输工具本身的动力消耗从而求得合理化；将无动力驳船编成一定队形，一般是"纵列"，用拖轮拖带行驶，可以有比船舶载乘运输运量大的优点，求得合理化。

顶推法。顶推法是内河货运采取的一种有效方法。将内河驳船编成一定队形，由机动船顶推前进的航行方法。其优点是航行阻力小，顶推量大，速度较快，运输成本很低。

汽车挂车。汽车挂车的原理和船舶拖带、火车加挂基本相同，都是在充分利用动力能力的基础上，增加运输能力。

（三）发展社会化的运输体系

运输社会化的含义是发展运输的大生产优势，实行专业分工，打破一家一户自成运输体系的状况。

一家一户的运输小生产,车辆自有,自我服务,不能形成规模,且一家一户运量需求有限,难于自我调剂,因而经常容易出现空驶、运力选择不当(因为运输工具有限,选择范围太窄)、不能满载等浪费现象,且配套的接、发货设施,装卸搬运设施也很难有效地运行,所以浪费颇大。实行运输社会化,可以统一安排运输工具,避免对流、倒流、空驶、运力不当等多种不合理形式,不但可以追求组织效益,而且可以追求规模效益,所以发展社会化的运输体系是运输合理化的重要措施。

当前火车运输的社会化运输体系已经较完善,而在公路运输中,小生产生产方式非常普遍,是建立社会化运输体系的重点。

(四) 开展中短距离铁路公路分流,"以公代铁"的运输

这一措施的要点,是在公路运输经济里程范围内,或者经过论证,超出通常平均经济里程范围,也尽量利用公路。这种运输合理化的表现主要有两点:一是对于比较紧张的铁路运输,用公路分流后,可以得到一定程度的缓解,从而加大这一区段的运输通过能力;二是充分利用公路从门到门和在中途运输中速度快且灵活机动的优势,实现铁路运输服务难以达到的水平。我国"以公代铁"目前在杂货、日用百货运输及煤炭运输中较为普遍,一般在200公里以内,有时可达 700~1000 公里。

(五) 尽量发展直达运输

直达运输是追求运输合理化的重要形式,其对合理化的追求要点是通过减少中转过载换载,从而提高运输速度,省却装卸费用,降低中转货损。直达的优势,尤其是在一次运输批量和用户一次需求量达到了一整车时表现最为突出。此外,在生产资料、生活资料运输中,通过直达,建立稳定的产销关系和运输系统,也有利于提高运输的计划水平,考虑用最有效的技术来实现这种稳定运输,从而大大提高运输效率。

特别需要一提的是,如同其他合理化措施一样,直达运输的合理性也是在一定条件下才会有所表现,不能绝对认为直达一定优于中转。这要根据用户的要求,从物流总体出发做综合判断。如果从用户需要量看,批量大到一定程度,直达是合理的,批量较小时中转是合理的。

(六) 配载运输

配载运输是充分利用运输工具载重量和容积,合理安排装载的货物及载运方法以求得合理化的一种运输方式。配载运输也是提高运输工具实载率的一种有效形式。

配载运输往往是轻重商品的混合配载,在以重质货物运输为主的情况下,同时搭载一些轻泡货物,如海运矿石、黄沙等重质货物,在舱面捎运木材、毛竹等,铁路运矿石、钢材等重物上面搭运轻泡农、副产品等。在基本不增加运力投入情况下,在基本不减少重质货物运输情况下,解决了轻泡货的搭运,因而效果显著。

(七) "四就"直拨运输

"四就"直拨是减少中转运输环节,力求以最少的中转次数完成运输任务的一种形式。一般批量到站或到港的货物,首先要进分配部门或批发部门的仓库,然后再按程序分拨或

销售给用户。这样一来,往往出现不合理运输。

"四就"直拨运输指在流通过程组织货物调运时,对当地生产或外地到达的货物,不运进流通批发仓库,采取直拨的办法把货物直接分拨给市内基层批发、零售店或用户,从而减少一道中间环节。"就厂直拨,就车站、码头直拨,就库直拨,就车、船过载直拨"等,简称为"四就"直拨。

"四就"直拨和直达直线运输是两种不同的合理运输形式,既有联系又有区别。直达直线运输一般指货物运输里程较远、批量较大;而"四就"直拨运输指货物运输里程较近、批量较小,一般在大中城市批发站所在地办理直拨运输业务。在运输过程中将"四就"直拨运输与直达直线运输结合起来,就会收到更好的经济效果。

(八) 发展特殊运输技术和运输工具

依靠科技进步是运输合理化的重要途径。例如,专用散装及罐车解决了粉状、液状物运输损耗大、安全性差等问题;大型半挂车解决了大型设备整体运输问题;"滚装船"解决了车载货的运输问题,集装箱船比一般船能容纳更多的箱体,集装箱高速直达车船加快了运输速度等,都是通过采用先进的科学技术实现合理化。

(九) 通过流通加工,使运输合理化

有不少产品,由于产品本身形态及特性问题,很难实现运输的合理化。如果进行适当加工,就能够有效解决合理运输问题。例如,将造纸材在产地预先加工成干纸浆,然后压缩体积运输,就能解决造纸材运输不满载的问题;轻泡产品预先捆紧包装成规定尺寸,装车就容易提高装载量;水产品及肉类预先冷冻,就可提高车辆装载率并降低运输损耗。

本 章 小 结

1. 运输指使用一定的运输工具,按一定的运输线路,实现物质资料的空间移动,解决物质资料的生产与消费在地域上的矛盾,创造商品的场所效用。运输的原理包括规模原理、距离原理和速度原理。运输的功能包括产品转移、产品存储、节点衔接。运输生产的特征:运输生产是在流通过程中完成的;运输不产生新的实物形态产品;运输产品采用特殊的计量方法;运输生产的劳动对象比较复杂。

2. 物流系统运输规划是为了完成物流系统目标,在一定区域范围内对物流运输系统进行的总体战略部署,主要体现为运输业务模式、运输方式、运输路线、运输批量与运输时间、运输车辆的配载与调度等的规划。

3. 铁路运输、公路运输、水路运输、航空运输和管道运输五种运输方式各有其优缺点。规划选择运输方式一般考虑商品性能、运输速度和距离、运输能力和密度、运输费用、运输期限、运输批量、商品市场需求的缓急程度等因素。

4. 单一运输方式的选择方法有因素分析法、加权因素分析法、总成本分析法、竞争因素分析法、层次分析法等。确定多式联运的运输方式除了考虑货物性能、运输费用、运输能力、运输速度等因素外,还要考虑多式联运中不同运输方式之间的中转费用、中转时间、服

务水平等因素,其模型求解可以选用动态规划思想,利用动态规划的顺序算法或逆序算法依次确定节点之间的最佳运输方式。

5. 运输路线规划主要是确定从运输起点到终点的最短路线。最短路线的度量单位可能是距离最短、时间最少或费用最小等。运输路线规划问题主要分为三种类型:一是点点间运输,即单一起讫点的运输路线规划问题;二是多点间运输,即多起讫点的运输路线规划问题;三是回路运输,即起讫点重合的运输路线规划问题。

6. 单一起讫点的运输路线规划指分离的单个起点、单个终点之间的运输路线规划,求解方法有穷举法、动态规划法、迪杰斯特拉(Dijkstra)算法、逐次逼近算法、弗洛伊德(Floyd)算法等。多起讫点的运输路线规划指多个起点、多个终点之间的单品种物品运输路线规划问题,一般可描述为运筹学中的运输问题,求解方法有单纯形法、表上作业法、图上作业法等。

7. 图上作业法的基本原则:不成圈的交通图,从各端开始,就近供应,先支线后干线,避免对流和迂回。成圈的环状交通图,"去线破圈",将圈中距离最长的一段去掉,将圈状交通图变成一个不成圈的交通图,再按照不成圈交通图的方法得到一个初始运输方案;然后,以"圈内圈外流向总路程应分别小于或等于该圈总路程的一半"为准则,判断初始运输方案是否最优。若圈内或圈外流向总路程不超过该圈半圈长,就是最优调运方案。如果圈内或圈外流向总路程超过该圈半圈长,应甩去运量最小段,调整方案,反复运算,直到得出最优运输方案。既有圈也有线的交通图,首先使交通图直线上物品收发量汇集在与环状路线的交叉点上,简化成只有圈的环状交通图;然后,按成圈的环状交通图分析出最优方案。

8. 起讫点重合的运输路线规划,即回路运输规划,指起点与终点重合的运输路线选择,有单回路运输和多回路运输两种类型。单回路运输(TSP问题)是单一车辆的运输线路安排,特点是单一性和遍历性,有最近邻点法、最近插入法两种常用的启发式算法。多回路运输(VRP)问题的求解方法主要有精确优化方法、人工智能方法、模拟方法、启发式方法等。其中,扫描法和节约法是两种常用的启发式算法。

9. 扫描法是先把客户分群再排路线,即先分派每辆车服务的站点(需求点或客户点),再按 TSP 问题决定每辆车的最佳行车路线。节约法由克拉克和怀特(Clark & Wright)1964 年提出,又称 C-W 节约算法或节约里程法。基本思想是巡回送货实现了里程节约。节约法主要步骤:第一步,确认距离方阵,即确认交通网络中任何将要经过的两个地点之间的最短距离。第二步,确认节约方阵。确认将两个客户的订货放在一辆车上巡回运送时的节约量。第三步,将客户划归不同运输路线的运输工具。按照节约最大的两条线路优先合并,且合并后运输总量不超过车的最大载重量、符合国家运输规章要求的原则,将客户划归不同运输工具或运输线路中使节约最大化。这一过程反复进行,一直持续到不能再合并、所有客户都安排完毕为止。第四步,为每条运输线路排定为客户送货的顺序。

10. 常见的不合理运输形式有迂回运输、过远运输、对流运输、倒流运输、亏吨运输、重复运输、无效运输、运力选择不当、返程或起程空驶。运输合理化的措施有提高运输工具实载率、减少动力投入增加运输能力、发展社会化的运输体系、开展中短距离铁路公路分流"以公代铁"的运输、尽量发展直达运输和配载运输及"四就"直拨运输、发展特殊运输技术和运输工具、通过流通加工使运输合理化。

案 例 研 讨

百胜餐饮运营物流网络
案例 6-1

苏锡常杭地区铁路运输比例提升方案设计
案例 6-2

练习与思考

练习 6-1

第七章

配送中心内部布置规划与设计

本章学习目标：
1. 了解配送中心的概念、功能、作业流程和作业区域；
2. 掌握配送中心内部布置规划设计的主要内容；
3. 了解配送中心内部布置规划设计的目标、原则和主要方法；
4. 掌握系统布置（SLP）法。

本章核心概念：
配送中心　内部布置　SLP

 导入案例

东风汽车公司的设施布置

　　东风汽车公司曾经算过两笔账。一笔是一台汽车有 12 600 多个零件。如果每个零件在物流中运距增加一米，生产一台汽车则多运行 12.6 公里。按年产 20 万辆汽车计算，增加的距离相当沿地球绕了 60 个圈，年年如此，数字惊人；反之，则减少 60 个圈的运距。另一笔是生产一台汽车需要经过 36 700 多道工序。如果每道工序的物流费用多花一分钱，那么生产一台汽车的成本则增加 367 元。按年产 20 万辆汽车计算，每年增加的费用近亿元；反之，则节约这些资金。东风汽车公司是 20 世纪 70 年代开始建设的。由于历史原因，在建厂设计时，对设施布置与设计考虑极为不周。22 个专业厂分布于十堰市各个山坳内，厂区的长宽分别是 31.2 公里和 8 公里，发动机和驾驶室运到总装厂距离分别是 11.4 公里和 3.6 公里。东风对物料搬运采用传统天车方式，同叉车方式相比，人员占用多、效率低，还增加约 40% 的厂房投资，货载汽车进入厂房也带来一系列弊端。多分厂封闭生产，都分别设置仓库、酸洗和下料的厂房和设备。同集中设置相比，设备效率低、材料利用率低、厂房面积大、占用场地大、基建投资多。由于零件工艺线路长，专业厂相互之间协作关系复杂，加上厂房车间地域上分散，东风汽车公司的生产组织极其复杂，物流始终是压在公司肩上的一个重担。十堰基地也给东风汽车公司的后续发展带来障碍，公司不得不另行规划其载重车和轿车的生产厂址。不过，通过总结经验教训，公司的设施布置与设计已经发生了质的飞跃。

　　资料来源：伊俊敏. 物流工程（第 5 版）[M]. 电子工业出版社，2020.

　　思考： 设施布置设计的重要性和作用是什么？

第一节 配送中心的概念、功能与作业流程

配送中心很好地解决了用户多样化需求和厂商大批量专业化生产的矛盾,逐渐成为现代化物流的标志,是现代物流网络上的一类重要物流节点。配送中心是从英文词组 Distribution Center 翻译而来,指商品集中、出货、保管、包装、加工、分类、配货、配送的场所或经营主体。配送中心是流通企业大型化、规模化的必然产物,20 世纪 70 年代在发达国家应运而生,发展迅速。在我国,随着流通业的高速发展,配送中心在一些行业、区域、中心城市开始崛起,如海尔物流、国美电器、华联超市等。

一、配送中心的概念

配送中心是以组织配送性销售或供应、执行实物配送为主要职能的流通型物流节点。配送中心为了能更好地做送货的编组准备,必然需要采取零星集货、批量进货等种种资源搜集工作和对货物的分整、配备等工作。因此,配送中心也具有集货中心、分货中心的职能。为了更有效地、更高水平地配送,配送中心往往还有比较强的流通加工能力。此外,配送中心还必须执行货物配备后的送达到户的使命,这是和分货中心只管分货不管运达的重要不同之处。由此可见,如果说集货中心、分货中心、加工中心的职能还是较为单一的话,那么配送中心的功能则较全面、完整。也可以说,配送中心实际上是集货中心、分货中心、加工中心功能之综合,并有了配与送的更高水平。

配送中心的形成及发展是有其历史原因的。日本经济新闻社的《输送的知识》一书,将此说成是物流系统化和大规模化的必然结果。《变革中的配送中心》一文中这样讲:"由于用户在货物处理的内容上、时间上和服务水平上都提出了更高的要求,为了顺利地满足用户的这些要求,就必须引进先进的分拣设施和配送设备,否则就建立不了正确、迅速、安全、廉价的作业体制。因此,在运输业界,大部分企业都建造了正式的配送中心。"可见,配送中心的建设是基于物流合理化和发展市场两个需要。

配送中心是物流领域中社会分工、专业分工进一步细化之后产生的。在新型配送中心没有建立起来之前,配送中心现在承担的有些职能是在转运型节点中完成的,以后一部分这类中心向纯粹的转运站发展以衔接不同的运输方式和不同规模的运输,一部分则增强了"送"的职能,而后又向更高级的"配"的方向发展。

日本 1991 年出版的《物流手册》对配送中心的定义是:"配送中心是从供应者手中接受多种大量的货物,进行倒装、分类、保管、流通加工和情报处理等作业,然后按照众多需要者的订货要求备齐货物,以令人满意的服务水平进行配送的设施。"

《中华人民共和国国家标准物流术语》(GB/T 18354—2006)对配送中心的定义是:配送中心是从事配送业务具有完善的信息网络的场所或组织,应基本符合下列要求:主要为特定的用户服务;配送功能健全;辐射范围小;多品种、小批量、多批次、短周期;主要为末端客户提供配送服务。

王之泰在《现代物流学》中对配送中心的定义如下:"配送中心是从事货物配备(集货、

加工、分货、拣选、配货)和组织对用户的送货,以高水平实现销售或供应的现代流通设施。"

这个定义的要点有:

(1)配送中心的"货物配备"工作是其主要的、独特的工作,是全部由配送中心完成的。

(2)配送中心有的是完全承担送货,有的是利用社会运输企业完成送货。从我国国情来看,在开展配送的初期,用户自提的可能性是不小的。所以,对于送货而言,配送中心主要是组织者而不是承担者。

(3)定义强调了配送活动和销售或供应等经营活动的结合,是经营的一种手段,由此排除了这是单纯的物流活动的看法。

(4)定义强调了配送中心是"现代流通设施",目的在于和贸易中心、仓库等传统流通设施相区别。配送中心是以现代装备和工艺为基础,不但处理商流而且处理物流,是兼有商流、物流、信息流全功能的流通设施。

二、配送中心的功能

配送中心与传统的仓库、运输是不一样的。一般的仓库只重视商品的储存保管,一般传统的运输只是提供商品运输而已,而配送中心重视商品流通的全方位功能,同时具有流通行销、仓储保管、分拣配送、流通加工及信息提供的功能。

(一)流通行销的功能

流通行销是配送中心的一个重要功能,尤其是现代化的工业时代,各项信息媒体的发达,再加上商品品质的稳定及信用,因此有许多直销业者利用配送中心,通过有线电视或互联网等配合进行商品行销。此种商品行销方式可以大大降低购买成本,因此广受消费者喜爱。例如,在国外有许多物流公司的名称就是以行销公司命名。而批发商型的配送中心、制造商型的配送中心也都是拥有行销(商流)的功能。

(二)仓储保管功能

商品的交易买卖达成之后,除了采取直配直送的批发商之外,均将商品经实际入库、保管、流通、加工包装而后出库。因此,配送中心具有储存保管的功能。配送中心一般都有库存保管的储放区,因为任何商品为了防止缺货,或多或少都有一定的安全库存。商品的特性及生产前置时间的不同,则安全库存的数量也不同。一般国内制造的商品库存较少,而国外制造的商品因船期的原因库存较多,约为2~3个月。另外,生鲜产品的保存期限较短,因此保管的库存量较少;冷冻食品因其保存期限较长,因此保管的库存量较多。

(三)分拣配送功能

配送中心是为了满足多品种、小批量的客户需求而发展起来的,因此配送中心必须根据客户的要求进行分拣配货作业,并以最快的速度送达客户手中或者是指定时间内配送到客户。配送中心的分拣配送效率是物流质量的集中体现,是配送中心最重要的功能。

（四）流通加工功能

配送中心的流通加工作业包含分类、磅秤、大包装拆箱改包装、产品组合包装、商标、标签粘贴作业等。这些作业是提升配送中心服务品质的重要手段。

（五）信息提供功能

配送中心除了具有行销、配送、流通加工、储存保管等功能外，更能为配送中心本身及上下游企业提供各式各样的信息情报，以供配送中心营运管理政策制定、商品路线开发、商品销售推广政策制定做参考。例如，哪一个客户订多少商品？哪一种商品畅销？从电脑的 EIQ 分析资料中非常清楚，甚至可以将这些宝贵资料提供给上游的制造商及下游的零售商当作经营管理的参考。

三、配送中心的作业流程

不同模式配送中心的作业内容和作业流程有所不同。一般来说，配送中心的基本作业流程可归纳如下：订货、收货、验货入库与存储管理、订单处理、货物分拣、出货、理货、包装、配装送货、送达服务及退货处理等作业。

（一）进货作业

进货作业是配送中心进行其他作业的首要环节，主要包括订货、接货和验货三个环节。进货作业涉及商品所有权的转移，商品一旦收下，配送中心便承担起商品完好的全部责任。因此，进货作业的质量至关重要。

1. 订货

配送中心收到并汇总客户的订单以后，要首先确定配送商品的种类和数量，然后了解现有库存商品能否满足配送需要，再确定向供应商进货的品种和数量。如果配送中心库存商品数量不能满足配送需要，要及时向供应商发出订单。为了供货及时，有的配送中心可能先不看客户订单，根据需求预测情况提前订货。

2. 接货

供应商根据订单组织供货后，配送中心必须及时组织人力、物力接货，有时还需要到港口、码头、车站去接货。接货的主要工作内容包括：卸货、搬运、拆装、货物编码与分类等。一般来说，配送中心收货员应及时掌握计划中或在途中的订货量、可用的库房空储仓位、装卸人力等情况，并及时与有关部门、人员进行沟通，做好以下接货计划：使所有货物直线移动，避免出现反方向移动；使所有货物移动距离尽可能短，动作尽可能减少；使机器操作最大化、手工操作最小化；将某些特定的重复动作标准化；准备必要的辅助设备。

3. 验货

验货是进货作业中一项重要的工作，是双方交接责任的界限。验货的内容主要是对商品质量与数量的检查，采用"三核对"和"全核对"相结合的方式。"三核对"指核对商品条码，商品件数，商品包装上品名、规格、细数。有的商品即使进行"三核对"，还是会产生一些数量或规格方面的错误,对这种商品要采取"全核对"的方法。"全核对"指以单对货,核对所有项目,即品名、规格、颜色、等级、标准、细数等,保证单货相符、准确无误。

(1) 验货的标准

验货的标准主要是:采购合同或订购单所规定的条件;采购谈判时合格样品;采购合同中的规格或图解;各种产品的国家质量标准。

(2) 验货的作业内容

质量验收:配送中心对入库商品进行质量检验的目的是查明入库商品的质量情况,发现问题,分清责任,确保入库商品符合订货要求。在验收有效期、特别是有效期较短的商品时,必须严格注意商品的生产日期,防止商品失效和变质。

数量验收:入库商品按不同供应商或不同类型初步整理查点大数后,必须依据订单和送货单的商品名称、规格、包装细数等对商品数量进行验收,以确保准确无误。细数是指商品包装内部的数量,即商品价格计算单位,如"条""支""瓶"等计量单位都称为细数。由于配送中心的收货工作非常繁忙,所以在数量检验上,对一般商品常采用"先卸后验"的方式,对易碎流质商品一般采用"边卸边验"的方式。

包装验收:包装检验目的是保证商品正常的储运条件。检验标准是国家颁布的包装标准及购销合同和订单对包装规格的要求。物流包装一般在正常的保管、装卸和运送过程中,经受得起颠簸、挤压、摩擦、污染等影响。在包装验收时,具体检验内容是包装是否安全、包装标志和标识是否符合标准、包装材料的质量状况。例如,检查箱底封条是否破裂、纸箱内包装或商品是否外露、箱底(盖)是否粘牢、纸箱是否受过潮湿等。

(二) 保管作业

配送中心为保证供应,通常都会保持一定数量的商品库存:一部分是为了从事正常的配送活动保有的存货,库存量比较少;一部分是集中批量采购形成的库存,具有储存的性质;也有供应商存放在配送中心准备随时满足顾客订货需要的存货。保管作业的主要内容就是随时掌握库存商品的库存动态,看是否到了订货点,以及对库存商品进行温度与湿度等方面的控制,保证库存商品的质量完好、重量和数量准确。

保管管理的重点是从静态的存储作业"静管"向动态的配送作业"动管"转移。管理内容有:空间最大化作用;人力资源及设备的有效作用;维护适当的库存,保证所有商品能随时存取;货品的有效移动;保持商品的良好质量;保证存储作业的环境良好。

(三) 分拣作业

分拣作业是配送中心的核心作业,是传统送货业务向现代配送业务发展的必然要求,也是配送经营成败的关键所在。这是根据客户的订单要求,从储存的货物中拣选出物品,并放置在指定地点的作业。要在短时间内高效地、准确地完成上百种甚至更多种商品的拣选,是一项较为复杂的工作。拣选作业常采用按单分拣、批量分拣等方式进行。

1. 按单分拣

按单分拣是分拣人员或分拣工具巡回于商品的储存场所,并按客户订单的要求,从所经过的货位或货架上挑选出所需商品的分拣方法。一般每巡回一遍就完成一个客户的配货作业任务。这种方法类似于人们进入果园,从一棵棵果树上摘取成熟果子的过程,所以又形象地称之为"摘果方式"。

按单分拣作业方法的主要特点是:

(1) 易于实施,且配货的准确度较高,不易出错;

(2) 不同客户的分拣作业之间相互独立,可以根据不同客户需求的紧急程度,调整配货先后次序;

(3) 完成一次分拣作业后,一个订单所需的货物便可配齐,货物可以不再落地暂存而是直接装上配送车辆,这样有利于简化作业程序,提高作业效率;

(4) 能够较好地适应客户数量和客户订单数量的变化,分拣作业人员的数量也可以随时调节,作业高峰时可以临时增加作业人员。这样,有利于开展即时配送,提高服务水平;

(5) 对机械化或自动化程度要求不高,不受设备水平的限制。

2. 批量分拣

批量分拣是将数量较多的同种货物集中搬运到发货场所,然后根据不同客户的订单要求,将所需数量的货物分别放入各自货箱或货位的分拣方法。如果订单所需货物的种类是两种或两种以上,则可以再按以上方法重复进行多次作业,直至客户所需的货物全部配齐。由于这种作业方法类似于农民的播种过程,所以形象地称之为"播种方式"。

批量分拣作业的主要特点是:

(1) 由于分拣作业之间要先集中取出共同所需货物,再按不同客户的货位进行分放。所以,必须收到一定数量的订单,进行合并统计,并安排好各客户的分货货位之后,才能展开分拣作业。因此,这种分拣方式的计划性较强,操作难度较大,与按单分拣相比的错误率较高。

(2) 由于对多个客户的分拣任务可以同时完成,因此有利于组织集中送货,以充分利用送货车辆的载运能力。与按单分拣相比,可以更好地发挥配送作业的规模效应。

(3) 由于批量分拣不可能针对某个客户单独进行作业,因此大多数客户的订单都不得不花费一定的等待时间。

3. 其他分拣作业方法

除了以上两种常用的分拣作业方法,有时还可以采用以下分拣方式。

(1) 整合按单分拣。这种分拣方式主要应用在一天中每一订单只有一种品项的场合。为了提高配送效率,可将某一地区的订单整合成一张分拣单,进行一次分拣后集中捆包出库。这种方式属于按单分拣的一种变形形式。

(2) 复合分拣。这是按单分拣和批量分拣的组合应用。根据订单的品项、数量和出库频率等因素决定有的订单或商品采用按单分拣,而有的订单或商品采用批量分拣。

(四) 配装作业

配装是为了充分利用运输工具的载重量和容积利用率,采用合理的方法进行货物装载的作业。配送服务一般面对的多是小批量、多批次的送货任务,单个客户的配送数量往往又不能达到车辆的有效载运负荷。因此,在配送作业组织中,就存在如何集中不同用户的配送货物进行搭配装载以充分利用运能、运力的问题。配送作业应尽量把多个客户的货物或同一客户的多种货物搭配进行装载,以便使载运工具满载。这样,不但能降低送货成本,提高企业的经济效益,而且能减少交通流量,改善交通拥挤状况,有利于环境保护。所以,配装是现代配送系统中有特色的一项重要作业内容,也是现代配送不同于传统送货的重要区别所在。

配装作业的一般原则是:

(1) 上轻下重,上小下大——重、大货在下,轻、小货在上;

(2) 先远后近,后送先装——按客户配送顺序,后送的、远距离的客户货物先装车,先送的、近距离的货物后装车;

(3) 根据货物的性质进行配载。例如,性质上不相容的货物不能同装一车,需要不同送货条件的货物也不能同装一车等;

(4) 外观相近、容易混淆的货物尽量分开装载;

(5) 包装不同的货物分开装载,如板条箱货与纸箱、袋装货分开装载;

(6) 货与货、货与车厢之间要留有空隙并适当衬垫防止货损;

(7) 装载易滚动的卷状、桶状货物要垂直摆放;

(8) 具有尖角或其他突出物的货物应与其他货物分开装载或用木板隔离,以免损伤其他货物;

(9) 将相互接近的停留点的货物装在一辆车上运送;

(10) 优先使用大载重量的送货车辆,并将提货与送货过程结合进行。

货物配装时除了要综合考虑以上基本原则外,还要根据不同货物的形状、体积以及其他特性(如怕震、怕压、怕撞、怕潮等)进行弹性调整。

(五) 送货作业

送货作业是利用配送车辆把客户所订购的商品从配送据点送到客户手中的过程,通常是一种短距离、小批量、高频率的运输形式。

送货作业的基本业务流程如下:

1. 划分基本送货区域

首先将客户作区域上的整体划分,再将每一客户分配在不同的基本送货区域内,作为配送决策的基本参考。送货区域的划分可以按行政区域或交通条件进行,在区域划分的基础上再作适当的弹性调整以便安排送货顺序。

2. 暂定送货先后顺序

在制定最终的送货方案之前,应该首先根据客户的订单要求的配送时间将送货的先后次序进行大致预订,以便为后续的车辆配载做好准备。预先确定基本送货顺序可以有效地保证送货时间,提高运送效率。

3. 车辆安排

车辆安排解决的问题是安排什么类型、多大吨位的配送车辆进行最后的送货。一般企业拥有的车型有限,车辆数量也有限。当企业自有车辆无法满足需求时,可使用外雇车辆。在保证送货运输质量的前提下,是组建自营车队还是以外雇车辆为主,须根据企业自身的具体情况而定。

4. 确定送货线路

距离短、成本低、速度快的送货线路的确定,须根据客户的具体位置、沿途的交通状况、客户或其所在地方对送货时间、车型等方面的特殊要求确定。例如,有些客户不在中午或晚上收货,有的交通道路在高峰期实行特别的交通管制。送货线路的选择可以利用有关的运筹学模型进行辅助决策。

5. 确定每辆车的送货顺序

做好车辆安排和选择好送货线路后,就可以确定每辆车的送货顺序,从而估计出货物送达客户的大致时间,并通知客户。

6. 完成车辆配载

明确了客户的送货顺序后,接下来就是如何将货物装车、按什么次序装车的问题,即车辆的配载问题,也就是前面所述的配装问题。

第二节 配送中心内部布置规划设计的内容、目标、原则和方法

一、配送中心的作业区域

与配送中心的功能和作业流程相适应,配送中心的作业区域一般由以下工作区组成:

(一) 管理指挥区(办公区)

这个区域既可集中于配送中心某一位置,也可分散设置于其他区域。主要包括营业事务处理场所、内部指挥管理场所、信息处理与发布场所、商品展览展销场所等,其职责是对外负责收集、汇总和发布各种信息,对内负责协调、组织各种活动,指挥调度各种资源,共同完成物流中心的各种功能。

(二) 接货区

该区域完成接货及入库前的工作。如接货、卸货、清点、检验、分类等各项准备工作。接货区的主要设施包括进货铁路或公路、装卸货站台、暂存验收检查区域。

(三) 储存区

在该工作区域内,存储或分类存储经过检验的货物。进货在该工作区域要有一定时间,并且占据一定的位置。该工作区域和进出的接货区相比,所占面积较大,在许多物流配送中心往往占总面积的一半左右。对于某些特殊物流配送中心(如水泥、煤炭),其面积占总面积的一半以上。

(四) 理货、备货区

在该区域内,主要进行货物的分货、拣货、配货作业,目的是为送货作准备。区域面积

随物流配送中心的不同而有较大变化,如对多用户、多品种、少批量、多批次处理的物流配送中心,分货、拣货、配货工作复杂,该区域所占面积很大。

(五) 分放、配装区

在这一工作区内,按用户需求,将配好的货暂时存放等待外运,或根据每一个用户货物状况决定配送方式,然后直接装车或运到发货站台装车。该区域的货物是暂存,时间短,周转快,所占面积相对较小。

(六) 流通加工区

许多物流配送中心都设有流通加工区,在该作业区内,进行分装、包装、切裁、下料、混配等各种类型的流通加工。流通加工区在物流配送中心所占面积较大,但设施设备随加工种类不同有所区别。

(七) 发货区

在这个区域内将准备好的货物装入外运车辆发出。该工作区结构与接货区类似,有站台、外运线路等设施。发货区一般位于整个工作区域的末端。

除了以上主要工作区外,物流配送中心还包括其他一些附属区域,如停车场、生活区、区内道路等。

二、配送中心内部布置规划设计的内容

配送中心内部布置规划设计的内容主要包括物流作业区的布置、辅助作业区的布置和建筑外围区域的布置。

(一) 物流作业区的布置

物流作业区以物流作业为主,仅考虑物流相关作业区域的配置形式。由于配送中心内的基本作业形态大部分为流程式作业,不同订单具有相同的作业程序,因此适合以生产线式的布置方法进行配置规划。若是订单种类、货物特性或拣取方法有很大的差别,则可以考虑将物流作业区分为多个不同形态的作业线,以区分处理订单内容,再经由集货作业予以合并,如此可有效率地处理不同性质的物流作业,这有些类似于传统制造工厂中的成组布置。

(二) 辅助作业区的布置

除了物流作业以外,物流配送中心还包括一些行政管理、信息服务等内容的辅助作业区域,这些区域与物流作业区之间无直接流程性的关系,因此适合以关系型的布置模式作为区域布置的规划方法。这种配置模式有两种参考方法:

(1) 可视物流作业区为一个整体性的活动区域,分析各辅助作业区域与物流作业区之间的相关活动的紧密关系,来决定各区域之间相邻的程度。

(2) 将各物流作业区分别独立出来,与各辅助作业区一起综合分析其活动的相关性,来决定各区域的配置。

采用第一种方法较为普遍，也较为简便，可以减少相关分析阶段各区域间的复杂度，但也会增加配置空间的限制。因此在规划时，要配合规划人员的一些经验判断，作适当的人工调整。

（三）建筑外围区域的布置

除了各作业区的布置规划外，还需对建筑外围的相关区域进行布置。如内部通道、对外出入大门及外围道路形式等，在进行建筑外围区域布置时特别需要注意未来可能的扩充方向及经营规模变动等因素，以保留适当的变动弹性。

在一般情况下，整个区域布置规划是按上述顺序进行的。如果实际道路形式、大门位置等条件已有初步方案或已确定，则需要先规划建筑外围区域的布置形式，再进行物流作业区与辅助作业区的规划。这样，可以减少不必要的修正调整工作，以适应实际的地理空间限制。

三、配送中心内部布置规划设计的目标和原则

（一）配送中心内部布置规划设计的目标

合理布置各个功能区的相对位置，对于配送中心内部布置规划设计来说非常重要。配送中心内部布置规划设计要达到的目标有：

(1) 有效地利用空间、设备、人员和能源；
(2) 最大限度地减少物料搬运；
(3) 简化作业流程；
(4) 缩短生产周期；
(5) 力求投资最低；
(6) 为员工提供方便、舒适、安全和卫生的工作环境。

（二）配送中心内部布置规划设计的原则

为了达到这些目标，在规划设计时应遵循一些基本的原则：

(1) 运用系统的观点。运用系统分析的方法，求得整体化，同时也要把定性分析与定量分析结合起来。
(2) 以物流的效率作为区域布置的出发点，并贯穿于整个设计过程。
(3) 先从整体到局部进行设计，再从局部到整体实现。布置设计总是先进行总体布置，再进行详细设计；而详细设计的方案要回到总体布置方案中去评价，并加以改进。
(4) 减少和消除不必要的作业流程，这是提高生产效率和减少消耗的最有效的方法之一。
(5) 重视人的因素，以人为本。作业地点的规划，实际是人机环境的综合，要注意中心周围的绿化建设，以创造一个良好、舒适的工作环境。
(6) 对土地使用进行合理规划，注重保护环境和经营安全。土地的使用要根据明确的功能加以划分，货物存储区域应按照无污染、轻度污染和重度污染分开。还要根据实际需

要和货物吞吐能力,合理地规划设计各功能区的占地。同时还要考虑防洪排涝、防火因素对规划设计的指标要求。

四、配送中心内部布置规划设计的方法

(一)摆样法

摆样法是最早的规划设计方法之一。利用二维平面比例模拟方法,按一定比例制成的样片在同一比例的平面图上表示设施系统的组成、设施、设备或活动,通过相互关系分析,调整样片位置可得到较好的布置方案。这种方法适用于简单的布局设计,对复杂的系统就不能十分准确,而且花费的时间较多。

(二)图解法

图解法产生于20世纪50年代,有螺线规划法、简化布置规划法以及运输行程图等。其优点在于将摆样法与数学模型结合起来,但现在应用较少。

(三)系统布置法(SLP)

SLP(systematic layout planning)是最具代表性的布局方法,它使工厂布局设计从定性阶段发展到定量阶段。它以大量的图表分析和图形模型为手段,把量的概念引入设计分析的全过程,通过引入量化的关系密级的概念,建立各作业单元之间的物流相关关系与非物流的作业单元相关关系图表,从而构成布置设计的模型,是当前布置设计的主流方法。

(四)数学模型法

数学模型法把物流系统抽象为一种数学表达式,通过求解数学表达式找到最优解,运用运筹学、系统工程中的模型优化技术研究最优布局方案,用数学模型提高系统布置的精确性和效率。常用的运筹学方法有最短路法、最小费用最大流法、线性规划、随机规划、多目标规划、模糊评价法等。

(五)计算机辅助设施布置法(computer aided facilities design)

由于数学模型的求解往往很困难,可以利用计算机的强大功能,帮助人们解决设施布置的复杂任务。计算机辅助求解的布置方法很多,根据算法不同可分为两大类:

1. 构建法

这类方法是面向新建型系统的布置方法,根据SLP理论由物流、非物流信息出发,逐一设施进行选择和放置决策,从无到有,生成比较好的(可能是最优的)平面布置图,如:CORELAP布局算法和ALDEP布局算法。

(1) CORELAP布局算法

计算机化关系布置规划(computerized relationship layout planning,CORELAP)布局算法,是利尔(Lee)和莫尔(Moore)于1967年发明的一种优化算法。CORELAP布局算法是一种构建型方法。算法首先按一定规则生成一个设施顺序矢量,依照这个矢量的顺序逐

个将设施加入到区域中,并尽量使新加入的设施与已有的设施在相对位置上保证关系最密切。布置方案完成后,对其质量指标进行评估。CORELAP算法在设施顺序矢量的确定、相对位置的选择以及质量指标的计算方面,都是针对设施间的关系程度的衡量,即CORELAP算法的出发点是设施之间的关系图(relation-chart),布置的目标是实现设施之间最大的密切度。

(2) ALDEP布局算法

自动布局设计算法(automated layout design procedure,ALDEP)与CORELAP法类似,也是一种构建型布局算法,其布置基础也是关系图,算法思路也是每次选择一个设施加入布置图,按一定规则寻找其适当的位置,并对方案进行评估。只是设施的选择次序、位置的确定方法和方案评估的指标不相同。其优化目标:设一个物流节点(物流园区、物流中心或配送中心等)由多个物流设施组成,已知各物流设施的作业面积需求及各设施间的关系等级。需确定一个设施布局方案,使各相邻设施的关系值总和达到最大。

从以上问题可以注意到ALDEP与CORELAP的区别是优化的目标不同。ALDEP的评估思想是寻求相邻设施关系总和最大的布置为最后布置方案。为强调相邻设施的相互关系,ALDEP法在将关系转换成关系值时,拉大了不同等级之间数值的差距。

2. 改进算法

这类方法是面向改进型系统的布置方法,对原有布置方案改进,交代待布置部门的位置,通过对布置对象间有规律地交换,保留新的优化方案,寻找一个成本最小的布置方案。如:CRAFT算法和MultiPLE算法。

(1) CRAFT算法

20世纪70年代以来,出现了许多计算机辅助布置软件。在这些软件中,应用最广泛的就是计算机辅助设施布置技术(computerized relative allocation of facilities technique,CRAFT)。CRAFT法是一种改进型的布局算法,对一个初始可行布置方案,给出一个使总搬运费用减少的调整方法,并保证调整后的方案仍是可行布置方案。

(2) MultiPLE算法

多层厂房设施布置设计(multi-floor plant layout evaluation,multiPLE)是类似于CRAFT的一种改进型布局算法。MultiPLE与CRAFT的已知条件(输入数据)相同,都是设施间的物流量矩阵;目标函数也相同,都是使内部搬运成本最少,所不同的是对初始方案进行调整的方法不同。MultiPLE设施间的交换在每次迭代中,选择布置成本下降最大的方案。MultiPLE与CRAFT的区别在于MultiPLE的交换可以不局限于两相邻设施之间。

MultiPLE算法的思路是对初始布置方案任意进行设施交换,生成新的布置矢量,然后根据空间填充曲线SFC生成调整后的布置,并计算各设施中心间的直线距离,计算物流费用。循环往复,直至寻找到最低物流费用的布置方案。MultiPLE算法的计算结果较好,但运算次数随着设施数的增加而呈指数型增加,故算法只适合对中型规模的设施布局问题进行设计计算。

所谓空间填充线SFC,是指填充一定空间的一条折线。SFC中,对图中的每个单元只访问一次,恰好能游历整个单元。该曲线事实上确定了布置方案的设施放置位置和形状。若对换两个设施,就是对换这两个设施的放置顺序,从而生成一个新的布置顺序矢量,各设施就可根据自己的面积,沿着 SFC 曲线进行放置,直至生成整个布置。

近十几年来,人工智能技术(AI)的发展为平面布置提供了功能强大的算法。由于平面布置是典型的非确定性多项式(nondeterministic polynomial,NP)问题,人工智能技术成为在有效时间内寻找满意解的可行算法。它们应用快速并行处理技术,可以同时得到多个解,丰富了备选方案;并且允许出现代价更高的解,从而可以跳出局部最优点,解决对初始解敏感的问题。

第三节　SLP 系统布置方法

一、SLP 系统布置方法概述

最初的设施布置设计主要直接凭经验和感觉。但到了 20 世纪 50 年代,布置设计从传统的只涉及较小系统发展到大而复杂的系统设计,凭经验已难以胜任。于是,在综合各学科发展的基础上,布置设计中运用了系统工程的概念和系统分析的方法。

1961 年,美国学者理查德·缪瑟提出了极具代表性的系统布置设计(systematic layout planning)理论,简称 SLP 法。缪瑟的系统布置方法是一种条理性很强、物流分析与作业单位关系密切程度分析相结合、求得合理布置的技术,因此,在布置设计领域获得极其广泛的运用。20 世纪 80 年代,该方法传入中国并逐步成为工厂布局设计的主流方法。SLP 将设施规划和设计向科学化、精确化和量化方向迈进了一步。

SLP 法主要有以下特点:定性分析与定量分析有机结合;以大量的图表分析和图形模型分析为手段,直观清晰;采用了严密的系统分析手段和规范的设计步骤,逻辑性和条理性较强;着眼于整个物流系统,反复修正与调整,设计方案具有很强的合理性和实用性;操作性和实践性强,适用范围广,可以应用于各种类型的企业。

但由于历史的局限性,SLP 方法没有充分考虑利用计算机技术。传统的 SLP 主要是手工布置,受主观经验、自身知识及能力等多种因素的影响,往往得不到较优解。

因此,针对 SLP 的这些优缺点,相关学者作了相应的改进。20 世纪 60 年代以来,以 J. M. 摩尔等为代表的一批设施规划与设计学者开始利用计算机的强大功能,帮助人们解决设施布置的复杂任务,节省了大量的人力物力。

20 世纪 80 年代,日本物流技术研究所铃木震提出的 EIQ 分析法应用于系统布置设计,一定程度上大大改善了 SLP 方法,拓宽了 SLP 方法的应用范围。

缪瑟自己也在 20 世纪 90 年代,在 SLP 法的基础上,针对日常处理最多的布置设计中的中小项目,提出了简化的系统布置设计(simplified systematic layout planning,SSLP),SSLP 比 SLP 在工作过程方面更简捷。

同时,威廉·温拿等工厂设计师们在实践中不断对 SLP 进行发展和完善,在 20 世纪 90 年代提出了新的战略设施规划(strategic facilities planning,SFP),其核心思想表现为两方面:

第一,把设施布置提升至战略高度,通过一次根本性的再聚焦以及精益原则来提高企业整体生产力。实施的关键是运用企业流程再造原理,进行业务重组。

第二,新的战略设施规划融合了优良的计算机辅助设施布置方法,一定程度上实现了设施布置的快速响应。在设施布置项目向大型化、复杂化方向发展的今天,考虑到时效性,计算机辅助设施布置方法已经逐渐成为设施布置设计的主流。

二、SLP 系统布置方法的基本思路

在 SLP 方法中,Muther 将研究设施布置问题的依据和切入点归纳为 P——产品、Q——产量、R——生产路线、S——辅助部门、T——时间这五个基本要素。采用 SLP 法进行总平面布置的首要工作,是对各作业单元之间的相互关系作出分析,包括物流关系和非物流关系,经过综合得到作业单元相互关系图;然后,根据相互关系图中作业单元之间相互关系的密切程度,决定各作业单元之间距离的远近,安排各作业单元的位置,绘制作业单元位置相关图;将各作业单元实际占地面积与作业单元位置相关图结合起来,形成作业单元空间相关图;通过作业单元空间相关图的修正和调整,得到数个可行的布置方案;最后采用系统评价方法对各方案进行评价择优。SLP 法的具体流程,如图 7-1 所示。

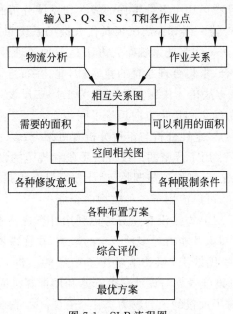

图 7-1 SLP 流程图

系统布置设计法是一种逻辑性强、条理清楚的布置设计方法,分四个阶段进行,称为"布置设计四个阶段",即确定位置阶段、总体区划阶段、详细布置阶段和施工安装阶段。在总体区划和详细布置两个阶段采用相同的 SLP 设计程序。

阶段 1:确定位置

在新建、扩建或改建工厂或车间时,首先应确定新厂房坐落的地区位置。在这个阶段中,要首先明确拟建工厂的产品及其计划生产能力,参考同类工厂确定拟建工厂的规模,从待选的新地区或旧有厂房中确定可供利用的厂址。

阶段 2:总体区划

总体区划又叫区域划分,就是在已确定的厂址上规划出一个总体布局。在这个阶段,

应首先明确各生产车间、职能管理部门、辅助服务部门及仓储部门等作业单位的工作任务与功能,确定其总体占地面积及外形尺寸,在确定了各作业单位之间的相互关系后,把基本物流模式和区域划分结合起来进行布置。

阶段 3：详细布置

详细布置一般指一个作业单位内部机器及设备的布置。在详细布置阶段,要根据每台设备、生产单元及公用、服务单元的相互关系确定各自的位置。

阶段 4：施工安装

在完成详细布置设计以后,经上级批准,可以进行施工设计,需绘制大量的详细施工安装图和编制搬迁、施工安装计划。必须按计划进行土建施工和机器、设备及辅助装置的搬迁、安装施工工作。

在系统布置设计过程中,上述四个阶段按顺序交叉进行。在确定位置阶段就必须大体确定各主要部门的外形尺寸,以便确定工厂总体形状和占地面积；在总体区划阶段就有必要对某些影响重大的作业单位进行较详细的布置。在整个设计过程中,随着阶段的进展,数据资料逐步齐全,从而能发现前期设计中存在的问题,通过调整修正,逐步细化、完善设计方案。

这四个阶段中,总体区划阶段与详细布置阶段是布置设计最重要的阶段,也是布置设计的关键所在。而在物流配送中心的整个规划设计中,需要经历物流配送中心选址、平面布置、搬运系统设计、辅助部门设置、方案评价与选择等众多细化的工作,而平面布置设计处于其中的核心位置,其主要任务就是确认各作业单元、职能管理部门、辅助管理部门的功能,确定它们的占地面积和外形尺寸,根据它们之间的联系和运作流程,确定其平面位置。

三、原始资料分析

在 SLP 方法中,缪瑟最初是以工厂布置问题为依据和出发点的,故把产品 P、数量 Q、生产路线 R、辅助部门 S 和时间安排 T 作为五个基本要素。这五项基本要素是设施规划时不可缺少的基础资料。而在配送中心内部布置规划中,可以把这些要素的概念适当修正为：物流对象 P、物流量 Q、物流作业路线 R、辅助部门 S 和作业时间安排 T。其中物流对象 P、物流量 Q、物流作业路线 R 是重点分析的对象。

1. 物流对象 P

在物流配送中心规划中,物流对象是进出物流配送中心的货物。不同的物流对象对整个物流作业路线的设计、设施装备、存储条件都有不同的要求,一定程度上决定了布置规划的不同。因此,需要对货物进行分类。物品特征分析结果是货物分类的重要参考因素,如按储存保管特征可分为干货区、冷冻区及冷藏区,按货物重量可分为重物区、轻物区等。因此,物流配送中心规划时首先需要对货物进行物品特征分析,以划分不同的储存和作业区域以及作业线路。

2. 物流量 Q

在物流配送中心规划中,物流量是指各类货物在物流配送中心里的物流作业量。物流量不仅直接决定着装卸、搬运等物流成本,一定程度上也影响着物流设施的规模、设施数量、建筑物面积、运输量等。但是物流量的确定比较麻烦,为了准确地测定物流配送中心的物流量,需要收集每一类货物出入中心的数量以及各作业单元之间的流量变化。在收集过程中必须考虑物流配送中心各个作业单元的基本储运单位。一般物流配送中心的储运单位包括 P——托盘、C——箱子和 B——单品,而不同的储运单位,其配备的储存和搬运设备不同,所需要的空间也有区别。因此掌握物流量的同时,掌握储运单位转换也相当重要,需要将这些包装单位(P、C、B)纳入分析范围,即所谓的 PCB 分析。

在考虑实际的物流量的同时,还要对未来货物量变动趋势有一定的预见性,对未来的流量进行预测。

3. 物流作业路线 R

物流作业路线是指各物流对象在各作业单元之间的移动路线。作业路线既反映物流配送中心的各作业单元的物流作业流程,也反映了各个功能区之间的联系,是后面物流相关分析的依据。SLP 设计的原则就是使物流作业路线简捷顺直,减少不必要的搬运,并试图使下列因素降到最低:①移动距离;②返回次数;③交叉运输;④费用。而物流作业路线的确定往往受物流配送中心的运作模式和管理模式等的影响。

配送中心各作业单位的物流作业路线类型及描述,如表 7-1 所示。

表 7-1 作业单位的物流作业路线类型

项次	作业单元间的物流路线类型	图示	描述
1	直线型		适用于出入口在作业区域两侧、作业流程简单、规划较小的物流作业,无论订单大小与配货品种多少,均需通过作业区域全程
2	双直线型		适用于出入口在作业区域两侧、作业流程相似,但是有两种不同进出货形态或作业需求的物流作业
3	锯齿型或 S 型		适用于较长的流程,需要多排并列的作业区
4	U 型		适合于出入口在作业区域的同侧的作业,可依进出货频率大小安排接近进出口端的储区,以缩短拣货搬运路线
5	分流型		适用于批量拣取后进行分流配送的作业
6	集中型		适用于因储存区特点将订单分割在不同区域拣取后进行集货的作业

四、物流分析

物流分析主要是确定物流对象在物流作业过程中每个作业单元之间移动的最有效顺序以及移动的强度和数量。物流分析是物流配送中心布置设计的核心工作。物流分析通过对基础数据相互之间的依赖关系分析,为后续的布置设计提供参考。物流分析方法通常由物流对象 P 和物流量 Q 的性质决定,不同的运作类型,应采用不同的分析方法。

（一）物流作业过程图

对于物流量 Q 很大，而物流对象 P 的种类或品种比较少的物流系统，采用标准符号绘制物流作业过程图，在作业过程中注明各作业单元之间的物流量，可以直观地反映出物流配送中心的作业情况。因此，只要物流对象比较单一，无论物流配送中心规模大小，都适合用物流作业过程图来进行物流分析。

（二）从至表（from-to charts）

当物流对象 P 种类很多，物流量 Q 也比较大时，用从至表研究物流状态是比较方便的。通常用一张方阵表来表示各物流作业单元之间的物流方向和物流量，如表 7-2 所示。方阵表中的行表示物流作业单元之间物流的源头，而列表示物流的目的地。行列交叉点表明从源头到目的地的物流量。

表 7-2　物流从至表

from/to	作业单元 1	作业单元 2	…	作业单元 n
作业单元 1				
作业单元 2				
…				
作业单元 n				

（三）成组分析法

当物流对象 P 的品种较多，而物流量 Q 的规模较小时，可以将作业流程相似的物流对象进行分组归类，根据每一组物流对象及其对应的物流量画出从至表。

五、作业单元相关性分析

物流分析是物流配送中心规划的重要依据，但有时还存在一些非物流关系。这些非物流关系可能对物流运作产生重大影响，是必须重视的。另外，在物流配送中心内还存在一些管理或辅助性的功能区域，这些区域尽管本身没有物流活动，但却与作业区有密切的业务关系，而这些非物流的业务关系必须通过作业单元相关性分析来反映。不同的是，物流分析的基础是物流对象 P、物流量 Q、物流路线 R，而作业单元关系分析是以物流对象 P、物流量 Q 和辅助部门 S 为基础的。

由于非物流因素对作业单元相关性的影响无法直接通过数字统计得到，必须对所收集的资料进行认真的调查分析，并凭借以往的工作经验加以判断。非物流因素通常包括以下几个方面：

管理关系：有两层意义，一是组织管理，建立在各部门组织之间的管理、监督关系；二是作业管理，指出于操作管理、业务联系及交流需要而存在的关系。

流程关系：建立在作业流程顺序及信息流之间的关系。

作业相关程度：区域间因功能需要而形成的关系，如物品搬运次数、作业性质相似性、公用设备与否、公用作业空间等。

环境关系：考虑操作环境和安全需要而保持的关系。包括两类：一是人员安全，包括作业安全、工作环境改善等；二是货物安全，包括防火、防潮、防盗等因素。

货物其他特殊原因：针对某些特殊需要使作业单位靠近或远离。

根据相关要素，可以对任何两个区域的相关性进行评价。评价相关紧密性程度的参考因素主要包括人员往返接触的程度、文件往返频度、组织与管理关系、使用共享设备与否、使用相同空间区域与否、物料搬运次数、配合业务流程的顺利、是否进行类似性质的活动、作业安全上的考虑、工作环境改善、提高工作效率及人员作业区域的分布等内容。工作区之间的关系的密切程度可划分为 A、E、I、O、U、X 六个等级，其含义及表示方法如表 7-3 所示。根据 Heragu 的建议，一般来说，一个布置内 A、E、I 级的关系，不超过 10%～30%，其余为一般关系（O、U 级），X 的关系需视具体情况而定。

表 7-3 作业单元相互关系等级及表示方法

符　号	含　义	色　彩	线　型	占有比例(%)
A	绝对重要(absolutely important)	红色	4 条平行线	2～5
E	特别重要(especially important)	橙色或黄色	3 条平行线	3～10
I	重要(important)	绿色	2 条平行线	5～15
O	一般(common)	蓝色	1 条平行线	10～25
U	不重要(unimportant)	无色	无	45～80
X	禁止(forbidden)	褐色	折线	待定

为了简明地表示所有作业单元之间的非物流关系，采用作业单元相互关系图来描述，即在行与列交叉的菱形框中填入相关的作业单元之间的物流强度等级，来反映所有的物流关系，如图 7-2 所示。

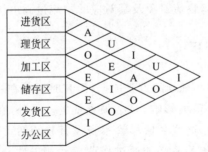

图 7-2 作业单元相互关系图

在绘制作业单元相互关系图时，也可将确定各作业单元之间的非物流关系等级的理由列成编码表，如表 7-4 所示。根据编码表，将关系等级与确定该等级的理由一同填入到行与列交叉的菱形框中，如图 7-3 所示。

表 7-4 关系等级理由

编　码	考虑的理由	编　码	考虑的理由
1	作业流程的连续性	5	作业性质相似
2	物料搬运	6	安全卫生
3	管理方便	7	使用相同的设施
4	人员联系		

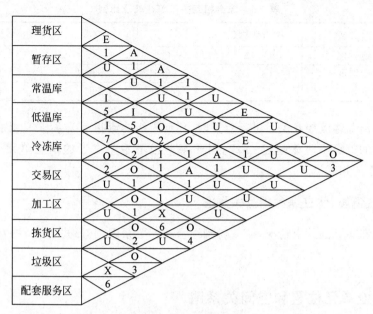

图 7-3 非物流相互关系

六、作业单元综合相互关系分析

在配送中心内部布置规划中,各作业单元之间既有物流联系,又有非物流联系。在 SLP 中,要将作业单元之间的物流关系和非物流关系进行合并,求出综合相互关系,然后由这个综合相互关系出发,实现各作业单元的合理布置。综合过程按以下步骤进行。

(一) 确定物流关系与非物流关系的相对重要性

一般来说,物流与非物流之间的比重应介于 1∶3～3∶1 之间。在实际布置中,一般相对重要性的比值 m∶n 取 3∶1,2∶1,1∶1,1∶2,1∶3 几个值。如果比值大于 3∶1,说明作业单元之间物流关系占绝对主导地位,设施布置只考虑物流关系即可。如果比值小于 1∶3,说明作业单元之间物流的影响很小,只考虑非物流关系即可。

(二) 将关系密切程度等级量化

关系密切程度等级量化,一般取 A=4,E=3,I=2,O=1,U=0,X=-1。

(三) 计算两个作业单元之间综合相互关系的量化值

设两个作业单元的综合相互关系的量化值为 TR_{ij},物流关系的量化值表示为 LR_{ij},非物流关系密切程度的量化值为 NR_{ij},则 $TR_{ij}=m \cdot LR_{ij}+n \cdot NR_{ij}$。

(四) 综合相互关系等级划分

对 TR_{ij} 进行等级划分,建立作业单元综合相互关系表。根据递减的 TR_{ij} 值,再将关系等级划分为 A、E、I、O、U、X 六个等级。划分等级的比例,如表 7-5 所示。

表 7-5　综合相互关系等级表及比例

符号	含义	所占比例(%)	符号	含义	所占比例(%)
A	绝对重要	2～5	O	一般	10～25
E	特别重要	3～10	U	不重要	45～80
I	重要	5～15	X	禁止	待定

在对物流与非物流相互关系进行合并时,任何一级物流相互关系与 X 级非物流相互关系等级合并后的等级不应该超过 O 级,对于某些极不希望靠近的作业单元可以设为 XX 级,表示绝对不能相互靠近。

（五）经过调整,建立综合相互关系图

根据经验和实际的约束情况,调整得到综合相互关系图,其形式与图 7-2 中作业单元相互关系图一致。

七、确定作业单元位置和空间关系图

在布置设计确定位置时,首先根据综合相互关系图中级别高低按顺序先后确定不同级别作业单元的位置。关系级别高的作业单元之间距离近,关系级别低的作业单元之间距离远,而同一级别的作业单元按综合接近程度的分值高低顺序来进行布置。作业单元综合接近程度分值高的应处于中间位置,分值低的处于边缘位置。

在 SLP 中,Muther 采用了线型图"试错"来生成空间关系图,各个级别的线型表示如表 7-3 中的线型表示。在绘制线型布置图时,首先将 A、E 级关系的作业单元放进布置图中,同级别的关系用相同长度的线段表示。经过调整,使 E 级关系的线段长度约为 A 级关系的 2 倍。随后,按同样的规则布置 I 级关系。若作业单元比较多,线段比较混乱,则可不必画出 O 级关系,但 X 级关系必须表示出来。调整各作业单元的位置,以满足关系的亲疏程度。根据图 7-2 的作业单元相互关系图的关系等级,可生成初步线型图,如图 7-4 所示。

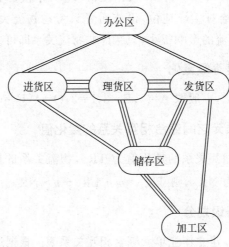

图 7-4　初步线型图

而作业单元空间形状的确定是和配送中心的平面形状和建筑空间几何形状结合起来的。各作业单元的占地面积由设备占地面积、物流模式、人员活动场地等因素所决定。将各个作业单元的面积加入到布置图中,生成空间关系图。

SLP 中直接生成的空间关系图只能代表理想情况下的布置方案,在实际规划中还需要考虑场址条件和周围情况、建筑特征、容积率、绿地与环境保护空间的比例及限制、人员需要、搬运方法、资金等实际限制条件,以及各种修改意见,通过调整修正得到多个可行的布置方案。

八、方案评价与选择

对调整修正得到的多个可行的布置方案通过加权因素法、费用对比法等进行综合评价。在综合评价的基础上,最后选择一个最优的布置优化方案,绘制布置优化图,准备说明文字,完成配送中心内部布置的规划与设计。

本 章 小 结

1. 配送中心是现代物流网络上的一类重要物流节点,指商品集中、出货、保管、包装、加工、分类、配货、配送的场所或经营主体。它是以组织配送性销售或供应、执行实物配送为主要职能的流通型物流节点,是流通企业大型化、规模化的必然产物。

2. 配送中心具有商品储存保管、流通行销、分拣配送、流通加工及信息提供的功能,其基本作业流程可归纳如下:进货、保管、分拣、配装、送货,其作业区域一般由管理指挥区(办公区)、接货区、储存区、理货备货区、分放配装区、流通加工区、发货区组成。

3. 配送中心内部布置规划设计的内容主要包括物流作业区的布置、辅助作业区的布置和建筑外围区域的布置,主要方法有摆样法、图解法、SLP法、数学模型法、计算机辅助设施布置法。其中,SLP法是当前布置设计的主流方法。

4. SLP 系统布置方法的思路:首先对各作业单元之间的相互关系作出分析,包括物流关系和非物流关系,经过综合得到作业单元相互关系图;其次,根据相互关系图中作业单元之间相互关系的密切程度,决定各作业单元之间距离的远近,安排各作业单元的位置,绘制作业单元位置相关图;再次,将各作业单元实际占地面积与作业单元位置相关图结合起来,形成作业单元空间相关图;然后,通过作业单元空间相关图的修正和调整,得到数个可行的布置方案;最后,采用系统评价方法对各方案进行评价择优。

5. 配送中心内部布置规划中,物流对象 P、物流量 Q、物流作业路线 R、辅助部门 S 和作业时间安排 T 是五个基本分析要素。其中,物流对象 P、物流量 Q、物流作业路线 R 是重点分析的对象。

6. 物流分析是物流配送中心布置设计的核心工作,通常由物流对象 P 和物流量 Q 的性质决定,有物流作业过程图、从至表、成组分析法三种方法。工作区之间的关系的密切程度可划分为 A、E、I、O、U、X 六个等级。

案 例 研 讨

基于 SLP 的物流中心规划设计

案例 7-1

练习与思考

练习 7-1

第八章

物流系统评价与选择

本章学习目标：
1. 了解物流系统评价的概念与原则；
2. 掌握物流系统评价的阶段与步骤；
3. 了解物流系统评价指标体系设计的原则和内容；
4. 了解物流系统评价指标的权重系数的确定方法；
5. 掌握物流系统评价的关联矩阵法、AHP 和模糊综合评价法。

本章核心概念：

物流系统评价　关联矩阵法　AHP　模糊综合评价

 导入案例

广航物流系统评价

广州航空邮件处理中心作为中国邮政的重要航空邮件枢纽，是中国邮政的三个主要国际邮件互换局之一。它是航空邮件的主要处理场地，承担着广州地区、广东全省和广州通关区 11 个省的航空邮件集散任务。该中心由广东省邮政速递物流公司统一进行专业化管理和规模化生产运作，以简化邮件内部处理环节、优化网络组织、加快邮件传递速度为原则，打造邮政速递物流支撑平台，为邮政前台经营提供优质支撑服务。

随着全球经济一体化的发展，我国企业面临着前所未有的激烈竞争。在这种形势下，如何制定正确的发展战略和经营措施、挖掘企业的优势、弥补劣势，显得更加重要。"广航"作为中国邮政的重要航空邮件枢纽，其下设的物流部门已具有一定规模，但由于不是核心发展部门，该企业的物流系统仍然存在一定的缺陷。例如，在生产效率方面，个别员工出现消极怠工现象，使得劳动生产率不高；在客户服务方面，"广航"虽然能够做到及时发运，也能尽量避免运送错误，但是不注重客户反馈，因此忽略了客户的需求，不利于形成长期合作关系；在管理水平方面，出现个别员工培训不到位，不熟悉规章制度和业务流程的现象等。如何对该企业物流系统进行综合评价呢？可先对该企业的物流系统建立综合评价指标体系，然后采用基于 AHP 的模糊综合评价法进行评价，根据评分得出系统等级，进而可提出"广航"物流系统优化的建议。

资料来源：王春生.基于 AHP 的模糊综合评价在物流系统评价中的应用——以"广州航空邮件处理中心"为例.物流科技，2015(7)：74-77.

思考：如何采用基于 AHP 的模糊综合评价法对该企业的物流系统进行评价？

第一节 物流系统评价概述

一、物流系统评价的概念

物流系统评价是物流系统规划与设计的一个重要组成部分,同时也是物流系统规划与设计的一种方法。在对物流系统进行规划、分析与设计之后,提出了在技术上可行、经济上有利、社会效益和环境效益也较好的多种方案,这时需要对这些方案进行评价。物流系统评价就是要根据物流系统的目标、评价标准及环境对物流系统的要求,从系统整体出发,综合评判这些方案的优劣,从中选出一个较为满意的方案并付诸实施。

物流系统规划与设计的问题大都是多目标的复杂问题,对其评价往往需要考虑多种因素或指标。一般情况下,指标和方案越多,考虑问题越全面,评价就越复杂。另外,由于对系统的评价以及指标的选择都是由人来完成的,因此人的价值观在系统评价中具有重要的影响。由于评价主体有不同的观点、立场和标准,不同的评价者对同一个问题可得出不同的评价结论。因此,评价过程要充分考虑这些因素,统筹兼顾,运用综合评价的方法进行客观、准确、科学的评价。

二、物流系统评价的内容和阶段

(一)物流系统评价的内容

物流系统规划的各个阶段都涉及若干方案的评价与选择,规划中每一个阶段和每一个层次都要对有关问题进行若干方案的评价和选择。

从内容看,物流系统评价可对下面三类项目进行评价。这三类物流项目都有一个方案的评价问题,包括技术上是否可行、经济上是否合理、是否适应市场需要、对社会与环境有何影响、对企业是否合算等。

1. 物流技术工程

物流技术工程评价,主要包括建设物流中心和配送中心、仓库基建、修公路、建车队、开发物流新技术等。

2. 物流管理项目

物流管理项目评价,主要包括公司创建、组织机构改革、管理方案、规章制度、企业文化、发展战略等。

3. 物流运作方案

物流运作方案评价,主要包括运输方案、配送方案、仓储方案、包装方案、装卸方案、物流信息化方案、业务外包方案和第三方物流方案等。

(二)物流系统评价的阶段

从工作阶段看,物流系统评价包括现状评价、方案评价和实效评价三个阶段。

1. 现状评价

现状评价是从分析现有物流系统各子系统间的相互联系与内在影响因素入手，对现有物流系统进行诊断评价，找出现有物流系统的问题症结。通过现状评价可以对现有物流系统进行更为全面的了解，弄清存在的问题，进而为提出有效可行方案作准备。

2. 方案评价

方案评价是在对物流系统进行综合调查和整体分析的基础上，对提出的各种技术方案进行论证，选择技术、经济、环境、社会最优结合的方案，为物流系统的决策提供依据。

3. 实效评价

实效评价是对最终方案实施的功效进行分析。它一般关心如下三个问题：

（1）最终方案实施后，物流系统发生了哪些变化？

（2）这些变化带来的效益和损失以及所需要的成本是多少？是否达到预期的目标？

（3）实际功效与原方案的预期目标有差异的原因是什么？

实效评价的关键是建立最终方案与实施效果之间的因果关系。实效评价的结论能定性定量地表明方案达到预期目标的程度，并对下一步物流系统的改进和发展指明方向。

三、物流系统评价的原则

为了客观而公正地评价物流系统，必须遵循一些基本的评价原则。物流系统评价的原则主要包括：

（一）客观公正性

评价的目标是为决策者提供有效的决策依据，因此评价的质量影响着决策的正确性。评价必须客观地反映实际，使评价结果真实可靠。评价的客观公正性、全面性、可靠性与正确性是评价的基本要求。为了上述基本要求的实现，有必要防止评价人员的倾向性，同时谨慎地考虑评价人员的组成，使得人员组成具有代表性。

（二）可比性

对于物流系统评价的各个待选择方案来说，各个选择方案之间要具有可比性。对各个方案进行评价时，评价的前提条件、评价的内容要一致。对每一项指标都要进行比较，做到一致性与可比性。

要做到可比性需要从以下几个方面考虑：

（1）效果相同，具有相同的使用价值；

（2）单位相同，具有相同的量纲、相同的单位；

（3）时间区段、时间点具有可比性；

（4）价格可比，不同时间点上的价格、金额不能直接相比，要转换成可比价格。

（三）目标性

物流系统评价要围绕企业目标进行，再根据评价结果修订系统目标，使其更完善、更符合企业的发展战略目标。

(四) 系统性

评价指标必须反映系统的目标,要包括系统目标所涉及的每个方面,全面反映被评价问题,不片面评价。

(五) 评价方法和手段的综合性

物流系统评价要对系统的各个侧面运用多种方法和工具进行全面综合评价。充分发挥各种方法和手段的综合优势,为系统的综合评价提供全面分析手段。

四、物流系统评价的步骤

对于不同的物流系统研究对象,往往存在着不同的定位,因此对其的评价思路与所采用的评价方法也不同。为了保证物流系统评价的有效性,一般按以下几个步骤进行评价。

(一) 明确物流系统的目的,熟悉物流系统方案

为了进行有效的物流系统评价,必须进行详细调查,了解物流系统的目的,熟悉所提出的物流系统方案,进一步分析和讨论实现系统目标所要考虑的各种具体因素,并简要说明每个评价方案。

(二) 分析物流系统要素,确定评价项目

根据物流系统目的,集中收集有关的资料和数据,对组成物流系统的各个要素及性能特征进行全面的分析,选择进行物流系统评价的项目。

(三) 确定评价的指标体系

确定评价指标体系中单项和大类指标的组成。评价指标体系是对照与衡量各种备选方案的统一尺度和标准。评价指标体系必须客观地、全面地考虑各种因素。要根据评价系统的目标与功能来确定指标体系,并明确指标间的相互关系,避免指标的重复使用或相互交叉。各种评价指标可以在调查、讨论与大量资料的分析研究基础上建立起来。一个评价指标体系是由若干个单项评价指标所组成的整体,应能反映出所要解决问题的各项目标要求。

(四) 确定评价结构和评价准则

在评价过程中,如果只是定性地描述物流系统达到的目标,而没有定量表述,就难以做到科学、客观的评价。因此,要对所确定的指标进行定量化处理,确定各个单项和大类指标的权重,分析评价各个单项指标的实现程度。

每一个具体的指标可能是几个指标的综合,这是由评价系统的特性和评价指标体系的结构所决定的。在评价时,要根据指标体系和系统的特性来弄清指标间的相互关系,确定评价的结构。另外,由于各指标的评价标准与尺度不同,不同的指标就难以统一比较,因此

必须对指标进行规范化,并制定出统一的评价准则。要根据指标所反映的要素的特征,确定各指标的结构与权重。

(五) 确定评价方法

物流系统在其各个阶段都涉及多个方案的评价。由于拟评价的对象的具体要求不同,因此采用的评价方法也有所不同。总的来说,评价方法要按物流系统目标、物流系统分析结果与效果的测定方法、评价准则等确定。

(六) 单项评价

单项评价是对系统的某一特殊方面进行详细的评价,以查明各项评价指标的实现程度。单项评价只反映方案在单一方面的特征,不能解决整个方案的优劣判定问题。只有综合评价才能解决最优方案或方案优先顺序的确定问题。因此,单项评价是综合评价的基础。

(七) 综合评价

综合评价是按照评价准则、各指标的结构与权重,在单项评价的基础上,从不同角度对物流系统进行全面的评价。这需要利用相关模型与资料,从物流系统的整体出发,综合分析问题,采用技术经济的方法对比各种可行方案,权衡各个方案的利弊得失,选择满意而且可实现的优化方案,以达到评价的目标。

第二节 物流系统评价的指标体系

一、物流系统评价指标体系构建的原则

物流系统评价是一些归类的指标按照一定的规则和方法,对评判对象从其某一方面或多方面或全面的综合状况作出优劣评定。评价指标体系的构建应遵循以下原则。

(一) 系统性原则

指标体系应能全面地反映物流系统各个方面的现有特征和状况,能够体现物流系统的未来变化发展趋势;还要善于从中抓住主要因素,使评价指标既能反映系统的直接效果,又能反映系统的间接效果,以保证综合评价的全面性和可信度。

(二) 客观性原则

保证评价指标体系的客观公正,保证评价资料及数据来源的全面性、可靠性、准确性和可行性以及评估方法的科学性。

(三) 科学性原则

指标的选择和指标权重的确定、定量指标和定性指标的协调、数据的选取和计算及合

成等,必须以公认的科学理论为依据。

(四) 非线性原则

评价对象往往是一个复杂的物流系统,评价指标选取应遵循非线性原则,实现指标体系的结构最优化。

(五) 实用性原则

评价工作的意义在于分析现状,认清物流系统变化所处阶段和发展中存在的问题,寻找影响物流系统运行的主要方面,更好地指导实际工作,因此要尽量选取日常统计指标或容易获取的指标,以便直观、简便地说明问题。

(六) 可测性原则

每项评价指标的含义应该明确,数据资料收集方便、计算简单、易于操作。

(七) 层次性原则

评价指标体系要有层次性,这样才能为衡量系统方案的效果和确定评价指标的权重提供方便。

(八) 简易性原则

评价指标体系要言简意明,避免烦琐,尽量使指标间相互独立、互不重复,避免冗余。

(九) 可比性原则

评价指标的选择要保持同趋势化,保证可比性。

(十) 定性与定量相结合的原则

物流系统的综合评价,既包括技术经济方面的指标,又包括服务水平、社会环境等方面的指标。前者易于量化,但后者却很难用量化的指标衡量,如安全性、快速反应、顾客满意度等。要使得评价更具有客观性,就必须坚持定量指标与定性指标相结合的原则。

(十一) 绝对指标与相对指标结合的原则

绝对指标反映系统的规模和总量。相对指标反映系统在某些方面的强度或性能。衡量物流系统"优劣"的很多标准是会随着时间而发展变化的。因此,必须将绝对指标与相对指标结合起来使用,才能全面地描述物流系统的特性。

二、物流系统评价指标体系的构成

一般来说,物流系统评价指标范畴越全面,指标数量越多,则方案之间的差异越明显,越有利于判断和评价。因此,在确定指标体系时,不仅要考虑指标体系能否全面而客观地反映所要评价的物流系统的各项目标的要求,而且需要考虑评价指标体系的重要性、层次性,还要考虑数据采集的难易程度、数据处理与建模情况。

要客观评价物流系统,设计一个科学、合理并且符合实际情况的评价指标体系尤为重要。在评价指标体系设计过程中,一般遵循以下步骤:一是认真、全面地分析拟评价的物流系统的各项目标要求;二是在调查分析基础上,运用头脑风暴法或德尔菲法制定指标体系草案;三是经过广泛征求专家意见,反复交换信息、统计处理和综合归纳,不断调整评价指标;四是考虑各种因素后,确定系统的评价指标体系。

评价指标体系一般包含以下几方面内容:

(一)政策性指标

政策性指标包括政府的方针、政策、法律法规和区域经济发展的规划要求等。这一类指标对社会物流系统的评价尤为重要。

(二)技术性指标

技术性指标包括系统所使用设备的性能、寿命、可靠性、安全性、服务能力与灵活性等。

(三)经济性指标

经济性指标包括各个方案的成本效益、建设周期与投资回收期、财务评价类指标等。

(四)社会性指标

技术性指标包括社会福利、社会节约、对所在区域或国家经济所作的贡献、对生态环境与环保的影响因素等。

(五)资源性指标

资源性指标包括物流工程项目中的人、财、物、能源、水源、土地条件等。

(六)时间性指标

时间性指标包括工程的进度、时间等。

在选择评价指标的过程中,还要注意以下几个问题:

(1)指标的大类和数量问题。若选择的指标范围宽、数量多,不同方案间的差异就明显,则有利于判断和评价,但确定指标大类及其重要程度就困难,造成歪曲方案本质特征的可能性就大。

(2)指标间的相互关系问题。单项指标间要尽量相互独立。若有交叉,则必须明确划分和规定该指标的属类。

(3)指标的提出和确定问题。指标的提出要广泛征求意见,反复交换信息。指标的确定要归纳综合,必要时进行统计处理。

(4)指标量化和归一化问题。指标体系选择中由于各因素的不可共性和矛盾性,因此首先要对原始指标的属性值进行初始化,进行量纲一元化或无量纲化处理。当不同方案难以取舍时,用归一化处理。

三、物流系统评价指标体系举例

(一) 区域物流系统能力评价指标体系

区域物流(regional logistics)是相对国际物流而言的物流系统,同时也是宏观物流系统的一个组成部分。区域物流有广义和狭义之分。广义的区域物流超出一个国家的范围,涵盖若干个政治、经济、文化及至军事上都具有共性的若干个国家所组成的自由贸易区,如欧盟(EU)、北美自由贸易区(NAFTA)。狭义的区域物流,指一个国家之内一定地域内的物流,如珠江三角洲、长江三角洲及环渤海地区等经济带所发生的物流。

物流能力(logistics capability)指某特定的物流系统所具有的物流能力,既包括以省、市为单位的区域物流系统,也包括微观的企业物流系统。区域物流能力是一个更为宏观的概念,它不局限于一个企业或者一条供应链,而是可以反映某区域范围内物流能力的整体发展水平。为了恰当表征区域物流能力,应该从各个方面及各个层次进行研究,建立适当的指标评价体系成为关键。区域物流能力评价指标体系包括区域内部物流系统的指标体系和基于外部环境的区域物流发展潜力指标体系。

1. 区域内部物流系统的指标体系

(1) 基本支持指标

基本支持体系指区域物流运作所必不可少的基本组成要素,主要包括:

① 区域基本环境条件。应从区域城市声誉、地理位置、各项基础设施条件及人文环境等几个方面进行综合评分。

② 区域物流基础设施条件。包括区域公路场站、港口、铁路货站、机场、管道、储罐等集疏运网络,各种运输方式的布局、连接和协作方式,运输资源的有效整合等。具体指标可以用区域内人均货运周转量、人均货运量、区域路网密度、物流基础设施投资占区域内全部基础设施投资比重等来表示。

③ 区域物流信息化水平。区域物流信息化水平主要指在区域内应用各项信息技术的综合水平,应包括物流信息网络基础传输平台、公共信息平台、物流企业信息化程度等。

④ 区域物流教育及物流服务人才整体状况。包括区域内物流教育的水平及区域环境内物流产业的从业人数、业务水平、高级物流人才比率等。在实际操作中,可以选择每万人中专业技术人员人数,每万人中初级、中级、高级物流师人数,或学历在大学本科以上人数等各项指标来表示。

⑤ 物流企业管理制度。在一些城市存在比较严重的物流管理条块分割及运行机制障碍的现象,而合理的企业管理制度对企业的正常运营发展起到了保障与推动的作用。具体可以用数量、范围、力度、有效性、可操作性等各项指标来衡量。同时,可以对物流企业当中的领导和员工进行问卷调查或采用专家打分等方法进行评价。

(2) 区域内各物流企业物流服务能力指标

区域物流环境下提供物流服务的主力是各类物流企业。从所从事的主要业务角度进行分类,物流企业包括仓储、运输、流通加工等各类企业。从物流节点特征的角度进行分类,物流企业包括物流园区、港口、内河码头、机场、公路枢纽站、铁路货运站等各类企业。

物流企业服务能力指标可选择可靠性、响应性、保证性等指标进行评价。

2．基于外部环境的区域物流发展潜力指标体系

(1) 区域物流需求指标

① 经济规模。经济规模指标中有国内生产总值、批发市场商品零售额、零售市场商品零售额、公路货运总量、铁路货运总量、航空货运总量、港口吞吐量等。物流需求作为商品需求的派生物，与消费品销售、生产资料市场直接相关，商品市场的规模直接决定物流需求的大小。因此，物流需求与社会消费品零售总额、社会货运总量密切相关。国外研究表明，物流需求与GDP密切相关。经济发展水平越高，物流支出也越多，对物流需求越大。

② 优势产业集群。产业集群指在特定区域中具有竞争与合作关系且在地理上集中、有交互关联性的企业、专业化供应商、服务供应商、金融机构、相关产业的厂商及其他相关机构等组成的群体。在区域中形成要素互补、生产营销环节互补、上下游产业配套且产品具有市场优势的产业集群，对物流需求有巨大的拉动力。优势产业集群数量越大，对物流的拉动力越明显。

③ 区域产业结构差异性。区域产业结构指区域内各产业部门之间以及各产业部门内部的构成。区域产业结构是在一般分工和特殊分工的基础上产生和发展起来的。研究产业结构，主要是研究生产资料和生活资料两大部类之间的关系。从部门来看，主要是研究农业、轻工业、重工业、建筑业、商业服务业等部门之间的关系以及各产业部门的内部关系。区域产业结构的差异性越大，各区域利用资源优势形成了适应区域发展的产业结构，则区域间互补性的物质交流越频繁，物流的需求量越大。

④ 经济外向度。经济外向度指一个国家或地区的进出口贸易额占国内（地区）生产总值（GDP）的比重。它反映一个国家或地区的经济与国际经济联系的紧密程度，是衡量一个国家或地区开放型经济发展规模和发展水平的宏观指标之一。一个国家或地区的经济外向度高，说明这个国家或地区的经济与国际经济联系紧密，开放程度高，也说明这个国家或地区的进出口对国际市场依赖程度高。经济外向度的量化指标主要有外商企业数量、实际利用外资额、外贸进出口额。外资企业由于具有先进的物流理念，一般寻求专业化的物流服务，特别是跨国公司对第三方物流需求量更大。

⑤ 商品流通状况。商品流通的各项指标主要包括商品流通规模、商品流通能力、商品流通环节等。商品流通规模的定量分析可以选择一定时期内商品交换总量或商品买卖总量。商品流通能力指标选择一定时期内商品流通领域所占用的社会劳动的数量与质量。商品流通环节的指标可以选择在商品流通过程中，商品所有权的转移和商品实体运动而产生的若干个中转站为指标。从总体来看，商品的流通范围越大，物流的需求量也越大。

⑥ 新型商业业态状况。新型商业业态指针对特定消费者的特定需要，按照一定的战略目标，有选择地运用商品经营结构、店铺位置、店铺规模、店铺形态、价格政策、销售方式、销售服务等经营手段，提供销售和服务的新型化经营形态。货仓式商场、购物中心、超市、连锁经营、新零售等是商业现代化的新型经营模式，也是现代物流配送服务的市场基础。各种新型业态发展越快，物流的配送服务需求也越大。

(2) 外在环境指标

① 政府扶持作用。现代物流业是涉及多产业的复合型产业，是社会再生产不可缺少的

重要组成部分,与很多行业和部门密切相关。因此,如果离开政府的协调和支持,区域物流就难以健康发展。

② 口岸服务水平。优良的口岸服务水平可以促进区域国际物流的发展。提高口岸的服务水平主要解决有关部门的通关效率和各相关部门的总体通关效率,或称综合通关效率。

③ 国际知名度。主要指港口和机场、内陆口岸的国际知名度。在国际贸易中,港口、机场、内陆口岸的国际知名度越高,越能吸引船公司、航空公司、铁路运输、公路运输公司航线和航班(班次),越能让进出口商作为指定的装货港(机场、口岸),从而增加物流量。

④ 区域创新度。创新包括技术创新和制度创新。现代物流的产生和发展本身就是一个不断创新的过程。物流装备和技术在技术创新的推动下逐步提高;物流组织也是在制度创新的推动下不断完善。因此,区域创新能力越强,区域物流体系也就越富有活力。

⑤ 物流市场秩序。物流服务已经商品化,这就离不开市场的调节和规范作用。因此,一个健全的物流市场体系能够促进区域物流朝着一个良性方向发展。只有有序的市场才能发挥资源配置的基础作用。

综合以上分析,区域物流系统能力评价的指标体系如表 8-1 所示。

表 8-1　区域物流系统能力评价指标体系

一级指标	二级指标	三级指标
区域内部物流系统指标	基本支持指标	区域基本环境条件
		区域物流基础设施条件
		区域物流信息化水平
		区域物流教育及物流服务人才整体状况
		物流企业管理制度
	区域内各物流企业物流服务能力指标	可靠性
		响应性
		保证性
区域物流外部环境发展潜力指标	区域物流需求指标	经济规模
		优势产业集群
		区域产业结构差异性
		经济外向度
		商品流通状况
		新型商业业态状况
	外在环境指标	政府扶持作用
		口岸服务水平
		国际知名度
		区域创新度
		物流市场秩序

(二) 平衡供应链计分法评价指标体系

平衡计分卡(balanced scorecard,BSC)是绩效管理的一种新方法,适用于对部门的团队考核。在 20 世纪 90 年代初,由哈佛商学院的卡普兰(Kaplan)和诺朗诺顿研究所所长、美国复兴全球战略集团创始人兼总裁诺顿(Norton)提出的一种全新的组织绩效管理方法,是目前企业绩效评价中使用比较广泛的一种模型。该体系提出了一套系统的评价和激励企业绩效的方法,共由四组指标组成:财务角度、顾客角度、内部运作过程和学习与成长。

1. 平衡计分卡的特征

平衡计分卡的概念反映了在一系列指标间形成平衡,即短期目标和长期目标、财务目标和非财务目标、滞后型指标和领先型指标、内部绩效和外部绩效角度之间的平衡。管理的注意力从短期目标的实现转移到兼顾战略目标的实现,从对结果的反馈思考转向对问题原因的实时分析。平衡计分卡具有以下四个主要特征:

(1) 平衡计分卡以单一的形式将组织竞争力各个角度的指标表现出来,防止次优行为的出现,提供了对公司绩效更为全面的理解。

(2) 平衡计分卡假定是和企业未来信息系统紧密联系的。

(3) 平衡计分卡不是简单地将指标列出来,而是将其分为四个类型,每种类型都提供了公司绩效的特定角度。

(4) 平衡计分卡最具特色的特征是绩效指标的选择必须与公司战略紧密联系为基础。

2. 平衡供应链计分法相应的评价指标

平衡计分卡可应用在物流系统评价指标体系的设计中。马士华、李华焰等人(2002)提出了在卡普兰和诺顿的平衡计分法基础上改进的平衡供应链记分法(BSC-SC)以及相应的评价指标:财务价值、客户服务、内部运作、未来发展四个方面。它们代表了三个主要利益相关群体:股东、客户、员工,以确保组织从系统观的角度反映战略的实施。

(1) 财务价值角度

系统的目标是突出供应链的竞争价值,达到供应链伙伴的盈利最大化。经营中的关键问题是供应链伙伴对供应链的贡献率是不是从供应链整体的角度考虑的。关键成功因素是供应链资本收益最大,保证各伙伴在供应链中发挥各自的贡献率;控制成本以及良好的现金流。因此,评价指标可选择为供应链资本收益率、现金周转率、供应链的库存天数和客户销售增长率以及利润。

(2) 客户服务角度

系统的目标是在正确的时间、正确的地点,将正确的产品或服务以合理的价格和方式交付给特定的客户,以满足和超过客户的期望。经营中的关键问题是所提供的产品或服务是否增加客户的价值,是否达到客户满意。关键成功因素是建立和保持与客户的密切关系,快速响应并满足客户的特定需求,提高客户群的价值。因此,评价指标的选择有订单完成总周期、客户保有率、客户对供应链柔性响应的认同和客户价值表。

(3) 内部运作角度

系统的目标是能够在合理的成本下以高效率的方式进行运作。经营中的关键问题是系统内部流程的增值活动的效率有多高,能否更好地实现核心竞争力。关键成功因素是实现较低的流程运作成本、较高的运作柔性——适应性、提高经营中增值活动的比例、缩短生产提前期。因此,评价指标可选择为供应链有效提前期率、供应链生产时间柔性、供应链持有成本和供应链目标成本达到比率。

（4）未来发展角度

系统的目标是集成系统内部的资源，注重改进创新，抓住发展机遇。经营中的关键问题是管理系统是否具备这种机制。关键成功因素是集成合作伙伴，稳定战略联盟；加强信息共享，减少信息不对称；研究可能的生产、组织、管理各方面技术。因此，评价指标可选择为产品最终组装点、组织之间的共享数据占总数据量的比重。建立的指标体系如表 8-2 所示。

表 8-2　平衡供应链计分法框架

财务价值角度		客户服务角度	
目标	测评指标	目标	测评指标
收益 成本 效益	供应链资本收益率 供应链总库存成本 现金周转率	订单时间 客户保有 服务及时 客户价值	订单总提前期/循环期 客户保有率 客户响应时间认同 客户价值率
内部运作角度		未来发展角度	
目标	测评指标	目标	测评指标
减少提前期 弹性响应 成本运作 设计革新	有效提前期率 时间柔性 目标成本 新产品销售率	流程化信息 集成 组织协调	产品最后组装点 信息共享率 团队参与程度

（三）企业物流系统性能评价指标体系

企业物流系统性能综合评价指标体系可分为三个子体系：物流成本指标子体系、生产效率指标子体系和物流服务质量指标子体系。为使物流系统综合评价值能纵向比较和横向比较，物流系统综合评价指标宜采用相对指标和平均指标。

由于物流系统运行中的一个典型特点是存在"效益背反"关系，不同物流活动之间在成本目标、运作上存在冲突，在设计反映物流成本的指标时，不能独立考察运输成本、仓储成本、装卸搬运成本、包装成本、流通加工成本、配送成本、物流信息成本等，而应从企业物流大系统角度，考察企业物流总成本的支出情况。然而，由于不同业务量的物流成本总量不可比，因而可以通过物流成本与企业产出价值量的比较来反映单位货物的物流成本和单位产出的物流成本。运用以物流总成本为中心的经济指标来衡量企业物流系统，可以达到降低企业物流总成本的目的。

反映物流成本的指标主要有：

吨货物物流成本＝报告期内物流总成本/报告期货物流通量；

物流成本占产值的比重＝报告期内物流总成本/报告期总产值；

物流成本利润率＝报告期利润总额/报告期物流总成本。

从输入到输出之间进行的生产、供应、销售、服务等活动中的物流业务活动如运输、仓储、装卸搬运、流通加工、包装、配送、物流信息处理等称为企业物流系统的处理或转化。物流系统的处理（转化）过程，是以投入一定的劳动消耗和劳动占用，完成某种预定的物流服务产出的过程，其生产效率越高，物流系统就越好。

反映企业物流生产效率的指标主要有：
劳动生产率＝报告期货物流通量/报告期物流人员平均人数；
流动资产周转率（次）＝报告期主营业务收入净额/报告期平均流动资产总额；
总资产周转率（次）＝报告期主营业务收入净额/报告期平均资产总额。

企业物流系统的输出是物流系统以其本身所具有的各种手段与功能，对外部环境的输入进行各种处理后所提供的物流服务，如产品位置与场所的转移、合同的履行等其他服务等。没有优质的物流服务，企业的生产经营将会受到不利影响，甚至有可能造成生产停顿、企业客户流失等，物流服务质量对企业生产经营有着非常重要的作用。不论企业是采取自营物流，还是利用第三方物流的形式，物流服务主要是围绕拥有客户所期望的商品，在客户所期望的时间内传递商品和符合客户所期望的质量展开的。

反映物流服务质量的统计指标主要有：
物品收发正确率＝（报告期内吞吐量－报告期内出现差错数量）/报告期内吞吐量；
物品完好率＝（报告期内物品入库量－出现缺损物品数量）/报告期内物品入库量；
正点运输率＝正点运输次数/运输总次数；
货物完好送达率＝完好送达的次数/运输总次数；
供货满足率＝1－（缺货次数/供货总次数）；
货损货差赔偿费率＝报告期货损货差赔偿费总额/报告期销售收入总额。

根据企业物流系统综合评价指标体系对企业物流系统进行综合评价时，评价指标多达12个，其发展方向和程度往往是不一致的，而且每个指标都在不同程度上反映了物流系统的某些信息，但各指标间不可避免具有一定的相关关系。因此，所得数据反映的信息在一定程度上有重叠，这势必增加分析问题的复杂性。因此，企业物流系统综合评价方法宜采用主成分分析法。建立的指标体系如表 8-3 所示。

表 8-3　企业物流系统综合评价指标体系

一级指标	二级指标
物流成本指标	吨货物物流成本
	物流成本占产值的比重
	物流成本利润率
物流生产效率指标	劳动生产率
	流动资产周转率
	总资产周转率
物流服务质量指标	物品收发正确率
	物品完好率
	正点运输率
	货物完好送达率
	供货满足率
	货损货差赔偿费率

（四）第三方物流提供商的评价指标体系

某企业需要进行物流外包，因此应设计一套第三方物流提供商选择的评价指标体系。

在企业进行外包物流业务时,考虑因素首先是服务和质量保证;其次是与成本相关的问题;再次,进一步考虑规模、设施等硬性指标以及管理和经营的效率等软性指标;最后,还要考虑第三方物流供应商的信誉、经验、实力等。建立的第三方物流提供商评价指标体系,如表 8-4 所示。

表 8-4 第三方物流提供商评价指标体系

一级指标	二级指标	三级指标	指标解释
服务质量指标	可靠性	服务质量准时性	包括准时出货、准时到达
		服务质量稳定性	能够提供稳定服务的能力
		服务质量无差错性	出现装运差错和货损的概率
		服务技术专业性	技术人员所占比例及技术人员的技术能力
	响应性	服务过程的可知性	运用信息化等手段使得用户能随时知道货物处于物流哪个阶段的能力
		服务的柔性	如果用户需要特殊的服务,服务提供商的应变能力及服务提供商向客户提供个性化服务的能力
	保证性	与客户有效沟通的能力	沟通的方式和态度
		员工对客户的礼貌和尊敬	员工是否礼貌和尊敬
	移情性	对客户关心问题的了解和态度	是否热情、敏感和周到
		客户投诉处理	处理态度及处理周期
	有形性	服务材料的外观	外观的整洁等,不包括设备先进性
		服务人员外表形象	着装统一、标识明确
稳定性指标	盈利能力	资产规模	总资产规模
		总资产利润率	总资产利润率
		资金周转率	资金周转率
	企业凝聚力	公司声誉	公司在业界的口碑
		企业社会责任	企业对社会所做的贡献
		员工满意度	管理层的凝聚度及普通员工对公司的满足和依赖程度
	联盟性	历史合作	历史合作情况
		战略观念兼容性	指提供商与用户企业的战略观点相吻合的程度
功能指标	运输能力	运输工具规模	运输工具的总吨位数
		多式运输能力	是否拥有公路、铁路、水运、空运多种运输的能力
		运输工具的先进性	设备现代化水平
		服务范围	网点的分布和服务可达的地理范围
	仓储能力	可用仓库规模	可用仓库的容量
		仓库现代化水平	设备现代化水平
成本指标	物流成本	收费水平	运输、仓储等物流环节的总成本
	记账和付款的柔性	财务处理的柔性	在用户付款期限等的限制的机动能力

第三节　物流系统评价的方法

一、物流系统评价指标的权重确定

（一）德尔菲法

德尔菲法首先是将要确定权重的评价指标设计成调查问卷，请一组专家分别独立地对问卷进行回答。专家对这些评价指标应赋予的权重提出自己的意见，组织者汇集专家们的问卷，对专家的意见进行统计与分析。如果没有达成共识，组织者根据意见统计结果，形成新的调查问卷，然后再对该组专家重新进行问卷回答。经多次轮番征询，使专家意见趋于一致，最后得出统一的结论。德尔菲法实质上是利用专家的经验和知识，对那些带有很大模糊性、较复杂的问题，通过多次的轮番征询意见的调查形式取得测定结论的方法。此方法具有匿名性、统计性、反馈性、收敛性的特点。

（二）逐对比较法

一般来说，决策者比较容易确定两两指标之间的相对重要性程度，因此可利用相对重要性来确定各指标的权重。逐对比较法就是邀请专家对各评价指标进行两两逐对比较，对相对重要的指标赋予较高的得分，如相对重要的得 1 分，而相对不重要的得 0 分，最后根据各评价指标的累计得分进行归一化处理，并计算权重。

（三）头脑风暴法

头脑风暴法原是一种群体活动的方法。它鼓励与会者自由发表自己的思想，并禁止对任何思想的批评，以促使创新思想的产生。在权重确定中运用头脑风暴法的基本做法：邀请一些相关领域的专家一起开会，请他们对各指标权重系数的确定自由发表意见；对那些有较大偏差或分歧的内容进行充分讨论，以达到对各指标权重有比较一致的认识；如果还不能确定的话，就采用投票的方式确定。这也是在权重确定中常采用的一种简单而有效的方法。

二、关联矩阵法

关联矩阵法是常用的系统综合评价法。它主要是用矩阵形式来表示各备选方案有关评价项目的数据值，计算各方案评价值的加权和；再通过分析比较，评价值加权和最大的方案即最优方案。应用关联矩阵法的关键是确定各评价指标的相对重要度，即权重，以及由评价主体给定的评价指标的评价尺度，其特点是：它使人们容易接受对复杂系统问题的评价思维过程数字化，通过将多目标问题分解为两指标的重要度对比，使评价过程简化、清晰，可用于各备选方案间互相没有干涉和影响的情况。

表 8-5 为关联矩阵法的应用举例。

表 8-5 关联矩阵法的应用举例

方案	指标				综合评价值
	G_1	G_2	……	G_n	
	a_1	a_2	……	a_n	
P_1	d_{11}	d_{12}	……	d_{1n}	$\sum_{j=1}^{n} a_j d_{1j}$
P_2	d_{21}	d_{22}	……	d_{2n}	$\sum_{j=1}^{n} a_j d_{2j}$
……					
P_m	d_{m1}	d_{m2}		d_{mn}	$\sum_{j=1}^{n} a_j d_{mj}$

表中的 P_i 是参与评价的方案,G_j 是评价指标,a_j 是评价指标 G_j 的权重,d_{ij} 是评价方案 P_i 在评价指标 G_j 下的评分值,评价方案 P_i 的综合评价值 W_i 为:

$$W_i = \sum_{j=1}^{n} a_j a_{ij}$$

根据 W_i 值的大小进行比较,选出最优方案。

[**例 8.1**] 为了扩大市场,某医药制剂厂拟建分厂,现对分厂的选址提出了 A、B、C 三个方案,须对其选址方案进行评价。主要评价指标有建厂成本、交通条件、市场需求量、年收益、环境污染程度。经过深入调查和预测,三个方案的指标数值如表 8-6 所示。

表 8-6 三个方案的指标数值

方案	指标				
	建厂成本/万元	交通条件/级	市场需求量/万元	年收益/万元	环境污染程度/级
A	200	1	50	250	5
B	175	2	40	210	3
C	150	3	35	160	2

交通条件和对环境的污染程度皆为 5 级,最好为 1 级,最差为 5 级。另外,根据专家分析,建厂成本、交通条件、市场需求量、年收益、环境污染程度五项指标的权重分别为 0.2, 0.1, 0.15, 0.3 和 0.25。根据以上条件,进行方案的优选。

第一步,进行单目标评价。根据已知条件,拟定如表 8-7 所示的评分标准。将不同量纲的指标值转化为统一无量纲的标准值,一般可把定性模糊指标值分为三档、五档或七档。最好的值可赋值为 10,而最差的值可赋值为 0。定性模糊指标可分为效益型指标与成本型指标两类。本题把定性模糊指标值分为五档,即 1~5。

表 8-7 评分标准

分数	指标				
	建厂成本/万元	交通条件/级	市场需求量/万元	年收益/万元	环境污染程度/级
5	120 以下	1	70 以上	300 以上	1
4	120~140	2	60~70	250~300	2

续表

分数	指标				
	建厂成本/万元	交通条件/级	市场需求量/万元	年收益/万元	环境污染程度/级
3	140～160	3	50～60	200～250	3
2	160～180	4	40～50	150～200	4
1	180～200	5	30～40	100～150	5

第二步,对照评分标准对各方案的各项指标进行打分,如表 8-8 所示。

第三步,建立关联矩阵,计算综合评价值,给出方案的优劣排序。

表 8-8　综合评分表

指标	建厂成本/万元	交通条件/级	市场需求量/万元	年收益/万元	环境污染程度/级	综合评价值排序	
权重	0.2	0.1	0.15	0.3	0.25		
方案 A	1	5	3	4	1	2.60	3
方案 B	2	4	2	3	3	2.95	1
方案 C	3	3	1	3	4	2.65	2

从表 8-8 中最后一列综合评价值排序可以看出,三个方案中,方案 B 排序第一,是首选方案;方案 C 排序第 2;方案 A 最不可取。

三、层次分析法

在复杂的物流系统中,各种复杂因素对问题的分析有着不同的重要性。将这些因素条理化、层次化,并确定不同因素相对重要性的权重值或次序,对整个物流系统评价来说是十分重要的。

层次分析法(analytic hierarchy process,AHP)是美国运筹学家萨蒂(T. L. Saaty)在 20 世纪 70 年代初提出的一种决策方法。它是将半定性、半定量问题转化为定量问题的有效途径,将各种因素层次化,并逐层比较多种关联因素,为分析和预测事物的发展提供可比较的定量依据。它特别适用于那些难于完全用定量进行分析的复杂问题。因此,在资源分配、选优排序、政策分析、冲突求解以及决策预报等领域得到广泛的应用。

(一) 层次分析法的基本思路

AHP 法把复杂问题分解成各个组成要素,又将这些要素按支配关系分组成递阶层次结构。在每层次按照某一规定准则,通过两两比较的方式确定各个要素的相对重要性,建立判断矩阵。通过计算判断矩阵的最大特征值和特征向量,得出该层要素对于该准则的权重。在此基础上,计算出各层次要素对总体目标的组合权重。然后,综合有关人员的判断,确定备选方案相对重要性的总排序。整个过程体现了分解——判断——综合的思维特征。

（二）层次分析法的计算步骤

1. 建立递价层次结构

用层次分析法进行评价时，首先要把问题层次化。通过对面临的问题进行深入分析后，根据问题的性质和需要达到的总目标，将问题分解为不同的组成要素，并按照各因素间的相互关联及从属关系，将因素划分成不同层次，再进行分类组合，形成一个多层次结构模型。这些层次分为目标层、判断层和方案层。目标层表示解决问题的目标，即层次分析法需要达到的总目标。判断层表示采取某一方案来实现预定总目标所涉及的中间环节，包括准则层与指标层。方案层表示要选用的解决问题的各种方案、策略与措施。递价层次结构与因素从属关系，如图 8-1 所示。

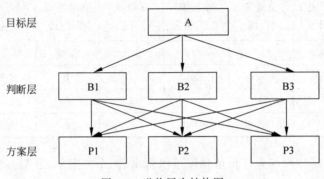

图 8-1　递价层次结构图

2. 构建判断矩阵

建立递价层次结构以后，上下层因素之间的隶属关系就被确认了。判断矩阵表示针对上一层某个因素而言，下一层的几个因素之间进行重要性两两比较的结果。一般情况下，请评价专家以头脑风暴法或德尔菲法的方式来比较。为了使决策判断定量化，通常根据其相对重要程度赋予 1～9 的比例标度。比例标度的意义，如表 8-9 所示。

表 8-9　判断矩阵比例标度及其含义

标 度 值	含 义
1	表示两个因素相比，一个因素比另一个因素的重要程度：同样重要
3	表示两个因素相比，一个因素比另一个因素的重要程度：稍微重要
5	表示两个因素相比，一个因素比另一个因素的重要程度：明显重要
7	表示两个因素相比，一个因素比另一个因素的重要程度：强烈重要
9	表示两个因素相比，一个因素比另一个因素的重要程度：绝对重要
2,4,6,8	上述两相邻判断的中值
倒数	对角线两边的值呈倒数关系

假设因素 B_k 下有 $A_1, A_2, \cdots, A_n$ 个因素与之有关联，则经过两两比较得到 B_k 下的判断矩阵如表 8-10 所示。

表 8-10 判断矩阵列表

B_k	A_1	A_2	...	A_n
A_1	1	a_{12}	...	a_{1n}
A_2	a_{21}	...	...	a_{2n}
...	...	...	...	...
A_n	a_{n1}	a_{n2}	...	1

3. 单排序权重计算

在层次分析法中，采用特征向量法来计算单排序权重。判断矩阵的特征根与特征向量的求解方法，采用几何平均法或规范平均法。

(1) 几何平均法（求根法）

第一步，计算判断矩阵每一行元素的乘积 M_i；

第二步，计算 M_i 的 n 次方根 W_i；

第三步，对向量 $W=[W_1,W_2,\cdots,W_n]^T$ 规范化，整理后得判断矩阵的特征向量；

第四步，计算判断矩阵的最大特征根。

(2) 规范列平均法（求和法）

第一步，对判断矩阵每一列规范化；

第二步，求规范列平均值，求出特征向量；

第三步，计算判断矩阵的最大特征根。

4. 一致性检验

从理论上来说，求出的最大特征值应该为 n，但实际情况往往有偏差，这是判断矩阵的误差造成的。因为对于多个复杂的因素采用两两比较时，不可能做到判断完全一致，形成的判断矩阵可能存在着估计误差。这样，就会导致最大特征根和特征向量计算的偏差。因此，为了保证得到的结论可靠性，必须对最大特征根作一致性检验。一致性检验的具体步骤如下：

第一步，计算一致性指标 CI，$CI=\dfrac{\lambda_{\max}-n}{n-1}$；

第二步，计算与平均随机一致性指标比例的 CR，$CR=\dfrac{CI}{RI}$。

式中，RI 表示同阶平均随机一致性，其值如表 8-11 所示。

表 8-11 同价平均随机一致性指标值

n	1	2	3	4	5	6	7	8	9	10	11	12	13	14	15
RI	0	0	0.58	0.90	1.12	1.24	1.32	1.14	1.45	1.49	1.52	1.54	1.56	1.58	1.59

当 $CR<0.1$ 时，则判断矩阵具有满意的一致性，可使用计算出的权重。否则，就需要调整判断矩阵，直到具有满意的一致性为止。

5. 层次总排序权重计算

计算完各层的单排序权重与一致性检验后，就可以计算同一层次所有指标对于上一层次指标的相对重要性的总排序权重。这一过程是由高到低逐层计算权重值,主要采用线性加权求和的方法来计算。最后,按照各方案对于总目标的权重排序,得出各方案的优劣。

6. 应用 AHP 的注意事项

应用层次分析法时,如果所选的要素不合理,其含义混淆不清,或要素间的关系不正确,都会降低 AHP 法的结果质量,甚至导致 AHP 法决策失败。

为保证递阶层次结构的合理性,需把握以下原则:

(1) 分解简化问题时把握主要因素,不漏不多。

(2) 注意相比较因素之间的强度关系,相差太悬殊的因素不能在同一层次比较。

(3) 同一层次的因素个数最好不超过 7 个。

层次分析法是经由群体讨论的方式,汇集专家学者及各层面实际参与决策者的意见,将错综复杂的问题评估系统,简化为简明的要素层级系统,以提供给决策者选择适当方案的充分信息,同时减少决策错误的风险。

(三) 层次分析法在物流系统评价中的应用

某物流企业需要采购一台设备,需要从功能、价格、维护性三个角度进行评价。考虑应用 AHP 对三个不同品牌的设备进行综合分析评价和排序,从中选出能实现系统总目标的最佳设备。

1. 建立递阶层次结构

根据相关信息,建立递阶层次结构,如图 8-2 所示。

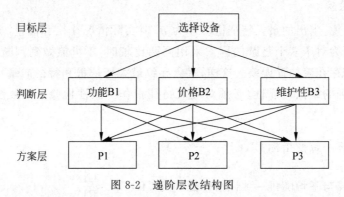

图 8-2 递阶层次结构图

2. 构建判断矩阵

选定的三个评价准则为功能、价格、维护性。若以购置设备为比较基准,根据经验,对这三个指标进行两两比较,其结果如表 8-12 所示。

表 8-12 指标比较结果

重 要 度	B1	B2	B3
B1	1	1/3	2
B2	3	1	5
B3	1/2	1/5	1

结果表明：对物流企业的设备配置而言，价格比功能稍微重要，功能比维护性较重要，价格比维护性明显重要，其他可以照此类推。

3. 相对重要程度的计算

判断矩阵

$$A = \begin{bmatrix} 1 & 1/3 & 2 \\ 3 & 1 & 5 \\ 1/2 & 1/5 & 1 \end{bmatrix}$$

对 A 用几何平均法计算特征根和特征向量。

计算判断矩阵 A 各行元素的乘积 M_i，并求其 n 次方根。

$M_1 = 1 \times 1/3 \times 2 = 2/3$，$\hat{W}_1 = \sqrt[3]{M_1} = 0.874$，同样 $\hat{W}_2 = \sqrt[3]{M_2} = 2.466$，$\hat{W}_3 = \sqrt[3]{M_3} = 0.464$，对向量 $\hat{W} = \begin{bmatrix} 0.874 \\ 2.466 \\ 0.464 \end{bmatrix}$ 规范化，得到 $W_1 = \dfrac{0.874}{0.874 + 2.466 + 0.464} = 0.230$，同理 $W_2 = 0.648$，$W_3 = 0.122$。

所求特征向量为：

$$W = \begin{bmatrix} 0.230 \\ 0.648 \\ 0.122 \end{bmatrix}$$

$$AW = \begin{bmatrix} 1 & 1/3 & 2 \\ 3 & 1 & 5 \\ 1/2 & 1/5 & 1 \end{bmatrix} \begin{bmatrix} 0.230 \\ 0.648 \\ 0.122 \end{bmatrix} = \begin{bmatrix} 0.690 \\ 1.948 \\ 0.366 \end{bmatrix}$$

计算判断矩阵最大特征根：

$$\lambda_{max} = \frac{1}{n} \sum_{i=1}^{n} \frac{(AW)_i}{W_i} = \frac{1}{3} \times \left(\frac{0.69}{0.230} + \frac{1.948}{0.648} + \frac{0.366}{0.122} \right) = 3.004$$

4. 一致性检验

$CI = \dfrac{\lambda_{max} - n}{n-1} = \dfrac{3.004 - 3}{3-1} = 0.002$，查同阶平均随机一致性指标（表 8-11）得 $RI = 0.58$，故 $CR = \dfrac{CI}{RI} = 0.003 < 0.1$，该判断矩阵符合一致性要求。

5. 综合重要度的计算

通过对三个不同品牌的设备的功能、价格、维护性进行分析和比较，可建立方案层的判断矩阵，如表 8-13、表 8-14、表 8-15 所示。按照求根法，类似于矩阵 A 的计算过程，可计算出判断矩阵 B1-P，B2-P，B3-P 的特征根、特征向量和一致性检验。

判断矩阵 B1-P 的特征根、特征向量和一致性检验：

$$W = [0.105, 0.258, 0.637]^T, \quad \lambda_{max} = 3.039, \quad CR = 0.033 < 0.1$$

判断矩阵 B2-P 的特征根、特征向量和一致性检验：

$$W = [0.592, 0.333, 0.075]^T, \quad \lambda_{max} = 3.014, \quad CR = 0.012 < 0.1$$

判断矩阵 B3-P 的特征根、特征向量和一致性检验：

$$W = [0.149, 0.066, 0.785]^T, \quad \lambda_{max} = 3.08, \quad CR = 0.069 < 0.1$$

各方案在不同准则下的重要度，如表 8-13、表 8-14、表 8-15 所示。

表 8-13　判断矩阵 B1-P

功能 B1	P1	P2	P3	重 要 度
P1	1	1/3	1/5	0.105
P2	3	1	1/3	0.258
P3	5	3	1	0.637

表 8-14　判断矩阵 B2-P

价格 B2	P1	P2	P3	重 要 度
P1	1	2	7	0.592
P2	1/2	1	5	0.333
P3	1/7	1/5	1	0.075

表 8-15　判断矩阵 B3-P

维护性 B3	P1	P2	P3	重 要 度
P1	1	3	1/7	0.149
P2	1/3	1	5	0.066
P3	1/7	1/5	1	0.785

在得到三个不同品牌的设备对功能、价格、维护性三个指标的重要度值后，可按照功能、价格、维护性对总目标的重要度，求出三个不同品牌的设备对总目标的综合重要度，如表 8-16 所示。

表 8-16　各品牌设备的综合重要度

准　　则	B1	B2	B3	综合重要度
权　　重	0.230	0.648	0.122	
P1	0.105	0.592	0.149	0.426
P2	0.258	0.333	0.066	0.283
P3	0.637	0.075	0.785	0.291

根据综合重要度的比较，三个不同品牌的设备的优劣顺序为 P1、P3、P2，且 P1 明显优于其他两种品牌，故选择 P1 品牌设备。

四、模糊综合评价法

模糊综合评价法是一种可对评价对象进行全面的定量化的评价，为正确决策提供依据的评价方法。人们在评价事物时，对于同一事物评价会不一样，往往会从多种因素出发，参考了有关的数据、经验与具体情况，根据他们的判断对复杂问题分别作出一些模糊评价，诸如"大、中、小""高、中、低""优、良、可、劣""好、较好、一般、较差、差"这样的模糊描述。对于这些模糊的评价的量化处理，需要运用模糊数学理论，通过模糊数学提供的方法进行运算，从而得出定量化的综合评价结果。模糊的思维方式较接近东方人的思维习惯和描述方式,因此,模糊综合评价法多用于模糊环境下对受多因素影响的事物做综合决策的领域。比如对企业融资效率、创新能力、经济效益、绩效考核的评价;设施选址问题;交通路线比选等模糊性问题中。在物流领域中,可应用于员工工作绩效评价,物流服务质量评价和物流设施选址评价等。

(一)模糊综合评价法的基本步骤

(1)建立评价系统的评价因素集:$U=\{u_1,u_2,\cdots,u_m\}$,各元素 u_i 代表各影响因素。在这些因素中,可以是模糊的,也可以是非模糊的。

(2)建立评语集合(或评价集):$V=\{v_1,v_2,\cdots,v_n\}$,各元素 v_i 是模糊的,表示各种可能的总的评价结果。

(3)建立反映各因素重要程度的权重集:$A=\{a_1,a_2,\cdots,a_m\}$;权重应满足归一性和非负性条件。

(4)建立单因素评价矩阵。从一个因素出发,对评判对象进行评判,可以得单因素评判集 $R_i(i=1,2,\cdots,m)$,最后,可得单因素的评判矩阵 $R=(R_1,R_2,\cdots,R_m)$。

(5)综合评价。即将权重矩阵与单因素评价矩阵进行模糊合成运算,得综合评价矩阵:$B=A\cdot R$。

$B=A\cdot R$ 是模糊矩阵乘积运算,其与普通矩阵乘积运算类似,不同的是并非先两项相乘后相加,而是先取小而后取大,如 b_{ij},a_{ik},r_{kj} 分别是模糊集 $B=A\cdot R$ 的元素,则模糊矩阵乘积的结果是 $b_{ij}=\vee(a_{ik}\wedge r_{kj})$。其中 $\vee$ 为取大运算符,$\wedge$ 为取小运算符。

若模糊综合评价矩阵 $B(b_1,b_2,\cdots,b_n)$ 中的 b_r 最大,则被评价对象总体上来讲隶属于第 r 等级,即为最大隶属原则。可以根据最大隶属原则对某一被评价对象做出评判和识别。

(二)在物流系统规划与设计中的应用实例

对于某网上商店的配送服务的评价,如何来评价该店配送服务质量的好坏优劣?对于同一服务,由于每个客户对服务质量看法和感受不同,即期望值不同,因此评价也不同,这是一个模糊综合评价问题。

假设关注的因素有送货及时性、货物完好性、送货正确性、订单满足性以及服务柔性,给出的评价集为 $V=\{很高,较高,一般,偏低\}$。

首先考虑各个单独因素,用单因素模糊评价的方法对上述5个因素进行单因素模糊评价,其结果如下:

$$R1=(0.3,0.4,0.2,0.1)$$
$$R2=(0.2,0.3,0.5,0)$$
$$R3=(0.3,0.4,0.1,0.2)$$
$$R4=(0,0.3,0.6,0.1)$$
$$R5=(0.5,0.3,0.2,0)$$

由它们构成的单因素评价矩阵是:

$$R = \begin{bmatrix} 0.3 & 0.4 & 0.2 & 0.1 \\ 0.2 & 0.3 & 0.5 & 0 \\ 0.3 & 0.4 & 0.1 & 0.2 \\ 0 & 0.3 & 0.6 & 0.1 \\ 0.5 & 0.3 & 0.2 & 0 \end{bmatrix}$$

在评价时由于对各个因素的关注度不同,或者说侧重点不同,可能得出的综合评价也可能会不尽相同。因此,给每个因素确定相应的权重来说明大多数客户对各因素的侧重程度。假设各因素相应的权重表示成如下模糊集:

$A = 0.2/$及时性$+ 0.25/$完好性$+ 0.35/$正确性$+ 0.1/$满足性$+ 0.1/$柔性。

或简记为:$A=(0.2,0.25,0.35,0.1,0.1)$。

则综合评价矩阵:

$$B = A \cdot R = (0.2, 0.25, 0.35, 0.1, 0.1) \begin{bmatrix} 0.3 & 0.4 & 0.2 & 0.1 \\ 0.2 & 0.3 & 0.5 & 0 \\ 0.3 & 0.4 & 0.1 & 0.2 \\ 0 & 0.3 & 0.6 & 0.1 \\ 0.5 & 0.3 & 0.2 & 0 \end{bmatrix}$$

进行模糊矩阵运算:$B=(0.3,0.35,0.25,0.2)$

归一化处理后,$B=(0.27,0.32,0.23,0.18)$。这一评价结果表明:27%的客户认为该网上商店的配送服务质量"很高",32%的客户认为配送服务质量"较高",23%的客户认为配送服务质量"一般",而18%的客户认为配送服务质量"偏低"。总体来说,大多数客户(占59%)对该网上商店的配送服务质量满意。

本 章 小 结

1. 物流系统评价是物流系统规划与设计的一个重要组成部分,同时也是物流系统规划与设计的一种方法。在对物流系统进行规划、分析与设计之后,提出了在技术上可行、经济上有利、社会效益和环境效益也较好的多种方案,物流系统评价就是要根据物流系统的目标、评价标准及环境对物流系统的要求,从系统整体出发,综合评判这些方案的优劣,从中选出一个较为满意的方案付诸实施。

2. 物流系统评价的原则包括客观公正性、可比性、目标性、系统性、评价方法和手段的综合性。

3. 物流系统评价指标体系构建的原则:系统性、客观性、科学性、非线性、实用性、可测性、层次性、简易性、可比性、定性与定量相结合的原则、绝对指标与相对指标结合的原则。

4. 物流系统评价指标体系一般包含政策性指标、技术性指标、经济性指标、社会性指标、资源性指标、时间性指标。

5. 物流系统评价指标的权重确定的方法:德尔菲法、逐对比较法、头脑风暴法。

6. 关联矩阵法在物流系统评价的实践应用。关联矩阵法主要是用矩阵形式来表示各备选方案有关评价项目的数据值,计算各方案评价值的加权和,再通过分析比较,评价值加权和最大的方案即最优方案。应用关联矩阵法的关键是确定各评价指标的相对重要度,即权重,以及由评价主体给定的评价指标的评价尺度。

7. AHP法的基本思路和计算步骤以及在物流系统评价的实践应用。AHP法把复杂问题分解成各个组成要素,又将这些要素按支配关系分组成递阶层次结构。在每层次按照某一规定准则,通过两两比较的方式确定各个要素的相对重要性,建立判断矩阵。通过计算判断矩阵的最大特征值和特征向量,得出该层要素对于该准则的权重。在此基础上计算出各层次要素对总体目标的组合权重。然后综合有关人员的判断,确定备选方案相对重要性的总排序。在物流领域中,可应用于物流服务供应商的选择,物流设施选址评价等。

8. 模糊综合评价法解决问题的步骤以及在物流系统评价的实践应用。模糊综合评价法分为5个步骤:(1)建立评价系统的评价因素集:$U=\{u_1,u_2,\cdots,u_m\}$。(2)建立评语集合(或评价集):$V=\{v_1,v_2,\cdots,v_n\}$。(3)建立反映各因素重要程度的权重集:$A=\{a_1,a_2,\cdots,a_m\}$;权重应满足归一性和非负性条件。(4)建立单因素评价矩阵:从一个因素出发,对评判对象进行评判,可以得单因素评判集 $R_i(i=1,2,\cdots,m)$,最后,可得单因素的评判矩阵 $R=[R_1,R_2,\cdots,R_m]$。(5)综合评价:即将权重矩阵与单因素评价矩阵进行模糊合成运算,得综合评价矩阵:$B=A\cdot R$。若模糊综合评价矩阵 $B(b_1,b_2,\cdots,b_n)$ 中的 b_r 最大,则被评价对象总体上来讲隶属于第 r 等级,即为最大隶属原则。可以根据最大隶属原则对某一被评价对象做出评判和识别。在物流领域中,可应用于员工工作绩效评价,物流服务质量评价和物流设施选址评价等。

案 例 研 讨

中外运仓库运用AHP法进行绩效评价	案例8-1

练 习 与 思 考

练习8-1

参 考 文 献

1. 何明轲.物流系统论[M].北京:中国审计出版社,2001.
2. 马士华,林勇,等.供应链管理(第六版)[M].北京:机械工业出版社,2021.
3. 李浩,刘桂云.物流系统规划与设计(第三版)[M].杭州:浙江大学出版社,2021.
4. 杨扬,郭东军,等.物流系统规划与设计(第二版)[M].北京:中国工信出版集团,2020.
5. 张丽,赫勇.物流系统规划与设计(第三版)[M].北京:清华大学出版社,2019.
6. 戴恩勇,阳晓湖,袁超.物流系统规划与设计[M].北京:清华大学出版社,2019.
7. 董维忠.物流系统规划与设计(第二版)[M].北京:电子工业出版社,2011.
8. 施国洪.物流系统规划与设计[M].重庆:重庆大学出版社,2009.
9. 王长琼.物流系统工程[M].北京:高等教育出版社,2007.
10. 谢如鹤,罗荣武,等.物流系统规划原理与方法[M].北京:中国物资出版社,2004.
11. 蔡临宁.物流系统规划:建模与实例分析[M].北京:机械工业出版社,2003.
12. 王道平,周叶.现代物流决策技术[M].北京:北京大学出版社,2009.
13. 蒋长兵.物流系统与物流工程[M].北京:中国物资出版社,2007.
14. 胡运权.运筹学教程(第三版)[M].北京:清华大学出版社,2007.
15. 王术峰.物流系统规划与设计理论与方法[M].北京:机械工业出版社,2018.
16. 冯耕中.现代物流规划理论与实践[M].北京:清华大学出版社,2005.
17. 彭志忠.现代物流与供应链管理[M].济南:山东大学出版社,2002.
18. 王槐林,刘明菲.物流管理学[M].武汉:武汉大学出版社,2002.
19. 丁立言.物流基础[M].北京:清华大学出版社,2000.
20. 李岩.运输与配送管理[M].北京:科学出版社,2010.
21. 邹龙.物流运输管理[M].重庆:重庆大学出版社,2008.
22. 迈克尔·A.西特,R.杜安·爱尔兰,等.战略管理[M].北京:机械工业出版社,2002.
23. 马士华,李华焰,林勇.平衡计分法在供应链绩效评价中的应用研究[J].工业工程与管理,2002(4):5-10.

附 录 一

WinQSB 软件使用指南

附录1

附 录 二

LINGO 使用教程

附录2

教师服务

感谢您选用清华大学出版社的教材！为了更好地服务教学，我们为授课教师提供本书的教学辅助资源，以及本学科重点教材信息。请您扫码获取。

❯❯ 教辅获取

本书教辅资源，授课教师扫码获取

❯❯ 样书赠送

物流与供应链管理类重点教材，教师扫码获取样书

 清华大学出版社

E-mail：tupfuwu@163.com
电话：010-83470332 / 83470142
地址：北京市海淀区双清路学研大厦 B 座 509

网址：https://www.tup.com.cn/
传真：8610-83470107
邮编：100084